学研ニューコース

中学歴史

mini-book

要点整理
ミニブック

New Course
for Junior High School
Students

Gakken

要点整理
ミニブック

mini-book >>>History

▶特長

中学歴史で学習する**重要なできごとや人物，用語を，テストに出る内容にしぼって，**コンパクトにまとめています。

▶効果的な使い方

● 小さいので，いつでも**手軽に持ち歩いて，**気になった内容をさっと調べたり，覚えたりするのに便利です。

● **テスト対策の短時間学習に，**さらにテスト直前の休み時間などの**最終確認**に活用すれば，点数アップをねらえます。

1章 mini-book >>> History 古代までの日本

1 人類の出現 ▶本冊 p.24〜25

①**人類の出現**…約700万〜600万年前にアフリカに**猿人**。

②**人類の進化**…猿人→**原人**→**新人**（ホモ・サピエンス）

③**旧石器時代**…**打製石器**の使用，狩りや採集で移動生活。

④**新石器時代**…農耕・牧畜の開始，**磨製石器・土器**使用。
└→ 約1万年前

2 文明のおこり・中国文明の発展 ▶本冊 p.26〜29

①**古代文明**…大河の流域→**エジプト文明**，**メソポタミア文明**，**インダス文明**，**中国文明**。

②**中国文明**…黄河・長江流域。黄河流域に**殷**→**甲骨文字**使用。孔子が**儒学**のもとを開く。

③**中国の統一**…**秦**の**始皇帝**が中国統一，万里の長城。**漢**は**シルクロード**で東西交流がさかん，
└→ 絹の道
儒学が国の教え。

3 ギリシャ・ローマの文明，三大宗教 ▶本冊 p.30〜33

①**ギリシャ**…都市国家（**ポリス**），アテネで**民主政**→マケドニアがギリシャ征服，アレクサンドロス大王が東方遠征。

②**ローマ**…地中海周辺統一，**共和政**から帝政へ。

③**三大宗教**…仏教—**シャカ**（釈迦），キリスト教—**イエス**，イ
└→「聖書（新約聖書）」
スラム教—**ムハンマド**
└→「コーラン」

4 旧石器時代と縄文時代の暮らし ▶本冊 p.34～35

①**旧石器時代**…**打製石器**を用いて狩りや採集，**岩宿遺跡**。

　約1万年前に氷期が終わり，海面上昇で日本列島成立。

②**縄文時代**…約1万数千年前から紀元前4世紀ごろ。縄文土器・**磨製石器**の使用。**たて穴住居**で定住生活，**貝塚**，**土偶**。
　　　　　　　　　　　　　　　　　　　　　　当時の生活を知ることができる←┘

5 弥生時代の暮らし ▶本冊 p.36～37

①**弥生時代**…稲作の開始→**石包丁**で摘み取り**高床倉庫**へ。金属器（**青銅器**・**鉄器**）と薄くてかたい弥生土器。

②**「くに」の成立と邪馬台国**…支配者の出現で各地に小さなくに。奴国の王が漢（後漢）から**金印**。239年，邪馬台国の卑弥呼が**魏**に使い→**「親魏倭王」**の称号と金印，銅鏡100枚。
　　　　　　　　　　　→「魏志」倭人伝

6 大王の時代 ▶本冊 p.38～39

①**大和政権の成立**…**大王**を中心に近畿地方の豪族が連合。

②**古墳文化**…**前方後円墳**，**埴輪**や銅鏡などの副葬品。
　　　　　　　→大仙（山）古墳が代表

③**朝鮮・中国との関係**…朝鮮では**高句麗**・**新羅**・**百済**→大和政権は朝鮮半島南部に勢力。倭の五王が中国南朝に使い。

④**大陸文化**…**渡来人**によって，漢字・儒学・仏教，かたい土器の**須恵器**，機織り，土木などの技術が伝来。

7 聖徳太子の政治改革 ▶本冊 p.42～43

①**中国・朝鮮**…**隋**から**唐**へ→律令。朝鮮では新羅が勢力強める。

②**聖徳太子の政治**…天皇中心の国家のしくみを目指す。**冠位十二階**・**十七条の憲法**。**遣隋使**に小野妹子らを派遣。
　　　　　　　　　→役人の心構えを示す

③**飛鳥文化**…最初の仏教文化。**法隆寺**，釈迦三尊像。

8 律令国家への道 ▶本冊 p.44～45

①**大化の改新**…645年，**中大兄皇子**（→のちの天智（てんじ）天皇）と**中臣鎌足**が蘇我氏をたおし政治改革開始。豪族が支配していた土地と人々を**公地・公民**とした。

②**朝鮮半島の動き**…新羅が百済を滅ぼす→日本は百済救援に出兵するが，**白村江の戦い**で敗れる→唐・新羅の侵攻に備え西日本各地に山城→新羅は高句麗を滅ぼし朝鮮半島統一。

③**改新政治の進展**…**天智天皇**が即位し，戸籍をつくるなど政治改革→**壬申の乱**で**天武天皇**が勝利し即位，律令に基づく政治。持統天皇が藤原京を完成。

9 平城京 ▶本冊 p.46～47

①**律令国家**…701年に**大宝律令**（→唐の律令にならう）で**律令国家**のしくみ整備。律…刑罰のきまり，令…制度や政治のきまり。中央に八省などの役所，地方に**国司**を派遣し郡司・里長を指揮，九州に大宰府。

②**平城京**…710年，唐の都長安にならい奈良に**平城京**。東西2つの市で各地の産物を売買。

③**広がる支配**…朝廷が東北地方から九州南部までを支配。

10 奈良時代の人々の暮らし ▶本冊 p.48～49

①**人々の暮らし**…**班田収授法**で6歳以上の男女に**口分田**→**租**（収穫量の約3％の稲）・**調**（地方の特産物）・**庸**（労役に代わり布），防人など兵役の負担→重い負担に逃亡。

②**公地・公民の原則の崩れ**…人口増などで口分田不足→三世一身法で3代の私有→743年の**墾田永年私財法**で永久私有を認める→私有地の増加（**荘園**）。

11 天平文化　▶本冊 p.50～51

①聖武天皇…仏教の力で国を守ろうと，都に**東大寺**と**大仏**→行基の協力。国ごとに**国分寺・国分尼寺**。

②**遣唐使の派遣**…唐の文化・制度を取り入れようと派遣。阿倍仲麻呂は唐で高官。唐の僧鑑真が来日し唐招提寺。

③**天平文化**…国際色豊かな文化。正倉院，『**万葉集**』など。
　　　　　　　└→校倉造

12 平安京　▶本冊 p.54～55

①平安京…794年，桓武天皇が京都に都を移す。**征夷大将軍**の坂上田村麻呂が東北地方で蝦夷のアテルイを降伏させる。

②新しい仏教…**最澄＝天台宗**，**空海＝真言宗**を開く。
　　　　　　　　　└→比叡山延暦寺　　　└→高野山金剛峯寺

③**遣唐使の停止**…航海の危険と唐の衰え→894年，菅原道真の提案により遣唐使を停止。
　　　　　　　　　　　　　　　　　　　　　└→おとろ

13 摂関政治の時代　▶本冊 p.56～57

①摂関政治…**藤原氏**が摂政・関白となって政治の実権→11世紀前半の藤原道長・頼通父子のときに全盛期。

②地方政治の変化…国司の権限が強まり，任国に代理を送って収入確保→地方政治が混乱。

14 東アジアと国風文化　▶本冊 p.58～59

①東アジアの動き…中国→**宋**が統一，朝鮮→**高麗**が統一。
　　　　　　　　　　　　　　　　　　　　　　└→コリョ

②**国風文化**…日本の風土・生活に合った貴族の文化。仮名文字の普及→紫式部『**源氏物語**』・清少納言『**枕草子**』。

③浄土信仰…念仏を唱え極楽浄土に生まれ変わることを願う。藤原頼通が宇治に平等院鳳凰堂。
　　　　　　　　　　　　　　　　　　　　└→京都府

2章 中世の日本

1 武士の登場 ▶本冊 p.66〜67

①**武士のおこり**…都の武官や地方豪族が武芸を身につける→**武士**と呼ばれ、**源氏・平氏**が惣領を中心に**武士団**形成。

②**武士の成長**…平将門の乱・藤原純友の乱→武士団が平定。前九年合戦・後三年合戦→源氏が東日本で勢力を伸ばす。
└→11世紀後半

2 院政と平氏政権 ▶本冊 p.68〜69

①**院政の開始**…1086年、**白河上皇**が**院政**を開始。

②**平氏の進出**…保元の乱→**平治の乱**で**平清盛**が源義朝を破る。

③**平氏政権**…平清盛が太政大臣。**日宋貿易**を行う。

④**源平の争乱**…藤原氏と変わらない平氏の政治に武士たちの不満→**源頼朝**が挙兵→**壇ノ浦の戦い**で平氏を滅ぼす。

3 鎌倉幕府の成立と執権政治 ▶本冊 p.70〜71

①**鎌倉幕府の成立**…**守護・地頭**の設置、**源頼朝**が**征夷大将軍**に任命される。将軍と**御家人**は**御恩・奉公**の主従関係。
└→領地の保護

②**執権政治の確立**…北条氏が代々**執権**。1221年、**承久の乱**→
└→後鳥羽上皇
京都に**六波羅探題**設置。1232年、北条泰時が**御成敗式目**制定、裁判や政治の判断の基準を示す。
└→第3代執権

4 武士と民衆の生活 ▶本冊 p.72〜73

①**武士の暮らし**…館に住み「いざ**鎌倉**」に備え武芸の訓練。

②**民衆の暮らし**…**二毛作**の開始、寺社の門前に**定期市**。

5 鎌倉時代の文化 ▶本冊 p.74～75

①**鎌倉文化**…武士の気風に合った力強い文化。

②**文化の内容**…東大寺南大門，運慶らによる**金剛力士像**。軍記物『**平家物語**』，和歌集『**新古今和歌集**』，随筆『**方丈記**』。
→琵琶法師が語り広める

③**鎌倉仏教**…誰にもわかりやすい教え。**浄土宗・浄土真宗・時宗，日蓮宗。禅宗に臨済宗，曹洞宗。**

宗 派		開祖	教え・特色	
念仏宗	**浄土宗**	**法然**	念仏を唱え，阿弥陀仏にすがれば，極楽浄土に生まれ変われる。	新仏教の先がけ。
	浄土真宗（一向宗）	**親鸞**		悪人こそ救われる。
	時宗	**一遍**		踊念仏で布教。
	日蓮宗（法華宗）	**日蓮**	題目を唱えれば人も国も救われる。幕府や他宗を激しく非難する。	
禅宗	**臨済宗**	**栄西**	宋から伝わる。座禅を行い，自力で悟りを開く。	幕府の保護を受ける。
	曹洞宗	**道元**		権力をきらう。

6 モンゴル帝国とユーラシア世界 ▶本冊 p.78～79

①**モンゴル帝国**…**チンギス＝ハン**が建設した，東西にまたがる大帝国。**フビライ＝ハン**が都を大都へ移し，国号を**元**に。
→第5代皇帝

②**東西文化の交流**…マルコ＝ポーロ『世界の記述』。

7 モンゴルの襲来 ▶本冊 p.80～81

①**2度の襲来**…元の服属要求を**北条時宗**が無視。**文永の役・弘
→第8代執権   → 1274年
安の役（元寇）**→集団戦法・火薬兵器に苦戦するも撃退。
→ 1281年

②**鎌倉幕府の滅亡**…御家人の生活苦に**徳政令**。後醍醐天皇を中心に倒幕の動き→**足利尊氏**らが挙兵し鎌倉幕府滅亡。

⁸ 南北朝の動乱と室町幕府 ▶本冊 p.82〜83

①**南北朝の動乱**…後醍醐天皇の建武の新政→足利尊氏の挙兵。
北朝と南朝が約60年対立（南北朝時代）。
　　└京都　　　　└吉野

②**室町幕府と守護大名**…足利尊氏が京都に幕府。第3代将軍足
利義満のとき南北朝統一。管領が将軍を補佐し，有力守護大
名が政治。

⁹ 東アジアとの交流 ▶本冊 p.84〜85

①**東アジア情勢**…中国で明，朝鮮半島では朝鮮国建国。
　　　　　　　　　　　　　　　　　　　　└ハングルがつくられる

②**日明貿易**…倭寇と区別するため勘合を用いて，足利義満が日
明貿易（勘合貿易）開始。明から銅銭を輸入。

¹⁰ 諸産業の発達と民衆 ▶本冊 p.88〜89

①**諸産業の発達**…農業→二毛作・牛や馬の使用が広がる。商業
→土倉・酒屋が高利貸し，座の結成，運送業者の問・馬借。

②**都市と村の発達**…京都では町衆が自治。村では惣（惣村）と
いう自治組織→年貢軽減などを求め土一揆。

¹¹ 応仁の乱と戦国大名 ▶本冊 p.90〜91

①**応仁の乱と社会の変化**…1467年，将軍のあと継ぎ問題と守
護大名の勢力争い→応仁の乱→幕府は力を失う。

②**戦国大名**…下剋上の風潮で戦国大名→分国法で領国支配。

¹² 室町時代の文化 ▶本冊 p.92〜93

①**室町時代の文化**…足利義満の金閣，足利義政の銀閣，書院
　　　　　　　　　　　　　└北山文化　　　　　　└東山文化
造。雪舟が水墨画。観阿弥・世阿弥が能（能楽）を大成。

②**文化の広がり**…文化が地方へ。連歌，御伽草子，狂言。

3章 近世の日本

1 中世ヨーロッパとイスラム世界 ▶本冊 p.100〜101

①**中世ヨーロッパ**…キリスト教→**カトリック教会**と正教会。

②**イスラム世界と十字軍**…イスラム勢力が聖地エルサレムを支配→**ローマ教皇**の呼びかけで**十字軍**→失敗。

2 ルネサンスと宗教改革・ヨーロッパの世界進出 ▶本冊 p.102〜105

①**ルネサンス**…14世紀イタリアから。**レオナルド＝ダ＝ビンチ**。

②**宗教改革**…ドイツで**ルター**，スイスで**カルバン**。カトリック
┗→ 免罪符販売に抗議
教会は**イエズス会**を設立し海外布教。

③**大航海時代**…**コロンブス**，**バスコ＝ダ＝ガマ**，**マゼラン**。
┗→西インド諸島 ┗→インド航路 ┗→世界一周

④**ヨーロッパ諸国の海外進出**…スペインはアメリカ大陸へ。

3 ヨーロッパ人の来航 ▶本冊 p.106〜107

①**鉄砲伝来**…1543年，ポルトガル人が**種子島**に伝える。

②**キリスト教伝来**…1549年，イエズス会の**ザビエル**が伝える。
キリシタン大名は天正遣欧使節をローマ教皇のもとに派遣。

③**南蛮貿易**…ポルトガル人・スペイン人との貿易。

4 織田信長・豊臣秀吉の全国統一 ▶本冊 p.108〜109

①織田信長の統一事業…室町幕府を滅ぼし，長篠の戦いで鉄砲
の活用→**安土城**下で**楽市・楽座**。キリスト教を保護。

②豊臣秀吉の全国統一…**大阪城**を本拠地に全国統一。重要都市
や鉱山を直接支配。バテレン追放令で宣教師を追放。
┗→南蛮貿易は奨励

5 兵農分離と朝鮮侵略 ▶本冊 p.110〜111

①**検地（太閤検地）**…**検地帳**に登録された**百姓**に**年貢**納入の義務。武士は石高に応じて軍役。荘園消滅。

②**刀狩**…一揆防止などのため武器取り上げ→**兵農分離**。

③**朝鮮侵略**…**文禄の役・慶長の役**→豊臣氏の没落を早める。

6 桃山文化 ▶本冊 p.114〜115

①**桃山文化**…豪華で壮大な文化。天守をもつ**姫路城・**大阪城，狩野永徳の絵，千利休のわび茶，**出雲の阿国**のかぶき踊り。
　→新興大名と大商人の権力と富を背景

②**南蛮文化**…貿易などでヨーロッパの学問・技術が移入。

7 江戸幕府の成立と支配のしくみ ▶本冊 p.118〜119

①**江戸幕府と幕藩体制**…1603年，徳川家康が幕府を開く。大名→**親藩・譜代大名・外様大名**。**老中・**若年寄・三奉行。
　→関ヶ原の戦い前後から従う　　　寺社・町・勘定

②**大名・朝廷の統制**…大名を**武家諸法度**で統制し，1635年，徳川家光が**参勤交代**を制度化。朝廷は禁中並公家諸法度。
　→第3代将軍　　→1年おきに江戸と領地

8 さまざまな身分と暮らし ▶本冊 p.120〜121

①**身分制度の確立**…武士・**百姓・町人**，えた身分・ひにん身分。

②**百姓などの生活**…**本百姓**と水のみ百姓。庄屋・組頭・百姓代の村役人。五公五民などの負担。**五人組**で連帯責任。
　　　　　　　　→収穫の50%を納める

9 貿易の振興から鎖国へ ▶本冊 p.122〜123

①**朱印船貿易**…東南アジア各地に**日本町**。

②**禁教と貿易統制**…禁教令→海外渡航と帰国禁止，出島。

③**鎖国**…**島原・天草一揆**，1639年にポルトガル船来航禁止。
　→天草四郎

⑩ 鎖国下の対外関係 ▶本冊 p.124〜125

①**長崎での貿易**…オランダと**出島**で貿易，海外情報の「**オラン ダ風説書**」。中国（**明→清**）の商人が来航，唐人屋敷。

②**朝鮮・琉球・蝦夷地**…朝鮮とは**朝鮮通信使**。薩摩藩が琉球征 服，**琉球使節**。松前藩が**アイヌ**と交易，シャクシャイン。
→ 将軍の代がわりに来日

⑪ 農業・諸産業の発達 ▶本冊 p.128〜129

①**農業の発達**…新田開発，農具→**備中ぐわ・千歯こき**。
→ 深耕用   → 脱穀用

②**諸産業の発達**…九十九里浜でいわし漁→肥料の干鰯。鉱山開 発が進み，金・銀は世界有数の産出量。

⑫ 都市の繁栄と交通路の整備 ▶本冊 p.130〜131

①**都市**…三都→**江戸**「将軍のお ひざもと」・**大阪**「天下の台 所」・**京都**。商人は**株仲間**結 成，貨幣交換に両替商。

②**交通**…陸上→**五街道**。海上→ **東廻り航路・西廻り航路**。南 海路に菱垣廻船・樽廻船。

⑬ 幕府政治の安定と元禄文化 ▶本冊 p.132〜133

①**徳川綱吉と新井白石の政治**…綱吉→**朱子学奨励**，**生類憐みの
→ 第5代将軍   → とくに犬を大切に**
令。白石→金・銀の海外流出防止に長崎貿易を制限。

②**元禄文化**…17世紀末〜18世紀初め。上方の町人中心の明る く活気ある文化。文学→**井原西鶴・松尾芭蕉**。芸能→**近松門
→ 浮世草子   → 俳諧
左衛門**が人形浄瑠璃の脚本。絵画→**菱川師宣**が浮世絵。

14 享保の改革と社会の変化 ▶本冊 p.134〜135

①**享保の改革**…第8代将軍徳川吉宗。倹約令で質素・倹約，**新田開発**，上げ米の制，**公事方御定書**，**目安箱**。

②**産業の変化と社会**…**問屋制家内工業**から**工場制手工業**。農村で貧富の差が拡大→**百姓一揆**，都市では**打ちこわし**。

15 田沼時代と寛政の改革 ▶本冊 p.136〜137

①**田沼意次**…商人の経済力を利用，**株仲間**結成を奨励。

②**寛政の改革**…老中松平定信。旗本・御家人の札差などからの借金帳消し，幕府の学問所では朱子学以外の講義禁止。

③**ロシアの接近**…ラクスマン，レザノフの来航。幕府は**間宮林蔵**らに命じて蝦夷地・樺太（サハリン）調査。

16 新しい学問と化政文化 ▶本冊 p.138〜139

①**国学**…**本居宣長**が『**古事記伝**』で大成。

②**蘭学**…杉田玄白らが『**解体新書**』。伊能忠敬が日本全図。

③**教育の普及**…武士は**藩校**，町人・百姓は**寺子屋**。

④**化政文化**…19世紀前半。江戸の町人中心。小説→**十返舎一九**，曲亭（滝沢）馬琴。川柳・狂歌。俳諧→与謝蕪村，小林一茶。錦絵→葛飾北斎，歌川広重。歌舞伎・大相撲・寄席。

17 外国船の出現と天保の改革 ▶本冊 p.140〜141

①**外国船の打ち払いと幕政批判**…**異国船打払令**→蘭学者の批判に**蛮社の獄**。天保のききん→**大塩の乱**。

②**天保の改革**…老中水野忠邦。物価引き下げのため株仲間を解散。諸藩は専売制強化などで改革→**薩摩藩・長州藩**が雄藩に。

4章 開国と近代日本の歩み

1 イギリスとアメリカの革命　▶本冊 p.148〜149

①**啓蒙思想**…**ロック**，**モンテスキュー**，**ルソー**。
　　　　　　　　『法の精神』で三権分立→

②**イギリスの革命**…**ピューリタン革命**，**名誉革命**→**権利章典**。
　　　　　　　　　　　　　立憲君主制と議会政治確立→

③**アメリカの独立革命**…イギリスからの**独立戦争**→**独立宣言**→
　合衆国成立。初代大統領に**ワシントン**。

2 フランス革命　▶本冊 p.150〜151

①**フランス革命**…1789年，フランス革命で**人権宣言**。
　　　　　　　　　　　　　　　　　　　→自由・平等・国民主権

②**ナポレオンの時代**…皇帝**ナポレオン**，ナポレオン法典。
　　　　　　　　　　こうてい

3 欧米諸国の発展　▶本冊 p.152〜153
　おうべい

①**フランス**…二度の革命後，世界初の男子**普通選挙**。
　　　　　　　　　　　　　　　　　ふつう

②**ドイツ**…プロイセンの**ビスマルク**→**ドイツ帝国**。
　　　　　　　　　　　　　　　　　ていこく

③**アメリカ**…南北戦争中に**リンカン**大統領の奴隷解放宣言。
　　　　　　　　　　　　　　　　　　　　どれい

4 産業革命と資本主義　▶本冊 p.154〜155

①**産業革命**…18世紀後半イギリスから。**蒸気機関**の改良。

②**資本主義の発展と社会主義**…**資本家**と**労働者**→労働問題。
　　　　　　　　　　綿工業から→　　　　　→ワット

5 ヨーロッパのアジア侵略　▶本冊 p.156〜157
　　　　　　　　　　　　　しんりゃく

①**アヘン戦争**…アヘン戦争でイギリスが清に勝利→**南京条約**。
　　　　　　　　　　　　　　　　　しん　　　　　　→ナンキン
　イギリスは香港と多額の賠償金を手に入れる→翌年，不平等
　　　　　　ホンコン　　　ばいしょうきん　　　　　　よくねん
　条約→清で**太平天国の乱**。
　　　　　　たいへいてんごく

②**インドの植民地化**…インド大反乱→イギリスが全土を支配。

6 開国と不平等条約　▶本冊 p.158〜159

①**開国と不平等条約の締結**…ペ

リー来航。1854年, 日米和

親条約で下田・函館開港。

1858年, 井伊直弼, 日米修

好通商条約で５港開港（領事

裁判権を認め関税自主権なし）。

●和親条約で開港

■修好通商条約で開港

函館

新潟

神奈川（横浜）

兵庫（神戸）

下田

長崎

②**開国の影響**…金の流出・品不足や買い占め。貿易はイギリ

ス・横浜港が中心。

7 江戸幕府の滅亡　▶本冊 p.160〜161

①**攘夷から倒幕へ**…**尊皇攘夷**運動。長州藩・薩摩藩は**薩長同盟**。

　　　　　　　　　　　→下関戦争　　　　→徳川慶喜　　薩英戦争←

②**江戸幕府の滅亡**…1867年, 徳川慶喜が**大政奉還**で江戸幕府

滅亡→**王政復古の大号令**。新政府が**戊辰戦争**に勝利。

　　　　　　　　　→第15代将軍

8 新政府の成立　▶本冊 p.164〜165

①**明治維新**…**五箇条の御誓文**。江戸を東京に。**明治**と改元。

②**中央集権国家へ**…版籍奉還から**廃藩置県**。薩長土肥の**藩閥政

府**。身分制廃止で武士は**士族**, 百姓・町人は**平民**。

　　　　　　　　　　→中央から府知事・県令

9 維新の三大改革・殖産興業と文明開化　▶本冊 p.166〜169

①**富国強兵**…欧米諸国に対抗できる近代国家を目指す。

②**３つの改革**…**学制**で満６歳以上の男女に義務教育。満20歳

になった男子に**徴兵令**。３％の地租を現金で納める**地租改正**。

　　　　　　　　　　　　　　　　　　　　　　　　　→税収入安定

③**殖産興業**…**富岡製糸場**など官営**模範工場**で近代産業育成。

④**文明開化**…生活の洋風化, 太陽暦, **福沢諭吉・中江兆民**。

　　　　　　　　　　　　　　　　　　　　→『学問のす>め』

🔟 近代的な国際関係・国境と領土の画定　▶本冊 p.170～173

①**岩倉使節団**…不平等条約改正は失敗，**欧米**の視察へ。

②**清・朝鮮**…日清修好条規，日朝修好条規で国交。

③**国境の画定**…**樺太・千島交換条約**で千島列島は日本領に。

④**北海道と沖縄**…北海道は**開拓使**を設け**屯田兵**が開拓。琉球王国を**琉球藩**を→**沖縄県**設置（**琉球処分**）。

🔟🔟 自由民権運動・立憲制国家の成立　▶本冊 p.174～177

①**自由民権運動**…1874年，**板垣退助**ら**民撰議院設立の建白書**。
　　　　　　　　　　　　　　　　└→議会開設を要求

②**士族の反乱**…**西郷隆盛**らが**西南戦争**→政府批判は言論に。
　　　　　　└→征韓論で政府を去る

③**自由民権運動の高まり**…政府は国会開設を約束→**板垣退助**は**自由党**，**大隈重信**は立憲改進党結成。

④**立憲制国家の成立**…**伊藤博文**が初代首相→**大日本帝国憲法**。
　　　　　　　　　　　　　　　　　　　　　　　　　　└→1889年

⑤**帝国議会の開設**…**貴族院**と**衆議院**の二院制。直接国税15円
　　　　　　　　　└→皇族や華族など
以上納入の満25歳以上の男子に選挙権。

🔟🔟 欧米列強の侵略と条約改正　▶本冊 p.180～181

①**帝国主義**…欧米列強は軍事力を背景に他国を支配。

②**条約改正**…**欧化政策**。**ノルマントン号事件**で条約改正の世論
高まる→1894年，**陸奥宗光**が**領事裁判権**の撤廃に成功，
　　　　　　　　　　　　　　　　　　└→イギリスと
1911年，**小村寿太郎**が**関税自主権**の完全回復に成功。
　　　　　　└→アメリカと

🔟🔟 日清戦争　▶本冊 p.182～183

①**日清戦争**…**甲午農民戦争**がきっかけで1894年に開戦。

②**下関条約**…多額の**賠償金**，**遼東半島**・台湾などの獲得。
　　　　　　　　　　　　　　　　　└→リアオトン

③**三国干渉**…ロシアなどが清への遼東半島返還を要求。
　　　　　　└→ロシア，フランス，ドイツ

14 日露戦争 ▶本冊 p.184〜185

①日露戦争…清で「扶清滅洋」を唱えて義和団事件。ロシアの南下に対し日英同盟結ぶ。義和団事件後も満州に兵をとどめるロシアと対立→1904年日露戦争開戦。

②ポーツマス条約…韓国での優越権，旅順・大連の租借権など
└→アメリカの仲介
→賠償金とれず国民の不満，日比谷焼き打ち事件。

15 韓国と中国 ▶本冊 p.186〜187

①韓国併合と満鉄…1910年，韓国併合→朝鮮総督府を置いて植民地支配。南満州鉄道株式会社（満鉄）設立で満州進出。

②中華民国…孫文が三民主義唱える。辛亥革命で，孫文を臨時大総統に，アジアで最初の共和国の中華民国成立。

16 日本の産業革命 ▶本冊 p.188〜189

①日本の産業革命…1880年代後半からせんい工業などの軽工業が発展。日清戦争の賠償金で八幡製鉄所→日露戦争前後から重工業が発展。政府の保護を受けた財閥が経済支配。

②社会問題…労働争議の発生→工場法の制定。足尾銅山鉱毒事件で田中正造の活動。社会主義運動→幸徳秋水（大逆事件）。
└→操業停止などを求める

17 近代文化の形成 ▶本冊 p.190〜191

①近代の芸術と文学…フェノロサと岡倉天心が日本美術の復興。絵画…横山大観，黒田清輝。文学…二葉亭四迷，正岡子規，樋口一葉，石川啄木，森鷗外，夏目漱石。

②教育の普及と科学の発達…義務教育6年。医学→北里柴三郎，野口英世，化学→高峰譲吉，物理学→長岡半太郎。

5章 mini-book >>> History 二度の世界大戦と日本

1 第一次世界大戦・ロシア革命 ▶本冊 p.198〜201

①第一次世界大戦…三国同盟と三国協商の対立。**サラエボ事件**
　　　　　　　　 └→ドイツ中心　　└→イギリス中心
　をきっかけに1914年開戦→**総力戦**に→ドイツの降伏で終戦。

②**日本の参戦**…**日英同盟**理由。中国に**二十一か条の要求**。
　　　　　　　　　　　　　　　　　　　　　 └→反日運動が起こる

③ロシア革命…**レーニン**の指導で社会主義政府→**ソビエト社会
　主義共和国連邦（ソ連）**成立→**スターリン**が五か年計画。

2 国際協調の時代 ▶本冊 p.202〜203

①**ベルサイユ条約と国際協調**…ドイツは領土縮小・多額の賠償
　金。アメリカの**ウィルソン**大統領の提案で**国際連盟**設立。**ワ
　シントン会議**→海軍軍縮条約，日英同盟の解消。

②**民主主義の拡大**…ドイツで民主的な**ワイマール憲法**。
　　　　　　　　　　　　　　　　　　　└→男女普通選挙を認める

3 アジアの民族運動 ▶本冊 p.204〜205

①**中国**…**五・四運動**，中国国民党が国民政府樹立。

②**朝鮮・インド**…朝鮮では**三・一独立運動**。インドでは**ガンデ
　ィー**の指導で，イギリスに対し非暴力・不服従の抵抗運動。

4 大正デモクラシーと政党内閣 ▶本冊 p.206〜207

①**護憲運動と大正デモクラシー**…尾崎行雄らが第一次護憲運動。
　吉野作造は**民本主義**，美濃部達吉は**天皇機関説**を主張。

②**大戦景気と米騒動**…大戦景気で成金。**シベリア出兵**を見こし
　た買い占めで米価上昇→**米騒動**→**原敬**が本格的な**政党内閣**。

5 社会運動と普通選挙・新しい文化と生活 ▶本冊 p.208〜211

①**社会運動の高まり**…**労働争議・小作争議**。全国水平社結成，平塚らいてうが青鞜社結成→新婦人協会。

②**政党政治の展開**…第二次護憲運動→1925年，**普通選挙法**成立で満25歳以上の男子に選挙権，同時に**治安維持法**成立。
→ 有権者約4倍に増える

③**教育の普及と大衆文化**…**義務教育**の普及。1冊1円の**円本**，ラジオ放送の開始，働く女性の増加。
→ 新聞とならぶ情報源

④**新しい思想や文化**…西田幾多郎，芥川龍之介。

6 世界恐慌とブロック経済 ▶本冊 p.216〜217

①**世界恐慌**…1929年アメリカから世界中へ広まる。

②**各国の対策**…アメリカは**ニューディール政策**，イギリス・フランスは**ブロック経済**。ドイツ・イタリアでは**ファシズム台頭**。五か年計画実施中のソ連は世界恐慌の影響を受けず。
→ ヒトラー

7 昭和恐慌と政党内閣の危機 ▶本冊 p.218〜219

①**日本の不景気**…政党政治の行きづまり。関東大震災後の**金融恐慌**→世界恐慌の影響で**昭和恐慌**，身売り・欠食児童。

②**協調外交の行きづまり**…浜口雄幸首相は狙撃されて辞任。

8 満州事変と軍部の台頭 ▶本冊 p.220〜221

①**満州事変**…満州国建国で日本は国際連盟脱退→国際的孤立。

②**五・一五事件**…1932年，海軍の青年将校らが**犬養毅**首相を暗殺→8年間続いた政党政治が終わる。

③**二・二六事件**…1936年，陸軍の青年将校らが軍事政権樹立を目指して政治家殺傷→軍部の発言力が強まる。

9 日中戦争と戦時体制 ▶本冊 p.222〜223

①**日中戦争**…1937年盧溝橋事件から全面戦争。国民党と共産党は**抗日民族統一戦線**。南京占領時に南京事件。

②**戦時体制の強化**…**国家総動員法**，**大政翼賛会**，隣組。
↳ 議会の同意なしに動員

10 第二次世界大戦の始まり ▶本冊 p.226〜227

①**第二次世界大戦**…**独ソ不可侵条約**。1939年ドイツのポーランド侵攻で開戦。**日独伊三国同盟**。**枢軸国**と**連合国**の戦い。

②**ドイツの占領政策**…ユダヤ人を迫害し強制収容所に。
↳ ヨーロッパ各地で抵抗運動（レジスタンス）

11 太平洋戦争 ▶本冊 p.228〜229

①**日本の南進**…資源求めて東南アジアへ進出→アメリカは日本への石油輸出を禁止，**ABCD包囲陣**で日本への経済封鎖。
↳ アメリカ・イギリス・中国・オランダ

②**太平洋戦争**…**日ソ中立条約**で北方の安全確保→1941年真珠湾奇襲攻撃で開戦。ミッドウェー海戦敗北で守勢に。
↳ 1942年

12 戦時下の人々 ▶本冊 p.230〜231

①**戦時下の国民生活**…**学徒出陣**，労働力不足で**勤労動員**。空襲の激化で都市の小学生は**学童（集団）疎開**。

②**植民地と占領地**…朝鮮・中国から日本へ**強制連行**。

13 戦争の終結 ▶本冊 p.232〜233

①**ヨーロッパの終戦**…1943年イタリア降伏，1945年ドイツ降伏。

②**空襲激化と沖縄戦**…**東京大空襲**，アメリカ軍が沖縄に上陸。

③**日本の降伏**…日本に無条件降伏求める**ポツダム宣言**→広島・長崎に原子爆弾投下→1945年8月14日，降伏。
↳ この間にソ連が日本に宣戦布告

6章 現代の日本と私たち

1 占領下の日本・民主化と日本国憲法 ▶本冊 p.240〜243

①**敗戦後の日本**…本州・北海道・九州・四国と周辺の島々。
└→ 沖縄はアメリカ軍統治，北方領土はソ連占拠

②**占領**…マッカーサーの**GHQ**による戦後改革。戦争犯罪人は
└→ 連合国軍最高司令官総司令部
極東国際軍事裁判（東京裁判）。

③**日本の民主化**…政治→満20歳以
上の男女に選挙権。経済→**財閥解
体**，農地改革で自作農増加。

④**日本国憲法**…国民主権・基本的人
権の尊重・平和主義。

	自作	自小作	小作
1930年	31.1%	42.4	26.5
1950年	62.3%		32.6

5.1

2 冷戦の開始と植民地の解放 ▶本冊 p.244〜245

①**国際連合と冷戦**…総会・安全保障理事会。東西陣営が対立。

②**アジア**…朝鮮は**大韓民国・朝鮮民主主義人民共和国**に分裂→
朝鮮戦争。中国では**中華人民共和国**が成立。

3 独立の回復と55年体制・緊張緩和と日本の外交 ▶本冊 p.246〜249

①**独立の回復**…1951年，**サンフランシスコ平和条約**。同時に
日米安全保障条約で独立後もアメリカ軍の駐留を認める。

②**長期政権の成立**…自由民主党と社会党の**55年体制**。

③**緊張緩和の進展**…**アジア・アフリカ会議**→平和共存。

④**日本の外交関係**…**日ソ共同宣言**で国連加盟。**日韓基本条約**。
└→ 1956年　　　　　　　　　　　　　　　　　　　　└→ 1965年
日中共同声明で中国と国交回復。沖縄の日本復帰の過程で**非**
└→ 1972年　　　　　　　　　　　　　　　　　　　　└→ 1972年
核三原則を国の方針に。

4 日本の高度経済成長・マスメディアと現代の文化　▶本冊 p.250〜253

①**高度経済成長**…1950年代半ばから1973年まで，年平均10
　％の経済成長。1968年，GNPがアメリカに次ぐ第2位に。
　　　　　　　　　　　　　　　　　　└→ 国民総生産

②**国民生活の変化と公害**…家庭電化製品や自動車の普及，東海
　道新幹線開通。公害問題→**公害対策基本法**。
　　　　　　　　　　　　　　　　　　　└→ 現在の環境基本法

③**石油危機と日本**…中東戦争で石油危機→高度経済成長終わる。
　　　　　　　　　└→ 第四次　　　└→ 石油価格の上昇

④**戦後復興期**…湯川秀樹がノーベル物理学賞受賞。
　　　　　　　　ゆ かわひでき

5 冷戦終結後の国際社会　▶本冊 p.256〜257

①**冷戦の終結から国際協調へ**…**ベルリンの壁**崩壊→**冷戦の終結**
　　　　　　　　　　　　　　　　　　　　　かべほうかい
　宣言→東西ドイツの統一→ソ連の解体。**主要国首脳会議（サ**
　　　└→ 1989年
　ミット），**ヨーロッパ連合（EU）**。
　　　　　　　　　　　　　　イーユー

②**世界の地域紛争**…**湾岸戦争**，**イラク戦争**など地域紛争。
　　　　　　ふんそう　　わんがん

6 冷戦後の日本　▶本冊 p.258〜259

①**冷戦後の日本**…国連の平和維持活動に**自衛隊**を派遣。北朝鮮
　　　　　　　　　　　　└→ PKO　　　じえいたい　　はけん　きたちょうせん
　とは日本人拉致問題。韓国が竹島を不法占拠，中国が尖閣諸
　　　　　　らち　　　　かんこく　たけしま　　　　　　　せんかく
　島の領有権主張。55年体制の終わり→政権交代。

②**バブル経済崩壊**…1991年**バブル経済**が崩壊し平成不況へ。
　　　　　　ほうかい　　　　　　　　　　　　　　　　ふきょう
　2008年には世界金融危機。
　　　　　　　　きんゆう

7 持続可能な社会に向けて　▶本冊 p.260〜261

①**日本の課題**…少子高齢化への対策，差別の解消，自然災害へ
　　　　　　　　　　こうれい
　の備え，再生可能エネルギーの導入。

②**進むグローバル化と日本**…世界の一体化が進み，環境問題な
　　　　　　　　　　　　　　　　　　　　　　　　かんきょう
　ど地球規模での問題。**SDGs**への取り組み。
　　　　　　　　　　　　エスディージーズ
　　　　　　　　　　　　└→ 持続可能な開発目標

要点整理
ミニブック

Gakken

New Course
for Junior High School
Students

Each new course you choose
can lead to great discoveries.

Set off on your new course
through the ocean of knowledge
and find what discoveries
await you.

【 学研ニューコース 】

中学歴史

Gakken

はじめに

『学研ニューコース』シリーズが初めて刊行されたのは，1972（昭和47）年のことです。当時はまだ，参考書の種類も少ない時代でしたから，多くの方の目に触れ，手にとってもらったことでしょう。みなさんのおうちの人が，『学研ニューコース』を使って勉強をしていたかもしれません。

それから，平成，令和と時代は移り，世の中は大きく変わりました。モノや情報はあふれ，ニーズは多様化し，科学技術は加速度的に進歩しています。また，世界や日本の枠組みを揺るがすような大きな出来事がいくつもありました。当然ながら，中学生を取り巻く環境も大きく変化しています。学校の勉強についていえば，教科書は『学研ニューコース』が創刊した約10年後の1980年代からやさしくなり始めましたが，その30年後の2010年代には学ぶ内容が増えました。そして2020年の学習指導要領改訂では，内容や量はほぼ変わらずに，思考力を問うような問題を多く扱うようになりました。知識を覚えるだけの時代は終わり，覚えた知識をどう活かすかということが重要視されているのです。

そのような中，『学研ニューコース』シリーズも，その時々の中学生の声に耳を傾けながら，少しずつ進化していきました。新しい手法を大胆に取り入れたり，ときにはかつて評判のよかった手法を復活させたりするなど，試行錯誤を繰り返して現在に至ります。ただ「どこよりもわかりやすい，中学生にとっていちばんためになる参考書をつくる」という，編集部の思いと方針は，創刊時より変わっていません。

今回の改訂では中学生のみなさんが勉強に前向きに取り組めるよう，等身大の中学生たちのマンガを巻頭に，「中学生のための勉強・学校生活アドバイス」というコラムを章末に配しました。勉強のやる気の出し方，定期テストの対策の仕方，高校入試の情報など，中学生のみなさんに知っておいてほしいことをまとめてあります。本編では新しい学習指導要領に合わせて，思考力を養えるような内容も多く掲載し，時代に合った構成となっています。

進化し続け，愛され続けてきた『学研ニューコース』が，中学生のみなさんにとって，やる気を与えてくれる，また，一生懸命なときにそばにいて応援してくれる，そんな良き勉強のパートナーになってくれることを，編集部一同，心から願っています。

学研プラス

「歴史の成績がいい人は暗記が
得意な人だ」そんな考えが
まちがいだったとわかったのは，
二人と過ごすようになってからだった

5

9

あ、あの……
私、亮介に連れて
こられたんですけど——

……話はわかりました
椎原さん

歴史を面白いと
思ったことはありますか？

正直、あまりない
です……

そうですか

それは歴史と自分を
切り離して考えて
しまっているから
かもしれませんね

歴史は勝手にできあがった
ものではありません

？

歴史上のできごとは
私たちと同じ人間が悩み
考えて起こした行動なのです

そこからは
現代を生きる私たちも
多くの教訓を
得ることができます

そうそう、
「なんでこんなこと
したんだろ？」
って考えると実は人間くさい
理由が隠れてたりして
歴史って面白いっすよね

11

もしかしたら、「歴史」が苦手な私の歴史も
ここから変わっていくのかもしれない

本書の特長と使い方

各章の流れと使い方

解説ページ

本文

本書のメインページです。基礎内容から発展内容まで，わかりやすくくわしく解説しています。

問題

チェック基礎用語

よく問われる基礎用語を簡単にチェックできます。

定期テスト予想問題

学校の定期テストでよく出題される問題を集めたテストで，力試しができます。

本文ページの構成

教科書の要点
この項目で学習する，テストによく出る要点をまとめてあります。

解説
ていねいでくわしい解説で，内容がしっかり理解できます。

豊富な写真や図
本文の理解を助けるための，豊富な写真や図表を掲載しています。

【1節】文明のおこりと日本の成り立ち

1　人類の出現

教科書の要点

1	人類の出現	◎約700万～600万年前にアフリカに猿人→道具の使用
2	人類の進化と旧石器時代	◎打製石器の使用，狩りや採集で移動生活，約200万年前に原人（火・言葉）→約20万年前に新人（ホモ・サピエンス）出現
3	新石器時代	◎1万年ほど前から農耕・牧畜開始，磨製石器や土器の使用

1　人類の出現

人類は，チンパンジーと共通の祖先から分かれたといわれる。
(1) 猿人の出現…今から約700万～600万年前に，アフリカに最古の人類である**猿人**が出現した❶。
(2) 知能の発達…猿人は後ろあし（足）で立って歩く（**直立二足歩行**）ようになり，重い脳（頭）を胴で支えられるようになった。それとともに自由になった前足（手）を使って道具（**打製石器❷**）を使用するようになり，知能も発達した。

❶人類の進化

❷打製石器 〔明治大学博物館〕

2　人類の進化と旧石器時代

人類は，原人から新人へと進化していった。
(1) 氷河時代…地球は約250万年前から氷河時代となり，氷河が発達して寒冷な氷期と，暖かい間氷期が繰り返された。その間にも，人類は厳しい環境の中を生き抜いていった。
(2) 原人から新人へ
❶200万年ほど前には**原人**が現れた。
❷木の実の採集や狩りや，漁で得た食料を調理

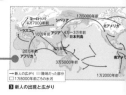

❸新人の出現と広がり

24

本書の特長

特集

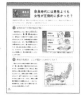 歴史コラム 勉強法コラム

学習内容を深掘りしたり, 背景を考えたりするコラムで, 興味が広がり, 理解が深まります。

ノートの取り方, やる気の出し方, 高校入試についてなど, 知っておくとよい情報を扱っています。

＋

 **入試レベル問題**

高校入試で出題されるレベルの問題に取り組んで, さらに実力アップすることができます。

＋

 要点整理ミニブック

この本の最初に, 切り取って持ち運べるミニブックがついています。テスト前の最終チェックに最適です。

するため**火**を使うようになり, また, お互いの意思を伝えるため**言葉**を発達させた。

今から20万年ほど前には, 現在の人類の直接の祖先である**新人（ホモ・サピエンス）**が現れた。

やがて死者を埋葬する習慣も生まれ, 洞窟の壁に絵を描くなど, 精神的な活動も豊かになってきた。旧石器時代には**打製石器**がつくられ, 採集・狩り・漁を行いながら移動生活をしていた時代を**旧石器時代**という。

（学研写真資料）

ラスコー洞窟の壁画（フランス） 旧石器時代に新人によって描かれた。

1章 古代までの日本

1節 文明のおこりと日本の成り立ち

新石器時代

1万年前に, 最後の氷期が終わって気候が暖かくなると, や牧畜が始まり, 磨製石器や土器が使われるようになった。

農耕・牧畜の開始や…人々は弓矢を使用して, 小形で動きの早い動物を捕らえるようになった。やがて麦や稲を栽培し, 野生の牛・やぎなどを飼育するようになった。

テストで注意 打製石器と磨製石器
旧石器時代は打製石器のみで, 土器・磨製石器の使用は新石器時代である。

道具の発達

打製石器の使用とともに, 石を磨いて形を整えた**磨製石器**が使われるようになった。
食べ物の煮炊き用に, **土器**がつくられるようになった。

用語解説 磨製石器
とぎ石や砂などで磨き, 形を整えた石器。新石器時代になってつくられるようになった。木を切るためのおの状のもの, 穀物を刈り取るための鎌状のもの, などがつくられた。

農耕・牧畜が始まり, 土器や磨製石器が使われるようになった時代を**新石器時代**という。

Column 農耕の開始で社会はどう変わった?
農耕生活が始まると, 人々は農耕に適した平地に簡単な住まいをつくり, 定住生活をするようになった。→「**むら**」をつくった。
やがて, 支配する者と支配される者の区別ができた。

磨製石器 （國學院大學博物館）

25

サイド解説

本文をより理解するためのくわしい解説や関連事項, テストで役立つ内容などを扱っています。

くわしく	本文の内容をよりくわしく解説。	発展 発展的な学習内容の解説。
テストで注意	テストでまちがえやすい内容の解説。	用語解説 重要な用語を解説。
参考	本文に関連して, 参考となるような事項を解説。	史料 重要な歴史史料などから, 一部を抜粋して紹介。
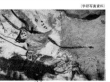 思考	理由や背景を解説。	暗記術 年代暗記のゴロ合わせ。

重要ポイント

とくに重要なポイントがわかります。

Column コラム

歴史の知識を深めたり広げたりできる内容を扱っています。

学研ニューコース

Gakken New Course
for Junior High School
Students

中学歴史

もくじ

Contents

1章　古代までの日本

1節　文明のおこりと日本の成り立ち

2節　古代国家の歩みと東アジア世界

2章　中世の日本

1節　武士のおこりと鎌倉幕府

2節　モンゴルの襲来と室町幕府

3章　近世の日本

1節　ヨーロッパ人との出会いと全国統一

2節　江戸幕府の成立と鎖国

6章　現代の日本と私たち

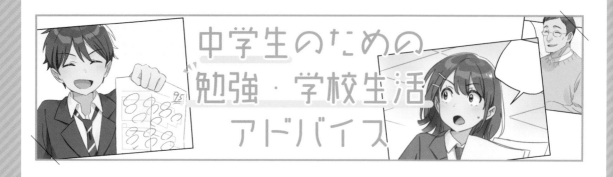

中学校は小学校と大きく変わる

「中学校から勉強が苦手になった」という人はたくさんいます。勉強につまずいてしまうのは，中学に上がると変わることが多いためです。

まず，勉強する内容が高度になり量も多くなります。小学校の1回の授業時間は40〜45分で，前回の授業を復習しながら進みましたが，中学校の1回の授業は50〜60分で，前回の授業は理解している前提で進みます。

生活面では部活動が始まります。入る部活によっては朝や休日にも練習があるかもしれません。勉強と部活を両立させられるかどうかで，成績に大きく差がつきます。

小学　　中学

中学の歴史の特徴（とくちょう）

中学の歴史では，**人物や用語を覚える**ことは基本の一つです。しかし，むやみに人物や用語だけを覚えようとしても，なかなか頭に入らないものです。新しい人物や用語が出てきたら，他のできごととの関係性を確認するようにしましょう。

年表（→ p.112）を活用してもよいでしょう。そして，**そのできごとが起こったのはなぜなのか，ほかのできごとと関連づけて，考えてみましょう。**ほかのできごととの関連を考え，理解することで，その時代の社会のしくみや歴史の流れがスムーズに覚えられます。

ふだんの勉強は「予習→授業→復習」が基本

中学校の勉強では，**「予習→授業→復習」の正しい勉強のサイクルを回すことが大切**です。

☑ 予習は軽く。要点をつかめば OK！

予習は1回の授業に対して5〜10分程度にしましょう。
完璧に内容を理解する必要はありません。「どんなことを学ぶのか」という大まかな内容をつかみ，授業にのぞみましょう。

☑ 授業に集中！ わからないことはすぐに先生に聞く!!

授業中は先生の説明を聞きながらノートを取り，気になることやわからないことがあったら，授業後にすぐ質問をしに行きましょう。

授業中にボーっとしてしまうと，テスト前に自分で理解しなければならなくなるので，効率がよくありません。**「授業中に理解しよう」としっかり聞く人は，時間の使い方がうまく，効率よく学力を伸ばすことができます。**

☑ 復習は遅くとも週末に。ためすぎ注意！

授業で習ったことを忘れないために，**復習はできればその日のうちに。それが難しければ，週末には復習をするようにしましょう。**時間を空けすぎて習ったことをほとんど忘れてしまうと，勉強がはかどりません。復習をためすぎないように注意してください。

復習をするときは，教科書やノートを読むだけではなく，問題も解くようにしましょう。問題を解いてみることで理解も深まり記憶が定着します。

定期テスト対策は早めに

定期テストは1年に約5回※。一般的に，一学期と二学期に中間テストと期末テスト，三学期に学年末テストがあります。しかし，「小学校よりもテストの回数が少ない！」と喜んではいられません。1回のテストの範囲が広く，しかも同じ日に何教科も実施されるため，テストの日に合わせてしっかり勉強する必要があります。（※三学期制か二学期制かで回数は異なります）

定期テストの勉強は，できれば2週間ほど前から取り組むのがオススメです。部活動はテスト1週間前から休みに入る学校が多いようですが，その前からテストモードに入るのがよいでしょう。「試験範囲を一度勉強して終わり」ではなく，二度・三度と繰り返しやることが，よい点をとるためには大事です。

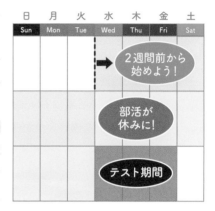

| 日 | 月 | 火 | 水 | 木 | 金 | 土 |
Sun	Mon	Tue	Wed	Thu	Fri	Sat

2週間前から始めよう！

部活が休みに！

テスト期間

中1・中2のときの成績が高校受験に影響することも！

内申点という言葉を聞いたことがある人もいるでしょう。内申点は各教科の5段階の評定（成績）をもとに計算された評価で，高校入試で使用される調査書に記載されます。1年ごとに，実技教科を含む9教科で計算され，例えば，「9教科の成績がすべて4の場合，内申点は $4 \times 9 = 36$」などといった具合です。

公立高校の入試では，「内申点＋試験の点数」で合否が決まります。当日の試験の点数がよくても，内申点が悪くて不合格になってしまうということもあるのです。住む地域や受ける高校によって，「内申点をどのように計算するか」「何年生からの内申点が合否に関わるか」「内申点が入試の得点にどれくらい加算されるか」は異なりますので，早めに調べておくといいでしょう。

「高校受験なんて先のこと」と思うかもしれませんが，実は**中1・中2のときのテストの成績や授業態度が，入試に影響する場合もあるのです。**

国語	数学	英語
5	4	5

美術	体育	音楽
3	2	3

1章

古代までの日本

1 人類の出現

教科書の要点

1 人類の出現　◎約700万～600万年前にアフリカに**猿人**（えんじん）→道具の使用

2 人類の進化と旧石器時代　◎**打製石器**（だせい）の使用，狩りや採集で移動生活，約200万年前に**原人**（げんじん）（火・言葉）→約20万年前に**新人**（しんじん）（**ホモ・サピエンス**）出現

3 新石器時代　◎１万年ほど前から**農耕**・**牧畜**（ぼくちく）開始，**磨製石器**（ませい）や**土器**の使用

1 人類の出現

　人類は，チンパンジーと共通の祖先から分かれたといわれる。

(1) 猿人（えんじん）の出現…今から約700万～600万年前に，アフリカに最古の人類である**猿人**が出現した**1**。

(2) 知能の発達…猿人は後ろあし（足）で立って歩く（**直立二足歩行**）ようになり，重い脳（頭）（どう）を胴で支えられるようになった。それとともに自由になった前足（手）を使って道具（**打製石器**（だせい）**2**）を使用するようになり，知能も発達した。
　└→石を打ち欠いてつくった

猿人　原人　新人

1 人類の進化

2 打製石器　（明治大学博物館）

2 人類の進化と旧石器時代

　人類は，原人から新人へと進化していった。

(1) 氷河時代（ひょうが）…地球は約250万年前から氷河時代となり，氷河が発達して寒冷な氷期（ひょうき）と，暖かい間氷期（かんぴょうき）が繰り返された。その間にも，人類は厳しい環境（かんきょう）の中を生き抜（ぬ）いていった。

(2) 原人から新人へ

❶200万年ほど前には**原人**が現れた。

❷木の実の採集や狩（か）りや，漁で得た食料を調理

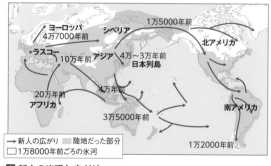

3 新人の出現と広がり

ヨーロッパ　4万7000年前　シベリア　1万5000年前　北アメリカ
ラスコー　10万年前　アジア　4万～3万年前　日本列島
20万年前　アフリカ　4万年前　3万5000年前　南アメリカ　1万2000年前
→新人の広がり　■陸地だった部分
□1万8000年前ごろの氷河

するため**火**を使うようになり，また，お互いの意思
を伝えるため**言葉**を発達させた。
→寒さから身を守るためにも使った

⚠️重要 ❸今から20万年ほど前には，現在の人類の直接の祖先
である**新人**（**ホモ・サピエンス**）❸が現れた。

❹やがて死者を埋葬する習慣も生まれ，洞窟の壁に絵
を描く❹など，精神的な活動も豊かになってきた。

(3) 旧石器時代…**打製石器**がつくられ，採集・狩り・漁
を行いながら移動生活をしていた時代を**旧石器時代**
という。

❹ **ラスコー洞窟の壁画（フランス）** 旧石器時代に新
人によって描かれた。

3 新石器時代

約1万年前に，最後の氷期が終わって気候が暖かくなると，
農耕や牧畜が始まり，磨製石器や土器が使われるようになった。

(1) 農耕・牧畜の開始…人々は弓矢を使用して，小形で動きの
素早い動物を捕らえるようになった。やがて麦や稲を栽培
し，野生の牛・やぎなどを飼育するようになった。

(2) 道具の発達

⚠️重要 ❶**打製石器**の使用とともに，石を磨いて形を整えた**磨製石
器**📖❺が使われるようになった。
❷食べ物の煮炊き用に，**土器**がつくられるようになった。

(3) **農耕・牧畜**が始まり，土器や磨製石器が使われるようにな
った時代を**新石器時代**という。

💭Column **農耕の開始で社会はどう変わった？**
①農耕生活が始まると，人々は農耕に適した平地に簡単な住まいを
つくり，定住生活をするようになった。→「**むら**」をつくった。
②やがて，支配する者と支配される者との区別ができた。

テストで注意 **打製石器と磨製石器**

旧石器時代は打製石器のみで，土器・
磨製石器の使用は新石器時代から。

用語解説 **磨製石器**

とぎ石や砂などで磨き，形を整えた石
器。新石器時代になってつくられるよう
になった。木を切るためのおの状のも
の，穀物を刈り取るための鎌状のもの，
などがつくられた。

❺ **磨製石器** （國學院大學博物館）

2 文明のおこり

1 古代文明の発生

　農耕や牧畜が始まると,やがて支配する者と支配される者との区別が生まれ,国が形成されていった。

(1) 古代文明のおこり…国の形成に伴って,都市や神殿,宮殿の建設,かんがい工事などが行われ,優れた土木技術が発達した。また,戦争や祭りに用いる**青銅器**や**鉄器**がつくられ,**文字**も発明された。

メソポタミア文明　バビロン　インダス文明　中国文明　殷墟　40°　20°　エジプト文明　モヘンジョ゠ダロ　古代文明のだいたいの範囲

1 古代文明の発生地域

> **[重要]**
>
> (2) **古代文明の発生地1**…農耕に適した大河の流域。
> ❶**エジプト文明**…ナイル川流域
> ❷**メソポタミア文明**…チグリス川・ユーフラテス川流域
> ❸**インダス文明**…インダス川流域
> ❹**中国文明**…黄河,長江流域
> 　　→p.28

2 オリエントの文明

　エジプト,メソポタミアを含む東地中海沿岸はオリエントと呼ばれ,エジプト文明とメソポタミア文明がおこった。

> **参考 オリエント**
>
> 　古代ローマ人が,ローマから見て東方の地を指して言ったもので,「太陽の昇る地」という意味である。

> **くわしく エジプトはナイルのたまもの**
>
> 　ギリシャの歴史家ヘロドトスの言葉。「エジプト王国が成立し,最古の文明が栄えたのは,ナイル川のめぐみを受けたため」ということ。ナイル川下流域は,毎年夏になると洪水にみまわれ,よく肥えた土が積もるため,麦などの種をまくだけで多くの収穫を得ることができた。

(1) **エジプト文明**

❶統一王国…**ナイル川**は毎年夏にはんらんし，肥えた土壌を残したので，流域で農耕が発達した。紀元前3000年ごろになると，小さな国々を統一して統一王国ができた。

❷強大な王権…王（ファラオ）は強い権力をもって人々を支配し，神殿や巨大な**ピラミッド**をつくった。

❸特色…ナイル川のはんらん時期や，種まき・収穫時期などを知るため天文学が発達。1年を365日として12か月に分ける**太陽暦**■ がつくられ，**象形文字**❷ も発明された。

(2) **メソポタミア文明**

❶都市国家…紀元前3000年ごろから，**チグリス川・ユーフラテス川**流域に，神殿を中心に多くの都市国家が生まれた。

❷特色…**くさび形文字**❸ を発明し，**太陰暦**■ や1週間7日制，時間を計る60進法も考え出された。

❸メソポタミアの統一…紀元前18世紀ごろ，バビロニアの
→中心都市はバビロン
ハンムラビ王がメソポタミアを統一した。王は，治水・かんがい工事を行い，**ハンムラビ法典**をつくって国を治めた。
→法律

(3) オリエントの発展…オリエントの地域では，やがてアルファベットの原型がつくられ，**鉄器**が広く使われるようになった。

3 インダス文明

紀元前2500年ごろから，南アジアの**インダス川**流域で農耕・牧畜が発達し，都市を中心に文明がおこった。

(1) 特色…整備された道路や水路をもち，公衆浴場などの公共施設もある，**モヘンジョ゠ダロ**❹ などの都市がつくられた。これらの都市では，**インダス文字**や**青銅器**が使用された。
→まだ解読されていない

(2) アーリヤ人の侵入…紀元前1500年ごろ，中央アジアからアーリヤ人が侵入し，神官（バラモン）を頂点とする，厳しい身分制度をもつ社会をつくった。その後インドでは数学などが
→のちのカースト制度
発達し，10進法がつくられ，0（ゼロ）の考え方が生まれた。

❷ エジプトの象形文字（ヒエログリフ）
クレオパトラと読める。

❸ メソポタミアのくさび形文字

用語解説 太陽暦

太陽の動きをもとにしてつくられた暦。エジプトでは，ナイル川のはんらんの時期と太陽の動きとの間に深い関係があることが発見され，これを利用して太陽暦がつくられた。現在，私たちが使っている暦（グレゴリオ暦）は，太陽暦の一種。

用語解説 太陰暦

月の満ち欠けをもとにしてつくられた暦。

参考 60進法

現在，一般に使われているのは10進法であるが，現在でも60進法は時間の単位（60秒で1分，60分で1時間）などに使われている。

（学研写真資料）

❹ モヘンジョ゠ダロの遺跡（パキスタン）

3 中国文明の発展

1 中国文明の発生　◎紀元前1600年ごろ，黄河流域で**殷**がおこる，**甲骨文字**を使用
　　　　　　　　　　◎周→春秋・戦国時代，**孔子**が**儒学**（儒教）のもとを開く

2 中国の統一　　◎**秦**…**始皇帝**が中国を統一，**万里の長城**を整備
　　　　　　　　　　◎**漢**…大帝国建設，**シルクロード**（絹の道），朝鮮半島に楽浪郡

1 中国文明の発生

　中国では，約1万年前から黄河や長江流域で農耕が始まり，いくつもの都市ができて文明が生まれた。

(1) 殷の成立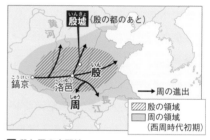

❶紀元前1600年ごろ，黄河流域の都市をまとめて，優れた**青銅器**の文化をもつ殷（商）という国がおこった。

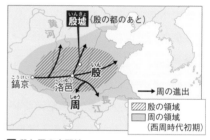
1 殷と周の支配地

❷大切なことは占いで決め，結果は亀の甲や牛の骨に**甲骨文字**❷で刻まれた。甲骨文字は漢字のもとになった。

(2) 周の成立…紀元前1100年ごろ，**周**が殷を滅ぼした。

(3) 春秋・戦国時代…紀元前8世紀ごろに周が衰えてから，紀元前3世紀ごろまでの約550年間続いた。

❶周が衰え，多くの国々が争う時代となった。この時代は，農業生産が向上し，商業も発達した。
　　　┗→貨幣も使用されるようになった

❷各地の王は，争いに勝ち国を豊かにするために有能な人材を集めたので，**孔子**などの優れた思想家が現れた。

❸**孔子**は，人間として行うべき道徳や政治の道を説き，この教えがのちの**儒学**（儒教）のもとになった。

2 甲骨文字

くわしく　儒学（儒教）

　春秋・戦国時代の紀元前6世紀ごろ，孔子が説いた教え。人が正しい行いをするそのもとは，思いやりの心（仁）や人の上下の間の礼儀にあり，人と人の関係だけでなく，政治もこれに基づくべきだとする考え。のちに朝鮮や日本にも伝えられ，社会に大きな影響を与えた。

2 中国の統一

争乱が続く中で秦が強大となり，紀元前3世紀に中国を統一した。秦の滅亡後には，漢が中国を統一した。

（1）秦の成立

重要
❶紀元前221年，**秦の始皇帝**が中国を統一する帝国をつくり，初めて「皇帝」を名乗った。
　　　　→従来の「王」を超える力を示すための称号

❷北方の遊牧民族の侵入に備えて，**万里の長城**を整備した。

❸皇帝の命令が全国へ行きわたるしくみを整えた。また，文字や貨幣を統一し，長さ，容積，重さの基準を定めた。

（2）漢の成立

❶漢の統一…始皇帝の死後，秦が統一後わずか15年で滅ぶと，紀元前202年に**漢**が中国を統一した。

❷領土の拡大…紀元前2世紀には，朝鮮半島支配のために楽浪郡を置き，中央アジア，朝鮮，ベトナム北部まで領土を広げて大帝国を築いた。

❸漢の文化…**儒学（儒教）**が国の教えとして重んじられた。また，質のよい紙が発明され，優れた歴史書も書かれた。

重要
❹**シルクロード（絹の道）**…紀元前2世紀ごろに西方との
　　　　→中国産の絹（シルク）が西方に運ばれたことからこう呼ばれる
間に開かれた交通路。**漢**と**ローマ帝国**が結ばれ，東西の文化が交流した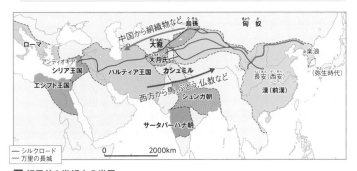。

- シルクロード
~~ 万里の長城
0　　2000km
4 紀元前2世紀末の世界

3 万里の長城　（学研写真資料）

くわしく　始皇帝陵の兵馬俑坑

秦の始皇帝の墓の近くの地下に，約7000もの兵士や馬をかたどった等身大の焼き物の像（俑）が並べられていた（下の写真）。死後の始皇帝を守るためと考えられている。

（Tibor Bognar / PPS通信社）

用語解説　楽浪郡

漢の武帝が，紀元前108年に現在の北朝鮮のピョンヤン付近に置いた郡。313年に高句麗に滅ぼされた。
　　　　　　　コグリョ

参考　漢の再興

漢は紀元後8年に滅ぼされたが，25年に再興された。再興された漢を「後漢」といい，それより前を「前漢」という。

ギリシャ・ローマの文明

1 **ギリシャの社会と文化** ◎アテネなどの都市国家（**ポリス**）の成立→アテネで**民主政**

2 **ヘレニズム時代** ◎**アレクサンドロス大王**の遠征→ギリシャ文明が東方へ

3 **ローマ帝国** ◎**共和政**から**帝政**，紀元前1世紀に地中海周辺をほぼ支配
◎法律，土木・建築（コロッセオなど）の実用的文化

1 ギリシャの社会と文化

　地形が複雑で統一国家のできにくかったギリシャでは，紀元前8世紀ごろから，アテネやスパルタに代表される都市国家（ポリス）がつくられた。

(1) 都市国家（**ポリス**）**1**…周りを城壁に囲まれ，丘（アクロポリス）の上には神殿が建てられ，外側には農村が広がっていた。ポリスの中心は成年男子の市民で，奴隷をもち，政治に参加し，戦争では兵士としてポリスを守った。

(2) アテネの様子…中心部には**パルテノン神殿2**が建てられ，市民の全員が参加して，**民主政**が行われた。

(3) 全盛期…紀元前5世紀にペルシャが攻めてくると，ポリスは団結して撃退し，ギリシャは最もさかんな時期を迎えた。
　→イラン高原からおこり，オリエントを統一していた

(4) **ギリシャ文明**…理想の人間像を追求した。

　❶学問…人間や政治のあり方などを深く考える哲学が発達し，ソクラテスなどが活躍した。

　❷文学…演劇が上演され，人間と同じ感情をもつ神々のギリシャ神話がつくられた。

　❸美術…均整のとれた人間の美を表した彫刻がつくられた。

●都市国家（ポリス）

1 古代ギリシャのポリス　1000以上のポリスがあったが，アテネとスパルタの2つが力をもっていた。

テストで注意 **アテネの民主政**

　アテネで政治に参加できたのは，成年男子市民だけである。

（学研写真資料）

2 アテネのアクロポリスとパルテノン神殿　丘の上に，ギリシャ神話の女神アテナがまつられているパルテノン神殿があった。

② ヘレニズム時代

　紀元前4世紀に北方のマケドニアがギリシャを征服し，東方にも勢力を広げて，ギリシャとオリエントの文化が融合した<u>ヘレニズム文化</u>が生まれた。
→「ギリシャ風の」という意味

(1) 東方遠征…ギリシャを征服したマケドニアは，**アレクサンドロス大王**が東方遠征を行い，インダス川にまで達する大帝国を築いた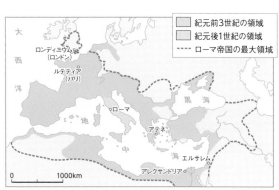。

(2) **ヘレニズム文化**…大王の遠征によってギリシャ文明が東方に伝えられ，オリエントの文化と結びついて<u>ヘレニズムと呼ばれる文化が生まれた。ヘレニズム文化は，インド・中国・朝鮮を経て，日本の美術にも影響を与えた。</u>
→彫刻のミロのビーナスはその代表

③ ローマ帝国

　イタリア半島では，都市国家ローマが半島を統一し，やがて地中海周辺地域を含むローマ帝国となって繁栄した。

(1) 共和政…紀元前6世紀に王政を廃止し，貴族中心の**共和政▇**が行われていたローマは，紀元前3世紀に貴族と平民の権利が平等となった。

(2) 帝政…紀元前30年には地中海周辺地域を統一4したが，戦争などで平民が没落すると，ローマは共和政から皇帝が支配する**帝政▇**に変わった（**ローマ帝国**）。

(3) 帝国の繁栄…帝政開始後の約200年間，ローマは繁栄し，平和な時代が続いた。

(4) ローマの文化…実用的な文化が発展した。

　❶法律…広大な領土4と多くの民族を治めるため，法律（ローマ法）が整備された。

　❷土木・建築…各地を結ぶ道路が整備され，また，水道や浴場など実用的なもののほか，**コロッセオ**（闘技場）もつくられた。

❸ アレクサンドロス大王の遠征　大王は遠征の途中，自分の名にちなんだアレクサンドリアという都市をいくつもつくった。なかでも，エジプトのアレクサンドリアは，ヘレニズム文化の中心として栄えた。

参考　ヘレニズム文化

　エジプトのアレクサンドリアを中心に，自然科学が発達した。浮力に関するアルキメデスの原理を発見した，アルキメデスなどが知られる。

用語解説　共和政と帝政

　共和政は，国王などの君主をもたず，国の政治が，国民の多数の意見によって決定される形態。国民は代表者（元首）を選ぶことを原則としている。現在，アメリカ・フランス・韓国など多くの国で採用されている。

　これに対して帝政は，皇帝が元首となって行われる政治の形態。

❹ 古代ローマの領土拡大

5 宗教のおこりと三大宗教

教科書の要点

1 宗教のおこり ◎安らぎを求め，心の苦しみから逃れようとする中で生まれる

2 三大宗教 ◎**仏教**…**シャカ**が，修行で悟りを開けば安らぎを得られると説く
◎**キリスト教**…**イエス**が神を信じる者は救われると説く→「聖書」
◎**イスラム教**…**ムハンマド**が神のお告げを受ける→「コーラン」

1 宗教のおこり

人類は，自然との関わりなどから，人間を超えた力を感じるようになり，そうした中で宗教が生まれた。

(1) **神への祈り**…自然の中に人間の力を超えた神聖なものを感じた人間は，自然を恐れおののく気持ちをもつとともに，心の安らぎを求め，また心の苦しみなどから逃れようと，しだいに神に祈るようになった。

(2) **宗教の成立**…国ができると，戦乱や貧富の差などに苦しむ人々に，体系的な教えを示して，人々に救いや悟りの道を説く者が現れた。そして，教義をまとめ，一定の儀式などが整備されて，宗教が成立した。

(3) **国と宗教**…宗教は，国からの保護を受けたり，迫害されたりしながらも，多くの人々の間に広まっていった。

2 三大宗教

多くの宗教が成立した中で，仏教・キリスト教・イスラム教は，世界で多くの人に信仰され，**三大宗教❶**と呼ばれる。

参考 アニミズム

古代の人類は，動物や樹木，さらに山や岩など，自然界にあるすべてのものに霊魂があるとして，それを崇拝・信仰していたと考えられている。この信仰をアニミズムといい，19世紀のイギリスの学者タイラーは，アニミズムを宗教の起源（人類にとって最初の宗教的な行動）と考えた。

| 仏教 | キリスト教 | イスラム教 |
| ヒンドゥー教 | ＊ユダヤ教徒の集中している地域 | その他 |

❶ 現在の宗教の分布図

(1) 仏教

❶背景…インドでは，紀元前1500年ごろにアーリヤ人が侵
入して，厳しい身分制度に基づく社会をつくった。
→ p.27

❷おこり…紀元前5世紀ごろにインドに生まれた**シャカ**
（釈迦）は，人はみな平等であるとして身分制度を批判
し，修行を積んで悟りを開くことで，心の安らぎを得られ
ると説いた。

❸広がり…仏教は国の保護を受けて栄えたが，インドでは，
やがて民間信仰も取り入れた多神教の**ヒンドゥー教**がさか
んになり，仏教は衰えていった。しかし，しだいに東南ア
ジアや中国，やがて朝鮮や日本にも伝えられ，各地に広
まっていった。

(2) キリスト教

❶背景…西アジアのパレスチナ地方では，ヤハウェを唯一の
神とする**ユダヤ教**が信仰されていたが，ローマ帝国の支配
下に置かれて人々は苦しい生活を送っていた。
→ 教典は「旧約聖書」

❷おこり…紀元前後，パレスチナ地方に生まれた**イエス**が，
ユダヤ教をもとにして，人は神の前ではみな平等で，神を
信じる者は誰でも救われると説いた。

❸広がり…イエスの教えは「**聖書（新約聖書）**」にまとめら
れ，4世紀末にはローマ帝国の国教となってヨーロッパで
広く信仰され，やがて世界各地に広まっていった。

(3) イスラム教

❶背景…6世紀のアラビア半島では，貿易で都市が栄えるい
っぽう，社会に貧富の差が目立っていた。

❷おこり…6世紀にアラビア半島に生まれた**ムハンマド**が，
唯一の神アラー（アッラー）のお告げを受けたとして，神
の前ではみな平等であると説いて，イスラム教を始めた。

❸広がり…神のお告げは「**コーラン**」にまとめられ，その
教えは，ムハンマドや弟子たちによって，アラビア半島か
ら周辺地域，さらには東南アジアにも広まった。

くわしく インドの仏教の現在

インドでおこった仏教だが，現在，イ
ンドの人口の約80％はヒンドゥー教徒
で，仏教徒は1％にも満たない。

（Alamy／PPS通信社）

❷ ミャンマーのアーナンダー寺院

（Steve Vidler／PPS通信社）

❸ フランスのノートルダム大聖堂

（Alamy／PPS通信社）

❹ メッカ（サウジアラビア）のカーバ神殿

用語解説 コーラン

ムハンマドが受けた神のお告げをまと
めた，イスラム教の聖典。「神の像をつ
くって拝んではいけない」「1日5回は
聖地メッカに向かって礼拝すること」な
ど，信者の生活や政治のあり方などが定
められている。

6 旧石器時代と縄文時代の暮らし

> **教科書の要点**

> **1 日本の旧石器時代**
> ◎ 狩りや採集の生活，**打製石器**使用で土器はまだない
> ◎ 1万年ほど前に氷期が終わり，ほぼ現在の姿の日本列島が成立

> **2 縄文時代の暮らし**
> ◎ **たて穴住居**に住み，狩り・採集・漁の生活，**縄文土器**の使用
> ◎ 食べ物の残りかすを捨てた**貝塚**は，当時の生活を知る手がかり

1 日本の旧石器時代

ユーラシア大陸と陸続き**1**となっていた旧石器時代の日本に
→海面が今より100m以上も低かった
は，大形動物を追って，大陸から人々が移り住んできた。

(1) 旧石器時代…ナウマンゾウ・マンモス・オオツノジカなど
を追って移動してきた人々は，岩かげや簡単な小屋などに住
み，**打製石器2**を使い，狩りや採集の生活をしていた。ま
た，火を使って暖をとり，獲物を焼いて食べたりした。

(2) 日本列島の形成…約1万年前になると，最後の氷期が終わ
って暖かくなり，海面が上昇して，大陸とつながっていた部
分が海になり，日本列島はほぼ現在の姿になった。

2 縄文時代の暮らし

約1万数千年前から紀元前4世紀ごろまでを**縄文時代**といい，
新石器時代に属している。この時代の文化を**縄文文化**という。

(1) 縄文時代に使われ始めた主な道具

> **重要**
> **❶縄文土器3**…縄目のような文様のついたものが多く，
> 低温で焼かれたため，黒ずんだ茶色で，厚手でもろい。
> **❷磨製石器**…表面を磨いた石器が使われた。
> →p.25

ユーラシア大陸

大形動物や人々が移動してきた。

日本海

太平洋

岩宿
打製石器が出土。

野尻湖
大形動物のきばや角の化石が出土。

当時の陸地

1 約2万年前の日本列島

> **発展** **日本に旧石器時代があった証拠**
>
> かつて，日本に旧石器時代はない（縄文
> 時代より前の日本列島に人はいない）と考
> えられていた。1946年に，群馬県の岩宿
> で，数万年前の地層から，打製石器が発
> 見された。これをきっかけに，日本にも旧
> 石器時代があったことが明らかになった。

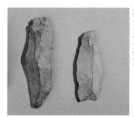

(明治大学博物館)

2 岩宿遺跡で発見された打製石器

(2) 豊かな食生活…人々は，どんぐりなどの木の実を採
　　集し，**弓矢**などを使っていのししや鹿などを狩り，魚
　　や貝などの漁を行った。そうして得た食料は，土器を
　　使って保存したり煮炊きしたりするようになって，食
　　生活が豊かになった。

❸ 縄文土器

(3) 定住生活

　❶食生活が安定してきたので，これまでのように獲物
　　を追って移動する生活をやめ，小さなむら（集落）をつく
　　り，集団で定住するようになった。

　❷日当たりがよく水の得やすい土地に，**たて穴住居**を建て
　　て住んだ。

参考　縄文時代と新石器時代

　縄文時代は新石器時代にあたるが，魚
介類やけものが豊富だったので，世界で
見られるような農耕や牧畜はあまり発達
しなかった。

(4) 貝塚…住居の近くには，食べ終わった貝殻や魚などの骨，
　　不要になった石器や土器を捨てた**貝塚**ができた。貝塚は，
　　　→ 明治時代に東京都で大森貝塚が発見された
　　当時の人々の生活を知ることのできる貴重な遺跡である。

(5) 信仰と風習

　❶自然を神として敬い，祭りやまじないを行って生活した。

　❷**土偶❹**…豊かな実り，家族の繁栄などを祈ってつくった土
　　製の人形。

　❸習慣…死者の手足を折り曲げて埋葬する**屈葬**や，大人にな
　　ったことを示す儀式として**抜歯**を行ったりした。

テストで注意　貝塚からわかること

　貝塚からどのようなことがわかるか，
文章記述で答えられるようにしておこう。

（個人蔵／東京国立博物館蔵）
（ColBase）Image：TNM Image Archives）

❹ 土偶

Column　たて穴住居のしくみはどうなっているの？

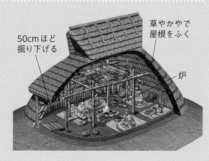

　地面を50cmほど掘
り下げて床と壁をつく
り，穴を掘って柱を立
て，屋根を草などでふ
いた。中央に炉があ
り，内部の広さは5〜
6畳ほどで，この中で
4〜5人が生活したと
考えられている。

50cmほど
掘り下げる

草やかやで
屋根をふく

炉

くわしく　三内丸山遺跡

　青森県にある三内丸山遺跡は，約
5500年前から1500年以上続いた縄文
時代の大集落跡で，数百人が定住してい
たと考えられる。くり・豆類などの栽培
を行っていたことが明らかになり，遠く
の地域との交流が行われていたこともわ
かった。三内丸山遺跡は，「縄文時代は
食料を求めて移動する生活」と考えられ
ていた常識をくつがえす発見であった。

7　弥生時代の暮らし

教科書の要点

1　稲作の始まりと道具の発達

◎ 稲作…紀元前4世紀ごろ伝来，**石包丁**，**高床倉庫**

◎ 道具…**弥生土器**，**青銅器**，**鉄器**

2　「くに（国）」の成立と邪馬台国

◎ 支配者の出現→強いむらが弱いむらを従え，「くに（国）」が成立

◎ 小国の分立→**邪馬台国**を**卑弥呼**が治め，**魏**に使いを送る

（ColBase）　（東京大学総合研究博物館）

1 銅鐸（左）と弥生土器（右）

1　稲作の始まりと道具の発達

紀元前4世紀ごろから紀元3世紀ごろまでを**弥生時代**といい，この時期の文化を**弥生文化**と呼ぶ。
→ 始まりを紀元前10世紀ごろとする説もある

(1) 稲作の開始…紀元前4世紀ごろ，主に朝鮮半島から移り住んだ人々によって九州北部に伝えられ，やがて東北地方まで広まっていった。

(2) 稲作の遺跡…登呂遺跡などから水田跡や木製農具などが発見され，当時の生活を知ることができる。
→ 静岡県

(3) 農具と収穫

> **重要**
> ◇木製の農具で水田を耕し，**石包丁**で穂を摘み取り，収穫した稲は，ねずみや湿気などを防ぐため**高床倉庫**に蓄えた。

(4) 金属器と土器

> **重要**
> ❶金属器…稲作とともに伝わった。銅剣・銅鐸**1** ■■・銅鏡などの**青銅器**は祭りの宝物に，**鉄器**は農具や武器などの実用品として使われた。
> ❷**弥生土器1**…高温で焼かれ，赤褐色で，縄文土器よりも薄くてかたい。均整のとれた形で，飾りが少ない。

用語解説　銅鐸

つり鐘を平たくしたような形をした青銅器。祭りのための宝物だったと考えられている。表面に脱穀の様子や高床倉庫などが描かれたものがあり，当時，稲作が行われていたことがわかる。

参考　弥生土器の呼び名

明治時代に，現在の東京都文京区弥生で，縄文土器とは異なる新しいタイプの土器が発見された。そこで，この土器が発見された場所の地名から，弥生土器と名づけられた。

② 「くに（国）」の成立と邪馬台国

稲作がさかんになると貧富の差が生じ，共同作業や争いごとを通して指導者が現れ，支配者となっていった。

(1) 「くに（国）」の成立…やがて，有力者がいくつかのむら**②**を従えるようになり，小さな「くに（国）」ができていった。**吉野ヶ里遺跡**は，このころの様子を示している。
　　→佐賀県

(2) 小国の分立…中国の歴史書から当時の日本の様子がわかる。

❶ 紀元前後の倭（日本）には，100余りの小国が分立していたことが『漢書』に書かれている。

❷ 『後漢書』には，57年に九州北部の奴国の王が漢（後漢）に使いを送り，皇帝から**金印**を授けられたとある。

(3) 3世紀の中国…220年に漢が滅びると，**魏・呉・蜀**が争う三国時代**③**となった。

(4) 邪馬台国
　　→位置については近畿説（奈良盆地）や九州説がある

⚠重要

❶ **邪馬台国③**…「**魏志**」**倭人伝**によると，女王**卑弥呼**が30ほどの国々を従え，239年に**魏**に朝貢し，「**親魏倭王**」の称号と金印，銅鏡100枚を与えられた。
　　→『三国志』魏書の中の倭人に関する記述　→使いを送った

❷ 邪馬台国の様子…卑弥呼はまじないで政治を行い，身分の違いがあり，税のしくみや市もあったという。

② 弥生時代のむらの様子（復元模型）

◇くわしく 吉野ヶ里遺跡

佐賀県にある弥生時代後期の大集落跡。300近いたて穴住居や，高さ10m以上の物見やぐらなどが建てられていたと考えられている。集落の周りには堀や柵が張りめぐらされ，戦いで死んだと思われる首のない遺骨も見つかっている。こうしたことから，吉野ヶ里遺跡は弥生時代の小さなくに（国）の一つであったと考えられる。

③ 3世紀の東アジアと邪馬台国の位置

史料 魏志倭人伝

…倭には男の王がいたが，争いが絶えなかったので，一人の女子を王とした。その名を卑弥呼という。卑弥呼はまじないを行い，夫はなく，弟が政治を補佐している。…人々は税を納め，市も開かれていた。下戸（身分の低い者）が大人（有力者）に会うと，道ばたにひざまずいた。…卑弥呼が死ぬと，大きな墓がつくられた。
（一部要約）

Column 奴国の王が授かった金印とは？

奴国の王が漢（後漢）の皇帝から金印を授けられたことが，中国の歴史書に書かれている。この金印とされるものは，江戸時代に福岡県の志賀島で発見された。一辺が2.3cmで，「漢委奴国王」と刻まれている。当時，金印は，文書に封をするために使われた。

↑金印

（福岡市博物館所蔵　画像提供：福岡市博物館 / DNPartcom）

大王の時代

1 大和政権の成立

　各地で王や**豪族**をほうむる大きな墓（**古墳**）**❶**がさかんにつくられるようになった，3世紀後半から6世紀末ごろまでの時期を**古墳時代**と呼ぶ。

(1) 大和政権の成立…3世紀後半，大和（奈良県）を中心とする近畿地方の豪族が連合して，強力な**大和政権**をつくった。

(2) 支配の広がり…大和政権は，5世紀後半には九州地方から東北地方南部までの豪族を従えた。

重要 (3) 各地の有力な豪族を従えた大和政権の王は，**大王**と呼ばれるようになった。

2 古墳時代の文化

　古墳がさかんにつくられ，古墳からの出土品などに代表される文化が栄えた。

(1) 古墳の種類…最も大きい古墳は，前が方形で後ろが円形の**前方後円墳**で，**大仙（大山）古墳**に代表される。ほかに円墳や方墳などがある。

参考 百舌鳥・古市古墳群

　大阪府南部にある大仙古墳の周辺には，前方後円墳のほか円墳など大小49基の古墳があり，百舌鳥・古市古墳群と呼ばれている。大小さまざまな古墳は，権力の大きさなどを示しており，2019年に世界文化遺産に登録された。

テストで注意 古墳からわかること

　大きな古墳の造営からは，どのようなことがわかるかを問われる。

（学研写真資料）

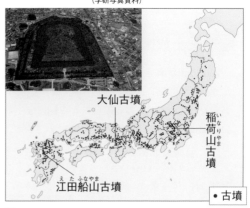

大仙古墳
稲荷山古墳
江田船山古墳
・古墳

❶ 古墳の分布

(2) **古墳の造営からわかること**…古墳をつくるためには，多くの費用と人手を要したことから，当時の大王や豪族の強い権力や優れた土木技術を知ることができる。

(3) **古墳からの出土品**…生活や風習を知ることができる。

❶ **埴輪**❷…古墳の周りや墳丘の上に置かれた土製品で，古墳の崩れ止めや飾りとして使われた。

❷ **副葬品**…鏡・玉・武具・馬具・農具などがある。
└→ 遺体とともに墓に納められたもの

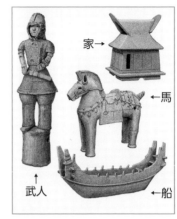

❷ 埴輪

テストで注意 埴輪と土偶

　埴輪は古墳に置かれた土製品で，土偶は縄文時代に豊かな実りなどを祈ってつくられた土製品。

3 朝鮮・中国との関係

　5世紀ごろ，朝鮮半島では三国が対立し，中国では南朝と北朝に分かれて争う南北朝時代となっていた❸。

(1) **朝鮮半島の情勢**…4世紀の初めごろ，**高句麗**が北部の楽浪郡を滅ぼして支配し，4世紀中ごろには，南東部に**新羅**，南西部に**百済**がおこった。

(2) **朝鮮と大和政権**…大和政権は小国が分立していた朝鮮半島南部の**伽耶地域（任那）**に勢力を伸ばし，4世紀ごろにここを足場にして百済と結んで，高句麗や新羅と戦った。
└→ 好太王碑に記されている

(3) **倭の五王**…南朝の歴史書『宋書』によると，5世紀に大和政権の5人の王が，南朝にたびたび使いを送ったとされている。大王の地位と朝鮮半島南部の指揮権を，中国の皇帝から認めてもらおうとしたと考えられている。

(4) **大陸文化の伝来**…主に朝鮮半島から一族で倭（日本）に移住してくる人々（**渡来人**）によって，さまざまな技術や学問が伝えられた。大和政権でも渡来人が活躍した。
└→ 外交文書の作成や財政などにあたった

❶ **須恵器**と呼ばれるかたい土器をつくる技術のほか，質のよい絹織物を織る機織り，ため池をつくる土木など，さまざまな技術を伝えた。

❷ **漢字**や**儒学（儒教）**，さらに**仏教**が伝えられ，このあとの日本の政治や文化に大きな影響を与えた。
└→ 6世紀半ばに百済から伝えられた

くわしく 稲荷山古墳出土の鉄剣

　稲荷山古墳（埼玉県）から出土した鉄剣には，115の漢字が刻まれている。これと江田船山古墳（熊本県）出土の鉄刀には，いずれも「ワカタケル（獲加多支鹵）大王」と刻まれている。

（所有…文化庁／写真提供…埼玉県立さきたま史跡の博物館）

❸ 4～5世紀ごろの東アジア

考える
Column

吉野ヶ里遺跡の物見やぐらや柵は何のためにあったのだろう？

弥生時代を代表する佐賀県の吉野ヶ里遺跡では，物見やぐらを構え，柵と堀（濠）に囲まれた大きな集落跡が見つかっている。物見やぐらや柵が何のためにつくられたのか，考えてみよう。

1 外の敵から集落を守る

弥生時代になると，むら同士の争いが多くなり，外の敵から集落を守るための工夫がほどこされるようになった。例えば，物見やぐらは敵を見張ったり，戦いのときに矢を放って攻撃するための建物で，柵や堀は敵が侵入しづらくするためにつくられたと考えられている。ほかにも，柵の外側に逆茂木（乱杭）と呼ばれるバリケードを設けたり，敵が勢いよく攻め入ってこられないように，道を折れ曲がらせたりした。

（国営吉野ヶ里歴史公園）

物見やぐら
柵
堀

↑復元された吉野ヶ里遺跡
➡逆茂木（乱杭）　先端をとがらせた木の棒や枝のついた木を並べた防御施設。

2 むらどうしの争いが多くなったのはどうして？

稲作がさかんになると，食料が安定して得られるようになり，むらの人口が増加した。人口が増えると，多くの人を養うため，より多くの食料が必要になった。稲の収穫量は土地のよしあしによって変わり，また，稲作にはたくさんの水が必要である。そのため，むら同士が土地や水などをめぐって争うようになり，戦いが起こった。干ばつや冷夏などで稲の収穫量が減ったときには，食料を奪い合うこともあった。

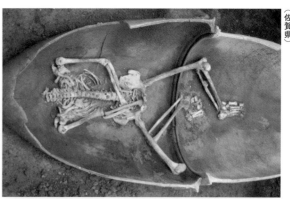
（佐賀県）

↑吉野ヶ里遺跡から見つかった頭のない人骨　肩や腕の骨に刺された傷跡があり，戦いで頭を失った可能性がある。

1 人類の出現 ～ 5 宗教のおこりと三大宗教

〔　解　答　〕

□(1) 現在の人類の直接の祖先は〔　原人　新人　〕である。

(1) 新人

□(2) メソポタミア文明では〔　　　〕文字が発明されて使われた。

(2) くさび形

□(3) 中国文明で使われた〔　　　〕文字は，漢字のもとになった。

(3) 甲骨

□(4) 漢の時代に開かれた西方との交通路は〔　　　〕と呼ばれ，多くの物資が往来し，文化の交流も進んだ。

(4) シルクロード（絹の道）

□(5) 古代ギリシャのアテネやスパルタに代表される都市国家を〔　　　〕という。

(5) ポリス

□(6) 世界の三大宗教は，キリスト教・仏教・〔　　　〕である。

(6) イスラム教

6 旧石器時代と縄文時代の暮らし ～ 8 大王の時代

□(7) 岩宿遺跡から〔　打製　磨製　〕石器が発見されたことで，日本にも〔　　　〕時代があったことが明らかになった。

(7) 打製，旧石器

□(8) 主に縄文時代の人々が捨てた，食べ物の残りかすなどが積もってできた遺跡を〔　　　〕という。

(8) 貝塚

□(9) 縄文時代の人々は，豊かな実りや家族の繁栄などを祈って，土製の人形である〔　　　〕をつくった。

(9) 土偶

□(10) 紀元前4世紀ごろ，主に朝鮮半島から移り住んだ人々によって，九州北部に〔　　　〕が伝えられた。

(10) 稲作

□(11) 弥生時代の人々は，〔　　　〕を使って稲の穂をつみ取って収穫し，収穫した稲は〔　　　〕倉庫に蓄えた。

(11) 石包丁，高床

□(12) 57年に，九州北部の奴国の王が漢に使いを送り，皇帝から〔　冠　金印　〕を授けられた。

(12) 金印

□(13) 中国の歴史書の「魏志」倭人伝には，239年に〔　　　〕の女王である〔　　　〕が魏に使いを送ったと記されている。

(13) 邪馬台国，卑弥呼

□(14) 大仙（大山）古墳に代表される古墳の形を〔　　　〕という。

(14) 前方後円墳

□(15) 古墳の周りや墳丘には〔　　　〕と呼ばれる土製品が置かれた。

(15) 埴輪

1 聖徳太子の政治改革

教科書の要点

1 中国・朝鮮の動き ◎中国…隋→唐, 律令 朝鮮…新羅が勢力を強める

2 聖徳太子の政治 ◎蘇我馬子と協力して, 大王（天皇）中心の政治を目指す
◎政策…冠位十二階, 十七条の憲法, 遣隋使派遣, 仏教を重視

3 飛鳥文化 ◎日本で最初の仏教文化, 法隆寺, 釈迦三尊像

1 中国・朝鮮の動き

中国では, 隋が南北朝を統一し, 次に唐がおこった。朝鮮半島では, 新羅が勢力を伸ばし, 伽耶地域の国々を滅ぼした。

(1) 中国の動き

❶6世紀末に隋が南北朝を統一したが, 約30年で滅んだ。

❷7世紀初めに唐が中国を統一した■。唐は, 隋にならって
→都は長安（現在の西安）
律令と呼ばれる法律で支配のしくみを整え, 人々は戸籍に登録されて土地を分け与えられ, 税や兵役を負担した。

(2) 朝鮮の動き…新羅が勢力を強め, 6世紀中ごろに大和政権と関係が深い伽耶地域の国々を滅ぼした。

2 聖徳太子の政治

聖徳太子（厩戸皇子）は, 蘇我馬子と協力して, 大王（天皇）の力を強め, 大陸の文化や制度を吸収して, 国の統一を進めた。

(1) 聖徳太子の登場

重要 ◇聖徳太子は, 6世紀末に推古天皇の摂政となって, 天
天皇が女性や幼少のときに政治を代行←
皇中心の国家のしくみを整えようとした。

くわしく 6世紀末の大和政権

このころ, 次の大王（天皇）を誰にするかをめぐって, 豪族たちが対立していた。渡来人と関係が深い蘇我氏が, 仏教の受け入れに反対する物部氏を滅ぼして勢力を強め, 女性の推古天皇を即位させた。

■618年 唐成立時の領土
■7世紀後半 唐の最大勢力範囲

新羅
日本
洛陽
長安
唐
(618~907年)
南詔

■7~8世紀ごろの世界

KEY PERSON

聖徳太子
（574~622年）
（宮内庁）

593年, おばの推古天皇の摂政となり, 冠位十二階の制度などを定めた。また, 仏教を重んじ, 法隆寺などを建てた。生前は厩戸皇子などと呼ばれた。聖徳太子が摂政になったかは, 疑問とする説もある。

(2) 聖徳太子の政治

重要

❶**冠位十二階**（603年）…家柄にとらわれず，才能や功
績のある人物を役人に取り立てようとした。
　　　　　　└→冠の色で位を示した

❷**十七条の憲法**（604年）…仏教や儒学の教えを取り入
れ，天皇の命令に従うなど**役人の心構え**を示した。

❸**遣隋使の派遣**（607年）…**小野妹子**らを派遣し，隋の進
んだ制度や文化を取り入れようとした。留学生や僧も同
行し，帰国後に活躍した。

3　飛鳥文化

推古天皇以降，主に飛鳥(奈良盆地)に政治の中心があった約120
年間を**飛鳥時代**といい，この時代に栄えた文化を**飛鳥文化**という。

(1) 飛鳥文化の特色…飛鳥地方を中心に栄えた日本で最初の仏
　　　　　　　　　　└→奈良県
教文化で，中国・朝鮮・西アジア・インド・ギリシャなどの
影響も見られた。

(2) 飛鳥文化の遺産

重要

❶建築…**法隆寺**❷→現存する世界最古の木造建築。

❷彫刻…法隆寺の**釈迦三尊像**❸，広隆寺の弥勒菩薩像。

❸工芸…法隆寺の**玉虫厨子**。

Column　系図はどのように読んだらよいの？

系図とは，先祖から子孫にいたる関
係を表したもので，普通，縦の線は親
子関係，横の線は兄弟姉妹関係，二重
の線は夫婦関係を表す。右の蘇我氏と
天皇の関係を表した系図では，親子，
兄弟姉妹，夫婦関係が複雑に入り組ん
でいるので，注意深く見てみよう。

□女性　◇蘇我氏
（系図）
＝＝＝夫婦関係
――親子・兄弟姉妹関係
数字は表中の天皇即位の順

参考「大王」から「天皇」へ

7世紀ごろから，大王の呼び名が天皇
に変わっていった。時期については，推
古天皇のころ（7世紀初め）という説
や，天武・持統天皇のころ（7世紀後
半）という説がある。

史料　十七条の憲法

一に曰く，和をもって貴しとなし，
　さからふことなきを宗とせよ。
二に曰く，あつく三宝を敬へ。
三に曰く，詔をうけたまはりては
　必ずつつしめ。
　　　　　　　　　　（一部）

解説　第一に人の和を大切にして争い
をしないこと，第二に仏教を信仰するこ
と，第三に天皇の命令には必ず従うこ
と，を求めている。

❷ **法隆寺**

❸ **釈迦三尊像**　　　　　　（法隆寺）

2 律令国家への道

教科書の要点

1 大化の改新
◎645年，**中大兄皇子・中臣鎌足**らが蘇我氏をたおす
◎国家が土地と人々を直接支配する**公地・公民**

2 朝鮮半島の動き
◎**新羅**が**百済・高句麗**を滅ぼす→日本は**白村江の戦い**で大敗

3 改新政治の進展
◎**天智天皇**が即位→**天武天皇**が**壬申の乱**に勝つ→天皇中心の政治

---

1 大化の改新

聖徳太子の死後，**朝廷**📖では権力を独占する蘇我氏に対して不満が高まり，中国のような強力な国をつくろうとする動きが強まって，大化の改新と呼ばれる政治改革が行われた。

（1）東アジアの様子…日本は，律令に基づいた支配のしくみを整えた大帝国の**唐**へ，**遣唐使**を派遣した。

（2）大化の改新…こうした中，日本では645年に政治改革が始まった。一連の政治改革は，「**大化の改新**」と呼ばれる。

重要

❶645年，**中大兄皇子**は**中臣鎌足**らとともに蘇我蝦夷・入鹿の親子をたおして，政治の改革を始めた。

❷皇室や豪族が支配していた**土地や人々**を国家が直接支配する**公地・公民**とした**1**。

❸隋や唐から帰国した留学生らの協力を得て，新しい政治のしくみをつくる改革を進めた。

2 朝鮮半島の動き

朝鮮半島では新羅が勢力を強め，やがて半島を統一した。

用語解説 朝廷

天皇を中心として貴族たちが政治を行う機関（役所）。

暗記術 無事故で始まる 大化の改新
6 4 5

645年 大化の改新が始まる

KEY PERSON

中大兄皇子
（626～671年）

645年，中臣鎌足らとともに蘇我氏をたおし，大化の改新を始めた。668年に天智天皇となり，初めての全国的な戸籍をつくるなどして，改新政治を進めた。

（跡見学園女子大学図書館（新座）

	改新前の社会	改新後の社会
特色	**大王**（天皇）を中心とする豪族の連合政権	天皇を中心とする中央集権国家
土地	皇室や豪族の私有	公地（国有）となる
人々	皇室や豪族の私有	公民となる
天皇	皇室も豪族の一つ	天皇の権威は絶対的
豪族	土地や人々を支配	朝廷に仕える貴族

1 大化の改新前後の社会の変化

(1) 朝鮮半島の統一 **2**…新羅が唐と結んで百済・高句麗を滅ぼ
し、やがて唐の勢力を退けて朝鮮半島を統一した。
(2) 白村江の戦い…663年、日本は百済復興を助けるため大軍
を送ったが、**白村江の戦い**で唐・新羅の連合軍に敗れた。そ
のため、唐や新羅の侵攻に備えて、九州地方北部に大宰府を
設け、西日本の各地に**山城**を築いた。

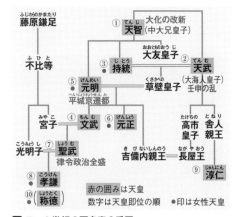

2 新羅の朝鮮半島統一

3 改新政治の進展

唐・新羅の連合軍に敗れ朝鮮半島から退いた日本は、
その後、外交方針を転換し、西日本の守りを固めて、国
内の政治改革に力を注いでいった。
(1) 天智天皇の政治…中大兄皇子は大津宮（滋賀県）で
即位して**天智天皇**となり、初めて全国の戸籍をつく
るなど、本格的に政治の改革を始めた。
(2) 壬申の乱…天智天皇の死後の672年、あと継ぎをめ
ぐって、**壬申の乱**が起こった。勝利した大海人皇子
　　　　　　　　　　　　　　　　　　　└→天智天皇の弟
は、都を飛鳥に戻し、**天武天皇**となった。
(3) 天武天皇の政治
❶ 天皇中心の強力な政治体制をつくり、中国にならった律令
に基づく政治を目指し、律令や歴史書の編さんを命じた。
❷ 天皇の死後、その政治は皇后の**持統天皇3**に引き継がれ、
日本で最初の本格的な都である**藤原京**が完成した。
　　　　　　　　　　　　　　　└→奈良県

3 7～8世紀の天皇家の系図

■参考 「日本」の国号

「日本」という国号は、7世紀後半か
ら用いられるようになり、701年の大宝
律令で正式な国名として定まったと考え
られている。702年の遣唐使が「日本国
使」と名のったのが、最初の確かな事例
とされている。

Column 唐や新羅が攻めてくる!?

(学研写真資料)

白村江の戦いで唐・新羅の連合軍に敗れて朝鮮半島から手を引いた日本は、唐・新羅
の連合軍が海を越えて九州北部に攻めてくるのに備えて、博多湾の近くに**大野城**と**水城**
を築いた。水城は、高さ約10m、全長約1kmにおよぶ直線上の土の壁からなる。大野
城は、朝鮮式の山城である。唐・新羅が攻めてくることはなかったが、山城は西日本各
地にたくさん築かれた。

↑水城跡

3 平城京

教科書の要点

1 律令国家のしくみ

◎ **大宝律令**…701年，唐の法律にならって制定

◎ **律令国家**…律令に基づいて政治を行う国家

2 平城京

◎ **平城京**…710年，唐の**長安**にならって，**奈良**に都をつくる

◎ **奈良時代**…奈良に都が置かれ，平安京に都を移すまでの約80年

---

1 律令国家のしくみ

8世紀になると，唐の律令にならったきまりがつくられ，律令国家のしくみが整えられた。

(1) 律令国家の成立

> **重要**
> ❶701年，唐の律令にならって**大宝律令**が制定された。
> ❷天皇を頂点とする中央集権のしくみが整えられ，律令に基づいて政治が行われた→**律令国家**。

❸律令とは…律は刑罰のきまり，令は国の制度や政治のきまりである。

(2) **身分の違い**…皇族や豪族らは，天皇から高い位を与えられて**貴族**となり，朝廷の役人として働いた。また，貴族や公民（一般農民）などは**良民**，良民に使われる奴隷的な身分の人々は**賤民**とされた。

(3) 律令国家のしくみ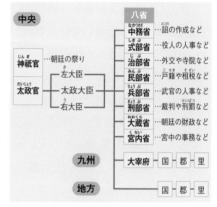

❶中央…八省などの役所を置き，貴族が高い役職に就いた。

❷地方…国と郡に分け，国には中央の貴族が**国司**として派遣され，地方豪族が任命された郡司・里長を指揮した。

❸九州…北部には引き続き**大宰府**❷を置いて，九州地方の統治，海岸防備，外交，外国使節の接待などにあたらせた。

1 大宝律令に基づく政治のしくみ

くわしく 奴婢

賤民の中でも，とくに身分の低い人々は奴婢（奴隷）と呼ばれ，財産として売買された。「奴」は男の，「婢」は女の奴隷で，奴婢以外の者との結婚は禁じられ，その子どもも奴婢とされた。

(九州歴史資料館)

2 大宰府の政庁（復元模型）

46

2 平城京（へいじょうきょう）

奈良に都が置かれた80年余りを**奈良時代**といい，この都を平城京という。

(1) 平城京

❶710年に，唐の都長安（ちょうあん）にならって奈良に都をつくった。この都を平城京❸という。

❷平城京には10万人近くの人々が暮らした。
→そのうち役人は約1万人

❸平城京の様子…道路が東西，南北に規則正しく並び，役人の住宅（じゅうたく）や大寺院などがあった。北の中央に，政府の役所や皇居（こうきょ）が置かれた平城宮（へいじょうきゅう）があった。また，東西2つの市（いち）も設けられ，各地から送られてきた産物が売買され，和同開珎（わどうかいちん）などの貨幣（かへい）が使われた。

(2) 広がる朝廷の支配

❶朝廷は，東北地方の蝦夷（えみし）を従わせるため，日本海側に秋田城を，太平洋側に多賀城（たが）（宮城県）を築いて，支配の拠点とした。

❷南九州に住み隼人（はやと）と呼ばれた人々を従え，南西諸島（なんせいしょとう）からも貢（みつ）ぎ物が納められるようになった。

(3) 交通の整備❹…都と地方を結ぶ道路が開かれ，約16kmごとに駅が置かれ，乗り継（つ）ぎ用の馬（駅馬（えきば））が準備された。

❸ 平城京（復元模型） 東西約6km，南北約5km。中央には，幅約70mの朱雀大路（すざくおおじ）が南北に通っていた。

五畿（畿内）（ごき）	山陽道（さんよう）
北陸道（ほくりく）	西海道（さいかい）
山陰道（さんいん）	東海道（とうかい）
南海道（なんかい）	東山道（とうさん）
国 畿道界（きどう）	国界

❹ 五畿七道（ごきしちどう）

暗記術 7 10
なんと立派な 平城京

710年 平城京に都を移す

Column 最古の貨幣って，どれ？

長い間，708年につくられた和同開珎が，日本最古の貨幣といわれてきた。しかし，1998年に飛鳥池遺跡（あすかいけいせき）（奈良県）から**富本銭（ふほんせん）**が多数発見され，これは和同開珎よりも古く，7世紀後半につくられた貨幣だとわかった。どのくらい流通したかは不明。

↑和同開珎　↑富本銭
（株式会社みずほ銀行）（奈良文化財研究所）

用語解説 **蝦夷**

古代に東北地方に住み，朝廷の支配に従わない人々を朝廷は「蝦夷」と呼んだ。5世紀ごろから大和政権による支配が始まり，蝦夷はしばしば抵抗したが，しだいに北へ追われていった。平安時代の初めには，坂上田村麻呂（さかのうえのたむらまろ）がアテルイの率いる蝦夷を破った（→p.54）。

4 奈良時代の人々の暮らし

教科書の要点

1 人々の暮らし
◎ **租・調・庸**の税や，労役，兵役の負担に苦しむ
◎ 負担から逃れるため逃亡する人々もいた

2 公地・公民の原則の崩れ
◎ 開墾の奨励…三世一身法→**墾田永年私財法**
◎ 私有地の増加で**公地・公民制**が崩れる

1 人々の暮らし

人々の多くは，縄文時代の人々も暮らしたようなたて穴住居に住み，国は人々に田を与えて耕作させ，収穫した稲を税として納めさせた。

(1) **班田収授法**の実施…**戸籍**に基づいて，6歳以上の良民男子に2段（反），女子にはその3分の2，奴婢には良民の3分の1の**口分田**を与え，死ぬと国に返させた。
約2300m²

(2) 人々の負担

重要

❶**租**…口分田の収穫量の約3％の稲を納める。
❷**調**…**特産物**を納める。
　　　→絹・糸・綿・鉄・海産物など
❸**庸**…都での労役の代わりに布を納める。

｛ 成年男子に課される ｝

❹**雑徭**…1年に60日を限度として，国司のもとで労役に従う。
❺**兵役**…一般の成人男子から選ばれ，**防人** として九州北部の防衛にあたる者や，衛士として都の警備につく者がいた。
❻**出挙**…国司が，春に稲を強制的に貸し付けて，秋の収穫時に高い利息を取った。

(3) 重い負担…人々には租などを納めるほか，調や庸を都まで運ぶ義務もあった。こうした重い負担から逃れるため，口分田を捨てて逃亡したり❶，戸籍をいつわる者も出てきた。

用語解説 **防人**

九州北部の防衛のために派遣された兵士。諸国（主に東国）の兵士の中から選ばれた。期間は3年間で，その間の庸や雑徭は免除されたが，装備や往復の旅費の一部は自己負担だった。

史料 **防人の歌**

から衣　すそに取りつき　泣く子らを
置きてぞ来ぬや　母なしにして

意味 わたしの着物にとりついて泣く子どもたちを，家に置いてきてしまった。母親がいないのに，今ごろどうしているだろうか。

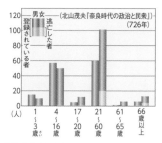

（北山茂夫『奈良時代の政治と民衆』）
（726年）

❶逃亡する人々 女性が多いのは，税負担を減らすため，男性を女性といつわって登録したのではないかと考えられる。

(4) 貴族の特権…いっぽうで，200人ほどいた貴族には，高い給料や位に応じた土地が与えられ，<u>調・庸や兵役は免除された。</u>
　　　　　　　　　　　　　　└→こうした特権は子孫にも引き継がれた

2 公地・公民の原則の崩れ

　農民の逃亡や自然災害などで，荒れ地になる口分田が増え，さらに，人口が増加して，口分田が不足してきた。

(1) 開墾のすすめ…口分田の不足に対して，朝廷は口分田を増やし，租による収入を増やそうと，人々に開墾をすすめた。

(2) 土地の私有
　❶三世一身法（723年）…新しく開墾した土地（墾田）は，3代に限って私有を認めた。

重要
　❷墾田永年私財法（743年）…新しく開墾した土地の永久私有を認めた。

(3) 土地の私有を認めた影響…貴族や寺社などは，現地の農民や逃亡してきた人々を使って開墾を進め，私有地を増やしていったため，公地・公民の原則が崩れ始めた。貴族や寺社が増やした私有地は，のちに**荘園**と呼ばれるようになった。

史料 「貧窮問答歌」（山上憶良）

…ぼろぼろに破れたものを身にまとい，たおれかけた小屋の地面にわらをしいて，父母はわたしの枕のほうに，妻子は足元のほうにいてなげき悲しんでいる。かまどに火の気はなく，米をむすこしきもくもの巣だらけになっている。こんな状態なのに，むちを持った里長が税を取り立てるため，寝ているところまで来て，大きな声をあげている。世の中とは，こんなにどうしようもないものか。

（『万葉集』より一部要約）

解説 この歌には，当時の人々の苦しい生活がよく表れている。

くわしく 墾田永年私財法が出された理由

　三世一身法では，土地を開墾しても，国に返す期限が近づくと耕すのをやめてしまい，再び荒れ地になって，開墾奨励の効果がなくなったからである。

　ただし，墾田永年私財法では，開墾できる面積は身分によって制限され，また開墾した土地についても租を納めなければならなかった。

Column 貴族と一般の人々の食事はどう違ったの？

　都で豊かな生活を送る貴族と，税の取り立てなどに追われながら貧しい暮らしをする一般の人々とでは，食事の内容に大きな違いがあった。

　右の写真は，奈良時代の上級貴族と一般の人々の食事の例を示している。食事の献立を比べてみよう。上級貴族はずいぶんぜいたくな食事をしているが，一般の人々の食事は，玄米とおかず一品に塩というような粗末なものだった。

（画像提供：奈良文化財研究所／料理復元：奥村彪生）

↑一般の人々の食事

↑上級貴族の食事

天平文化

1 聖武天皇の政治 ◎仏教の力で国家を守ろうとする
◎都に**東大寺**と**大仏**，国ごとに**国分寺**と**国分尼寺**

2 遣唐使の派遣 ◎唐の制度や文化を学ぶ→唐の僧**鑑真**が来日

3 天平文化 ◎貴族中心の国際色豊かな仏教文化…**正倉院**，『**万葉集**』など

1 聖武天皇の政治

聖武天皇が即位した奈良時代の中ごろは，権力争いで政治が混乱し，ききんや伝染病の流行で社会不安も高まっていた。

（1）聖武天皇の政治

> **❶聖武天皇**…仏教をあつく信じた天皇と光明皇后は，仏教の力で国家を守ろうと考えた。
> **❷**都に**東大寺**と**大仏❶**をつくった。
> **❸**国ごとに**国分寺**と**国分尼寺**を建てた。

（2）奈良時代の仏教…仏教は，国を守り繁栄させるものとして国の保護を受けていた。その中で，僧の行基は布教とともに橋をつくるなどの社会事業も行い，大仏づくりにも協力した。

2 遣唐使の派遣

奈良時代，朝廷は唐の制度や文化を取り入れようとして遣唐使をたびたび送った。遣唐使として派遣された使節・留学生・僧らは，唐の進んだ制度や文化などを学んで帰国し，日本の政治や文化に大きな影響を与えた。

（東大寺）

❶東大寺の大仏 高さ約15mで，約500tの銅を使ってつくられた仏像。2度焼け落ちて，現在のものは1691年に再建されたものだが，台座の一部はつくられた当時のまま残っている。

KEY PERSON

聖武天皇
（701～756年）
（東大寺）

貴族の争いや天災で律令制度が乱れ始めたため，仏教の力で国家を守ろうと，国ごとに国分寺と国分尼寺，都に総国分寺として東大寺を建てた。

(1) **遣唐使**❷…630年に第1回の遣唐使が派遣され，894年に停止されるまで10数回派遣された。

(2) 活躍した人々

❶**阿倍仲麻呂**…唐に渡り，唐で位の高い役人となったが，帰国の途中で船が難破し，唐で一生を終えた。

❷唐の僧**鑑真**…遣唐使に伴われて来日。仏教の正しい教えを伝え，唐招提寺を建てた。

(3) **朝鮮半島との交渉**…新羅や，7世紀末に中国東北部に建国された渤海と交易があった。新羅との関係はよくなかったが，渤海にはたびたび使節が送られた。
└→新羅と対立していたため日本と友好関係をもった

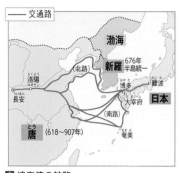

❷ 遣唐使の航路

■ 参考 **北路と南路**

遣唐使船は，はじめは朝鮮半島に沿った航路（北路）をとったが，新羅との関係が悪くなると，東シナ海を横切る危険な航路（南路）をとるようになった。

3 天平文化

天平文化は聖武天皇の時代を中心とする文化で，遣唐使などがもたらした唐の文化だけでなく，**シルクロード**（絹の道）を通ってもたらされた西方の文化の影響も大きい，国際的な文化である。

(1) 建築・美術・工芸

❶建築…校倉造の**正倉院**❸（東大寺の宝物庫），唐招提寺など。

❷彫刻…**阿修羅像**❹（興福寺）。

❸絵画…「鳥毛立女屏風」（正倉院）。

❹工芸…正倉院の宝物（螺鈿紫檀五絃琵琶❺，瑠璃坏など）
└→ガラス製のコップ

(2) 書物

❶和歌集…『**万葉集**』→天皇や貴族，農民，防人らの作品
└→大伴家持（おおとものやかもち）ら
が約4500首が収められている。万葉仮名が使われた。

❷歴史書…天皇を中心とする国の成り立ちをまとめるため，神話や伝承などをもとに，『**古事記**』，『**日本書紀**』がつくられた。

❸地理書…天皇の命令で，地名の由来，産物，伝承などを書いた『**風土記**』が国ごとにつくられた。

くわしく **鑑真を招いた理由**

当時の日本には，僧になる資格を授けることができる僧がいなかった。招かれた鑑真は，たび重なる渡航に失敗し，失明したが，来日して，正式な戒律（修行のきまり）を伝え，東大寺に戒壇（正式な出家を認める施設）を設立した。

❸ 正倉院

❹ 阿修羅像

❺ 螺鈿紫檀五絃琵琶

奈良時代には男性よりも女性が圧倒的に多かった？

奈良時代の戸籍には，男性よりも女性のほうがはるかに多く登録されている。何のために戸籍がつくられたのかをヒントに，女性が多かった理由を考えてみよう。

1 女性のほうが税の負担が軽い

　奈良時代の人々は，国から口分田を与えられる代わりに，**租・調・庸**の税が課された。男性は3つの税をすべて負担しなければならなかったが，女性は租だけを負担すればよかった。また，租は収穫量の約3％の稲を納めるもので，重い負担ではなかったが，調と庸の負担は大変重いものだった。そのため，人々は男性を女性といつわって登録して，税の負担を軽くしようとしたのである。

租	収穫量の約3％の稲	
調	絹や魚などの特産物	
庸	労役の代わりの布	

⬆人々が負担した税　このほかに，雑徭（労役）や兵役などの義務があった。

2 男性の負担は，どこが重かったのだろうか？

　租はそれぞれの地方の役所へ納められたが，調と庸は都まで運ばなければならなかった。右の地図のように，例えば，東北地方の人が調と庸を都まで運ぶのには40日以上かかった。食料も自分で用意しなければならず，途中で食料がなくなってうえ死にする人も多くいた。さらに，男性には**雑徭**や**兵役**などの義務もあった。このように，奈良時代は，女性と比べて男性のほうが，はるかに負担が重かったのだ。

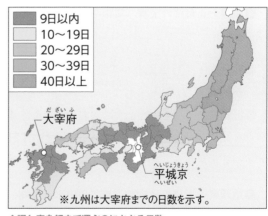

9日以内
10～19日
20～29日
30～39日
40日以上

大宰府
平城京

※九州は大宰府までの日数を示す。

⬆調と庸を都まで運ぶのにかかる日数

大仏づくりのきっかけと なった天然痘

聖武天皇の時代，天然痘と呼ばれる感染症が大流行した。そのことが，聖武天皇が大仏をつくろうとした理由の一つになったといわれている。

1 天然痘って何？

天然痘はウイルスによる感染症で，死亡率が高く，世界中で恐れられていた。聖武天皇の時代には，735年と737年の2度，天然痘が大流行した。とくに737年は勢いがすさまじく，日本の人口の約3割が亡くなった。このとき，政治を行っていた藤原武智麻呂・房前・宇合・麻呂の四兄弟もあいついで亡くなり，朝廷が混乱した。そこで，**聖武天皇**は，天然痘の流行を食い止めようとして仏にすがったともいわれている。

↑天然痘で倒れる人々（想像図）

1980年にWHO（世界保健機関）が天然痘の根絶宣言を出し，それ以降現在まで，天然痘の患者は確認されていないよ。

2 奈良時代の感染症対策とは？

奈良時代には，天然痘などの疫病は，疫病神や鬼神がもたらすと考えられていた。そのため，人々は，まじないや祭りで疫病神や鬼神を追い払えば，病気にかからずにすんだり，病気が治ると考えていた。平城京の跡からは，人形や土馬など，さまざまなまじないの道具が見つかり，人々がこれらの道具を使って感染症に立ち向かったことがわかっている。このように，現代とは違った感染症対策がとられていたのだ。

（奈良文化財研究所）

↑土馬　土でつくった馬の形の焼き物。病気をもたらす疫病神の乗り物で，疫病神が病気を広めないように，あしを折って水に流したといわれている。

←人形　なでたり息を吹きかけたりして，病気や災いを人形に移し，それを川などに流して，病気や災いを追い払おうとしたという。

6 平安京(へいあんきょう)

教科書の要点

1 平安京(へいあんきょう)
◎794年，**桓武天皇(かんむてんのう)**が都を**京都**に移す→**律令政治(りつりょう)**を再建
◎**最澄(さいちょう)＝天台宗(てんだいしゅう)**，**空海(くうかい)＝真言宗(しんごんしゅう)**を始める

2 遣唐使の停止(けんとうし)
◎9世紀に入り，中国では唐の勢いが衰え，朝鮮半島では新羅(とう)(ちょうせん)(シルラ)が衰える
◎894年，**菅原道真(すがわらのみちざね)**の提案で遣唐使を停止する

1 平安京(へいあんきょう)

　政治の立て直しを目指した桓武天皇(かんむてんのう)は，都を平城京(へいじょう)から京都の長岡京(ながおか)に移し，ついで794年に平安京(へいぜい)に都を移した。

(1) 平安京

重要 ❶**平安京**…794年，**桓武天皇**は都を今の京都市に移した。以後の約400年間を**平安時代**という。

❷**目的**…仏教勢力を奈良(なら)に残したまま都を移すことで関係を絶ち，人心を一新して律令政治(りつりょう)を立て直そうとした。
└→このころ政治と深く結びついていた

(2) 律令政治の再建

❶**地方政治の立て直し**…地方政治が乱れたことから，国司(こくし)に対する監督(かんとく)を強化して，地方政治を引き締めた。

❷**人々の負担軽減**…東北・九州以外の地域では，一般の人々の兵役(へいえき)(ふたん)をやめた。しかし，税の負担は重く，土地から離れる人(はな)も多かった。しだいに，班田収授法(はんでんしゅうじゅのほう)も行われなくなっていった。

(3) **東北地方への進出** …東北地方には蝦夷(えみし)と呼ばれる人々がいて，牧畜(ぼくちく)や農耕(のうこう)を営み，朝廷による東北地方の支配に対し(いとな)抵抗(ていこう)していた。朝廷は，**坂上田村麻呂(さかのうえのたむらまろ)を征夷大将軍(せいいだいしょうぐん)**に任命して東北地方に送り，アテルイを降伏(こうふく)させ，多賀城(たがじょう)や胆沢城(いさわじょう)
└→蝦夷の指導者　　　　　└→宮城県　└→岩手県
を拠点に統治した。朝廷の勢力は東北地方に広がったが，そ

（京都市歴史資料館）

1 平安京（復元模型） 街路は碁盤目状。(ごばん)

参考　蝦夷の指導者アテルイ

　胆沢地方（岩手県）の蝦夷の指導者だったアテルイは，しばしば朝廷の軍勢を破ったが，801年に降伏した。坂上田村麻呂はアテルイの助命を朝廷に願い出たが，河内国(かわちのくに)（大阪府）で処刑(しょけい)された。

2 朝廷の東北地方への進出

の後も蝦夷たちは抵抗を続けた。

(4) 新しい仏教…仏教にも新しい動きが現れ，遣唐使とともに唐に渡った最澄と空海が，仏教の新しい教えを日本に伝えた。

重要

❶**最澄**…**天台宗**を開き，**比叡山**に**延暦寺**を建てた。
❷**空海**…**真言宗**を開き，**高野山**に**金剛峯（峰）寺**を建てた。

2 遣唐使の停止

8世紀後半になると，東アジアにも変化が現れ，7世紀から派遣されていた遣唐使も停止された。

(1) 中国・朝鮮…唐は，農民の反乱など国内の混乱から，9世紀に入り勢いが衰え，朝鮮半島でも新羅が衰えてきた（→p.58）。

(2) 遣唐使の停止

❶唐の混乱などで，遣唐使の間隔も空くようになった。しかし，唐や新羅の商人が来航して貿易が行われていたので，朝廷は，遣唐使を派遣しなくても唐のものを入手できるようになっていた。
└→838年が最後になっていた

❷こうした背景もあり，894年に遣唐使に任命された**菅原道真**は，航海の危険や唐の衰えを理由に，遣唐使の停止を提案して認められた。これ以降，遣唐使は派遣されなくなった。

■ **参考** 平安時代初期の文化

平安時代の初期には，文学や美術などで唐風の文化の影響が広まった。文学では，天皇の命令で漢詩集がつくられ，美術では，神秘的で力強い仏像がつくられた。9世紀のこの文化を，当時の元号によって弘仁・貞観文化と呼ぶ。

KEY PERSON

空海
（774〜835年）

（高野山金剛峯寺）

遣唐使とともに唐に渡り，密教を学んで帰国し，真言宗を開き，高野山に金剛峯寺を建てた。社会事業にも尽力し，讃岐国（香川県）の満濃池を修築した。また，書道に優れ，「弘法（空海のこと）にも筆の誤り」＝「優れた人でもときには誤る」ということわざが生まれた。

🧠 **暗記術** 89 4 **白紙に戻った 遣唐使**

894年遣唐使の派遣が停止される

Column 平安新仏教はこれまでの仏教とどう違う？

平安時代の初めごろに最澄や空海が始めた天台宗や真言宗は，奈良時代の仏教と違って，政治から離れ，山奥の寺での学問や厳しい修行を重んじ，国家の平安を祈ることを目的とした。のちに，個人の願いごとのための儀式や祈りも行われ，天皇や貴族の間で広く信仰されるようになった。

奈良時代の仏教	平安時代の新仏教
平城京や，国ごとの国府（役所）を中心に広まった。	山奥を学問や修行の場とした。
国の政治と強く結びついていた。	儀式や祈りを重んじる密教だった。
華やかな仏教美術が栄えた。	神秘的な仏教美術が栄えた。

摂関政治の時代

1 摂関政治
◎ **藤原氏**が**摂政・関白**を独占して政治の実権を握る
◎ 11世紀前半，**藤原道長・頼通**のときに最も栄える

2 地方政治の変化
◎ **徴税**の変化…田の面積に応じて課税されるようになる
◎ **国司**の権限が強まり，地方政治がしだいに乱れる

1 摂関政治

藤原氏は，9世紀ごろから有力貴族を退けてしだいに勢力を
伸ばし，やがて，娘を天皇の后にして，その皇子を次の天皇に
立て，天皇の権威を背景に政治の実権を握った。

(1) **朝廷の様子**…このころの朝廷では，形式や先例が重視さ
れ，儀式や行事がさかんに行われていた。役所も形だけとな
り，天皇ではなく貴族が政治を動かすようになった。

(2) 摂関政治

❶ **摂関政治**…藤原氏❶が，天皇が幼いときには**摂政**とし
て政務を代行し，成人してからは**関白**として天皇を補佐
し，政治の実権を握って行った政治。

❷ **摂関政治の開始**…9世紀中ごろ，藤原良房が摂政に就任
し，その後，藤原基経が関白となった。10世紀後半ごろ
からは，摂政・関白が常に置かれるようになり，藤原氏が
その地位に就いて，政治の実権を握った。

❸ **摂関政治の全盛**…11世紀前半の**藤原道長・頼通**父子の
ときに，摂関政治が全盛となった。

❹ 藤原氏は朝廷の高位高官を独占し❷，役職に応じた多くの

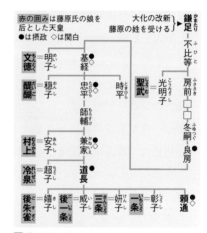

赤の囲みは藤原氏の娘を后とした天皇 ●は摂政 ◇は関白
大化の改新 藤原の姓を受ける

1 藤原氏の系図

史料 **道長の栄華**

寛仁2（1018）年10月16日
今日は威子を皇后に立てる日であ
る。太閤（道長）が私を呼んでこう
言った。「和歌をよもうと思う。誇
らしく思ってつくったが，前もって
準備していた歌ではない」

　この世をばわが世とぞ思う
　望月の欠けたることもなしと思えば
　　　　　（『小右記』より 一部要約）

解説 道長の3人目の娘が，後一条天
皇の皇后になったときのことである。

給料を得た。

❺ 9世紀末には，天皇は菅原道真を右大臣に用い，藤原氏の
　└→このとき天皇は摂政・関白を置かなかった
勢力を抑えようとした。しかし，道真は藤原氏にはかられ
て九州の大宰府に追いやられてしまった。

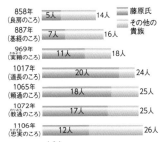

	藤原氏	その他の貴族
858年（良房のころ）	5人	14人
887年（基経のころ）	7人	16人
969年（実頼のころ）	11人	18人
1017年（道長のころ）	20人	24人
1065年（頼通のころ）	18人	25人
1072年（教通のころ）	17人	25人
1106年（忠実のころ）	12人	26人

2 朝廷の公卿を独占する藤原氏
公卿は，太政大臣などの，官位の高い人たち。

2 地方政治の変化

国司に任されるようになった地方の政治は，しだいに乱れて
いった。

(1) 新しい徴税…班田収授が行われなくなると，朝廷は耕作し
ている人から，田の面積に応じて租・調・庸などにあたる分
の米を納めさせるようになった。

(2) 地方政治の立て直し

❶ 国司の権限…朝廷は，地方政治を立て直すため国司の権限
を強め，税の取り立て方も国司に任せるようになった。

❷ 地方政治の乱れ…朝廷へ納めた税の残りを自分の収入とし
たり，任国には代理を送って収入だけを得ようとする国司
が多くなり，地方政治が乱れていった。

❸ 国司と摂関家…摂政や関白は，役人を任命する権限をもっ
ていたので，位の低い貴族たちは国司に任命してもらおう
と，摂関家に多くの贈り物を届けた。

史料 国司の横暴

　尾張国（愛知県）の国司藤原元命
がこの3年間に行った，次の31件
の非法な税の取り立てと乱暴につい
て，郡司・民衆が訴えますので，ど
うぞ裁いてください。
一　定められた以上の税を取ります。
一　中央に送るといって絹・油など
　をだまし取ります。
一　配下の者が，無理やりさまざま
　な品物を奪い取ります。
（『尾張国郡司百姓等解』　一部要約）

解説　郡司や民衆が，国司藤原元命の
横暴を，988年に朝廷に訴えたもので，
翌年に藤原元命は国司を解任された。

Column　貴族と日記

　藤原道長の祖父が子孫のために残した日記には，毎日起きたら日記を書くこ
となど，日常生活の作法や宮中での心得が細かく書かれている。このころ政治
は，形式や先例が重んじられ，儀式や行事がさかんに行われた。前日のできご
とや仕事内容を日記に書いておくことは，のちの政治の参考にするために必要
であった。孫の道長も『御堂関白記』と呼ばれる日記を残しており，これは現
存する世界最古の直筆日記として，ユネスコから「世界の記憶」に選定されて
いる。

（陽明文庫）

↑御堂関白記（一部）

東アジアと国風文化

教科書の要点

1 東アジアの動き ◎中国では**宋**が統一，朝鮮半島では**高麗**が統一
コリョ

2 国風文化と浄土信仰 ◎**国風文化**…日本の風土や生活に合った貴族の文化
◎**仮名文字**の使用（**清少納言・紫式部**），寝殿造
せいしょうなごん むらさきしきぶ しんでんづくり
◎**浄土信仰**…平等院鳳凰堂
びょうどういんほうおうどう

1 東アジアの動き

摂関政治のころ，中国・朝鮮半島では大きな動きがあった。
せっかん

(1) **宋の統一**…唐が滅んだあと，中国は混乱の時代が続いた
そう とう ほろ
が，979年に**宋**（北宋）が中国を統一した。

❶宋は，武力に頼らない政治を行い，試験によって役人を登
たよ
用するなどして，権力を皇帝のもとに集中させた。
こうてい

❷周辺の諸民族からの圧迫を受けた宋は，12世紀には都を
あっぱく
奪われて南に逃げた（これ以降を南宋と呼ぶ）。
うば のが なんそう

(2) **高麗の統一**…新羅をたおして936年に朝鮮半島を統一した
こうらい しらぎ
コリョ
高麗では，仏教が国の保護を受けてさかんとなり，優れた
ぶっきょう
陶磁器など独自の文化を発達させた。
とうじき

(3) **宋・高麗と日本**…遣唐使を停止していた日本は，宋・高麗
けんとうし
とは正式な国交は結ばなかった。しかし，宋の商人たちの往
来はさかんで，しばしば大宰府にやってきて，すぐれた絹織
だざいふ きぬ
物や陶磁器，書籍などをもたらした（**日宋貿易**）。
しょせき にっそう

2 国風文化と浄土信仰

貴族たちは唐風の文化をもとに，日本の風土や生活，日本人
の感情に合った文化を生み出した。この文化を**国風文化**とい

■1 11世紀の東アジア

参考 **周辺の国々の動き**

10世紀には，遼（契丹）が渤海を滅
ぼっかい ほろ
ぼし，満州・華北・モンゴルの一部を支
配した。

参考 **高麗と金属活字**

高麗では，13世紀ごろに世界で最も
古いとされる金属活字印刷が行われたと
いわれる。仏教の経典が金属活字を使っ
けいてん
て多く印刷された。

くわしく **貴族の服装**

文化の国風化とともに，貴族の服装も
これまでの唐風から，簡略化されたゆっ
たりしたものに変化し，男性は束帯，女
そくたい
性は女房装束（十二単）が正装とされ
にょうぼうしょうぞく じゅうにひとえ
た。

い，摂関政治のころ最も栄えた。

(1) 建築・絵画

重要 ❶建築…建物が廊下で結ばれ，広い庭と池をもつ，日本風の貴族の邸宅である**寝殿造❷**が発達した。

2 寝殿造の邸宅（復元模型）

❷絵画…**大和絵**が発達し，**絵巻物❸**がつくられた。大和絵は日本の自然や風俗を，柔らかい線と美しい色彩で描いた絵画のことで，日本画のもとになった。

(2) 文学の発達

重要 ❶背景…9世紀には，漢字を変形させた**仮名文字❹**がつくられ，11世紀初めには，宮廷に仕える女性が優れた作品を生み出した。

❷物語…**紫式部**が長編小説の『**源氏物語**』を著す。『**竹取物語**』など。

❸随筆…**清少納言**が『**枕草子**』を著す。

❹その他…10世紀，**紀貫之**らが『**古今和歌集**』をまとめる。
　　　　　　　→天皇の命令でつくられた

(3) 浄土信仰（浄土の教え）のおこり…自然災害など社会不安の高まりや末法思想の広まりの中で，10世紀中ごろに，念仏を唱えて**阿弥陀仏**にすがり，死後に**極楽浄土**に生まれ変わることを願う**浄土信仰**がおこった。

(4) 浄土信仰の広まり

❶貴族たちは，極楽浄土への強いあこがれから，阿弥陀仏の像とそれを収める阿弥陀堂をさかんにつくった。**藤原頼通**は，極楽浄土をこの世に再現しようと**平等院鳳凰堂❺**（京都府宇治市）という阿弥陀堂をつくり，中に阿弥陀如来像を安置した。

❷浄土信仰は都だけではなく，僧の**空也**などによって地方にも広まり，**中尊寺金色堂**（岩手県平泉町）などの
　　　　　　　　　　　　　　→p.67
阿弥陀堂が各地につくられた。

3 源氏物語絵巻　　　　　　　　　（五島美術館）

ひらがな	カタカナ
以→以→い	伊のへん → イ
呂 →ろ→ろ	呂の略 → ロ
波→汝→は→は	ハ → ハ
仁→仁→に	二 → ニ
保→係→ほ→ほ	保のつくり下部 → ホ

4 仮名文字の発達

くわしく　末法思想

シャカの死後，正法・像法と呼ばれる期間を経て，仏法が衰えて世の中が乱れる末法の世が来るという考え。1052年から末法の世に入ると考えられていた。

5 平等院鳳凰堂　　　　　　　　　（平等院）

どうして藤原氏は娘を天皇の后にしたの？

平安時代，藤原氏は対抗する貴族たちを退けて，朝廷の高い地位を独占するようになった。どのようにして藤原氏が高い地位を独占したのか，考えてみよう。

押さえる 娘を天皇の后にし，その子を天皇に立てる

藤原氏は，娘を天皇の后にし，生まれた皇子を次の天皇に立てて，朝廷での勢力を伸ばした。皇子は，祖父である藤原氏によくなついた。**藤原道長**は，4人の娘を天皇の后にし，藤原氏の最盛期を築いた。道長の子の頼通も，約50年にわたって**摂政・関白**を務めた。しかし，頼通の娘と天皇の間に皇子が生まれず，頼通と関係の薄い**後三条天皇**が即位したため，藤原氏の勢力はしだいに衰えていった。

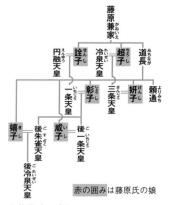

↑藤原氏の系図

赤の囲みは藤原氏の娘

摂政は天皇が幼いとき，関白は天皇が成人したあと，天皇に代わって政治を行う職だよ。

考えよう どうして勢力を伸ばせるの？

平安時代，貴族が結婚して子どもが生まれると，その子どもは妻と妻の父母に育てられた。天皇家も同じで，后であっても実家で出産し，妻の父母が皇子を大切に育てた。そのため，皇子は，身近にいる母方の祖父母に自然となつくようになり，皇子が天皇になると，母方の祖父は影響を与えやすかった。こうして，藤原氏は勢力を伸ばした。

（紫式部日記絵巻）／東京国立博物館所蔵・DNPアートコミュニケーションズ提供

↑後一条天皇誕生を祝う藤原道長　写真下が道長。左が道長の妻とのちの後一条天皇で，右の後ろ姿の女性が道長の娘の彰子。

1 聖徳太子の政治改革 ～ 4 奈良時代の人々の暮らし

解 答

□(1) 7世紀に中国を統一した〔　宋　唐　〕は，律令を制定した。

□(2) 聖徳太子は，才能や功績のある人物を役人に取り立てるため〔　　　〕の制度を定め，〔　　　〕で役人の心構えを示した。

□(3) 645年，〔　　　〕は中臣鎌足らとともに大化の改新を始めた。

□(4) 壬申の乱で勝利した大海人皇子は，〔　　　〕天皇となった。

□(5) 701年，〔　　　〕が制定され，律令国家のしくみが整った。

□(6) 人々には，〔　　　〕法によって口分田が与えられた。

□(7) 収穫量の約3％の稲を納める税は〔　　　〕である。

□(8) 743年に，新しく開墾した土地の永久私有を認める〔　　　〕が出された。

(1) 唐

(2) 冠位十二階，
十七条の憲法

(3) 中大兄皇子

(4) 天武

(5) 大宝律令

(6) 班田収授

(7) 租

(8) 墾田永年私財法

5 天平文化 ～ 8 東アジアと国風文化

□(9) 聖武天皇は，仏教の力で国家を守ろうと都に〔　　　〕を建てて大仏をつくった。

□(10) 来日した唐の僧〔　　　〕は仏教の正しい教えを伝え，唐招提寺を建てた。

□(11) 聖武天皇のころを中心に〔　　　〕文化が栄え，東大寺の〔　　　〕には，国際色豊かな工芸品などが納められた。

□(12) 最澄は，〔　　　〕を開き，比叡山に延暦寺を建てた。

□(13) 894年，菅原道真の意見で〔　　　〕の派遣が停止された。

□(14) 藤原氏が摂政・関白となって行った政治を〔　　　〕政治といい，11世紀前半の藤原〔　　　〕・頼通のときに最も栄えた。

□(15) 仮名文字を使って著された女性の文学に，紫式部の『〔　　　〕』や，清少納言の『〔　枕草子　徒然草　〕』がある。

□(16) 極楽浄土に生まれ変わることを願う〔　　　〕が広まり，藤原頼通は極楽浄土を再現しようと〔　　　〕鳳凰堂を建てた。

(9) 東大寺

(10) 鑑真

(11) 天平，
正倉院

(12) 天台宗

(13) 遣唐使

(14) 摂関，
道長

(15) 源氏物語，
枕草子

(16) 浄土信仰，
平等院

定期テスト予想問題

時間 40分
解答 p.274

得点

／100

1節／文明のおこりと日本の成り立ち

1 次の文を読んで，あとの各問いに答えなさい。　　　　　　　　　　　　　　　　　【4点×5】

　a文明の交流は，古くから各地で行われていた。その中でよく知られるのが，中国から中央アジア・西アジアに通じる，〔　　　　　　　〕と呼ばれる東西交通路である。1〜2世紀のころには，ここを通って，中国の漢から西方へ，さらに遠くのbローマ帝国まで，絹織物などが運ばれていた。

(1) 文中の〔　〕に当てはまる語句を答えなさい。　　　　　　　　　　　　　〔　　　　　　　　〕

(2) 下線部aについて，次の①・②に答えなさい。

　① エジプト文明でつくられた，1年を365日に分ける暦を何といいますか。〔　　　　　　〕

　② メソポタミア文明と中国文明で用いられた
　　文字を，右のA〜Cから1つずつ選び，記号
　　で答えなさい。

　　メソポタミア文明　〔　　　　〕

　　中国文明　　　　　〔　　　　〕

（Alamy / PPS 通信社）　（Ben Simmons / PPS 通信社）

(3) 下線部bについて述べた文として正しいものを，次から1つ選び，記号で答えなさい。

　ア 地中海周辺地域を統一して大帝国となった。　イ ヘレニズム文化が栄えた。　〔　　　　〕

　ウ 神官を頂点とする身分制度がつくられた。　エ ハンムラビ法典がつくられた。

1節／文明のおこりと日本の成り立ち

2 右の写真を見て，次の各問いに答えなさい。　　　　　　　　　　　　　　　　　【5点×4】

(1) Aのような縄目の文様がついた土器を何といいますか。

　　　　　　　　　　　　　　　〔　　　　　　　　〕

(2) 主にAがつくられていた時代に，食べ終わったあとの
　貝がらや動物の骨などが捨てられてできた遺跡を何とい
　いますか。　　　　　　　　〔　　　　　　　　〕

（國學院大學博物館）　　　（ColBase）

(3) Bは，古墳の表面などに並べられた素焼きの土製品で
　す。これを何というか，漢字2字で答えなさい。　　　　　　　　　　　　〔　　　　　　　　〕

(4) Bのほかに，古墳から出土するものとして正しいものを，次から1つ選び，記号で答えなさい。

　　　　　　　　　　　　　　　　　　　　　　　　　　　　　　　　　　〔　　　　　　　　〕

　ア 土偶　　イ 仏像　　ウ 銅銭　　エ 鉄製の武器

3 次のA～Cの史料を読んで，あとの各問いに答えなさい。　　　　　【5点×5，⑹は10点】

A	B	C
倭には男の王がいたが，争いが絶えなかったので，一人の女子を王とした。	一に曰く，和をもって貴しとなし，さからふことなきを宗とせよ。	から衣　すそに取りつき　泣く子らを　置きてぞ来ぬや　母なしにして

(1)　Aの史料中の，下線部の女子の王の名前を何といいますか。　　　〔　　　　　　　　　〕

(2)　(1)の王は，239年に中国に使いを送りましたが，そのときの中国の王朝を，次から1つ選び，記号で答えなさい。　　　　　　　　　　　　　　　　　　　　〔　　　　　　　　　〕
　　ア　漢　　イ　隋　　ウ　殷　　エ　魏

(3)　Bの史料は聖徳太子が出したものの一部です。これを何といいますか。〔　　　　　　　〕

(4)　Bを出した聖徳太子が，中国に送った使節を何といいますか。　　〔　　　　　　　　〕

(5)　Cは，主に東国から九州北部の防備に派遣された兵士の歌です。この兵士を何といいますか，漢字2字で答えなさい。　　　　　　　　　　　　　　　　〔　　　　　　　　　〕

(6)　Cが詠まれた時代に，人々は租・調・庸などの税を納めていました。そのうち，租とはどのような税ですか，簡潔に答えなさい。〔　　　　　　　　　　　　　　　　　　　　　　　　〕

4 右の年表を見て，次の各問いに答えなさい。　　　　　　　　　　　　【5点×5】

(1)　年表中の[　　]には，全国を支配するしくみを定めた法律が入ります。この法律を何といいますか。
　　　　　　　　　　　　　　　　〔　　　　　　　　　〕

645年	大化の改新が始まる……………ⓐ
701	[　　　　]が制定される
710	平城京に都が移される
	↕ ア
743	墾田永年私財法が出される……ⓑ
	↕ イ
794	平安京に都が移される
	↕ ウ
1016	藤原道長が摂政になる…………ⓒ

(2)　年表中のⓐに最も関係の深い人物を，次から1人選び，記号で答えなさい。　　　　〔　　　　〕
　　ア　天武天皇　　　　イ　聖徳太子
　　ウ　中大兄皇子　　　エ　推古天皇

(3)　年表中のⓑは，人々に与える土地が不足したことなどから出されました。この土地を何といいますか，漢字3字で答えなさい。
　　　　　　　　　　　　　　　　　　　　　　　　　　　〔　　　　　　　　　〕

(4)　年表中のⓒのころに栄えた，貴族が生み出した文化を何といいますか。〔　　　　　　　〕

思考 (5)　次のできごとは，年表中のア～ウのいつのことですか。1つ選び，記号で答えなさい。〔　　　〕
　　「中国から帰国した空海が，仏教の新しい教えを伝えた。」

中学生のための
勉強・学校生活アドバイス

歴史のノートの取り方

「椎原さん，ノートがとてもキレイですね。」

「ほんとだ！　俺，ノート取るの苦手なんだよな。なんかコツとかある？」

「うーん，コツかあ……。例えば，ノートの右側に線を引くとか？」

「ノートの右側？」

「うん。右から4〜5cmに区切り線を引いて，黒板の内容を左側に，自分なりの補足や役立つ情報を右側に書くの。」

「あ，それならごちゃごちゃしないな！」

「あとは，なるべく行と行の間を空けたり，文章を短くしたりして，すっきりさせてるかなー。」

「そうすれば，自分が読み返すときに読みやすいし，後から書き込みもできますね。」

「なるほど……。」

「教科書の図や表は，そのままコピーして貼ってもいいんですよ。」

「え！　それでいいんですか？」

「自分でかくと時間がかかって大変ですからね。貼ったものに，自分が気づいたことなどを書き足してみるのもいいですよ。」

「図をかくのは苦手だから助かります！」

「もちろん，簡略化して自分でかいてみるのも勉強になりますよ。」

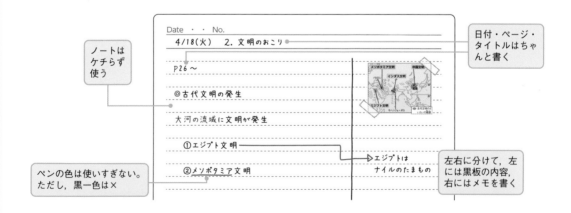

ノートはケチらず使う

日付・ページ・タイトルはちゃんと書く

ペンの色は使いすぎない。ただし，黒一色は×

左右に分けて，左には黒板の内容，右にはメモを書く

2章

中世の日本

1 武士の登場

教科書の要点

1 武士のおこり
◎ 武芸を身につけた**武士**が登場→一族・家来を従えて**武士団**を形成
◎ **源氏・平氏**…武士団の中で有力となり，棟梁（統率者）となる

2 武士の成長
◎ 武士の反乱…平将門の乱，藤原純友の乱→朝廷は武士の力で抑える
◎ 東北地方での争い…前九年合戦，後三年合戦→源氏が平定

1 武士のおこり

10世紀ごろから，都の武官や地方の豪族が力をつけ
└→天皇の住まいなどを警備する役人
ていった。

(1) **地方の様子**…地方の豪族は，中央の貴族や寺社に土
地（荘園）を寄進し，自らは荘官として，**年貢**を納め
└→米や布が中心だった
る代わりに土地の支配権を認めてもらった。公領も国
司が豪族に支配を任せたので，豪族の領地となってい
└→国司が支配する土地
った。

(2) **武士のおこり**
❶ 都の武官や地方の豪族は，やがて弓矢や馬などの武芸を身
につけ，**武士**と呼ばれるようになった。

❷ 都の武士が役人として地方に住み着いたり，地方の武士が
都で朝廷や貴族などに仕えることもあった。こうした行き
来の中で，武士は実力をつけていった。

(3) **武士団の成立**
❶ 地方の武士は，館を築いて地方の中心となり，惣領を中心
└→一族の長（おさ）
に一族や家来を従えて**武士団❶**を形成していった。
└→家の子 └→郎党（ろうとう）

重要
❷ **源氏**と**平氏**…天皇の子孫の**源氏**■と**平氏❷**は，多くの武
士団を従えて，棟梁（統率者）として勢力を強めた。

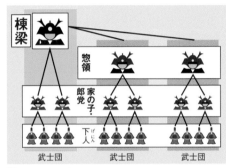

❶ 武士団のしくみ 棟梁も独自の武士団を率いていた。

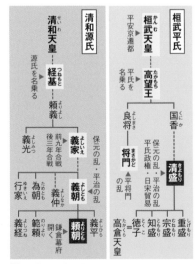

❷ 源氏と平氏の系図

② 武士の成長

各地の反乱を武士団の力で抑えたことで，朝廷も武士の力を認めるようになった。

(1) 地方武士の反乱③

❶ 10世紀の中ごろ，地方武士の反乱（関東の平将門の乱，自ら「新皇」と名のった瀬戸内地方の藤原純友の乱）が起こり，朝廷や貴族に大きな衝撃を与えた。しかし，朝廷にこれらの乱をしずめる力はなく，乱をしずめた平氏や源氏が勢力を伸ばしていった。

❷ 反乱の影響…2つの乱が武士団の力でしずめられたことから，朝廷や貴族は武士の力を認めるようになった。

(2) 東北地方の争乱

❶ **前九年合戦**…11世紀後半，陸奥の豪族安倍氏が国司に対して反乱を起こした。
└→現在の岩手県が本拠地

❷ **後三年合戦④**…11世紀後半，出羽の豪族清原氏の間で内部争いが起こった。
└→現在の秋田県が本拠地

❸ この2つの争乱は**源義家**らによってしずめられ，以後，源氏が東日本で勢力を伸ばした。

❹ 東北地方では，**奥州藤原氏**が**平泉**（岩手県）を本拠地に勢力をもった。

(3) 平氏の進出…平氏は，12世紀前半に瀬戸内海の海賊を平定し，西日本に勢力を伸ばした。

用語解説　源氏

清和天皇の孫の経基が，源の姓を授かって臣下となって皇族を離れ，やがて武士の棟梁となった。源氏からは，のちに源頼朝が出て鎌倉幕府を開いた。

前九年合戦
(1051〜62年)

後三年合戦
(1083〜87年)

藤原純友の乱
(939〜41年)

京都

平泉
の本拠地
奥州藤原氏

平将門の乱
(935〜40年)

③ 地方武士の反乱と奥州藤原氏

(東京国立博物館)

④ **後三年合戦**　清原氏を攻める源義家（右）

　奥州藤原氏ってどういう豪族？

奥州藤原氏は，平安時代後期の約100年間，**平泉**（現在の岩手県平泉町）を本拠地に，清衡・基衡・秀衡の3代にわたって東北地方を支配した豪族。平将門の乱をしずめた藤原秀郷の子孫といわれる。金や馬などの交易で富を築き，その財力で，都の文化を取り入れ，中尊寺を建立した。1189年に，源頼朝に攻められて滅亡した。中尊寺金色堂は，世界文化遺産に登録されている。

↑**中尊寺金色堂**　　　　　　(中尊寺)

院政と平氏政権

1 **院政の開始** ◎**院政の開始**…摂関政治を抑え，**白河上皇**が始める

2 **平氏の進出と
平氏政権** ◎**平氏の進出**…**保元の乱**，**平治の乱**に勝って勢力を広げる
◎**平清盛**が**太政大臣**となって政治の実権を握る，**日宋貿易**

3 **源平の争乱** ◎**源氏**と**平氏**の戦い…平氏は**壇ノ浦の戦い**で源氏に敗れて**滅亡**

---

1 院政の開始

　11世紀に入り，藤原氏の勢力が衰えると，天皇は政治の実権を取り戻そうと，自ら政治を行うようになった。

(1) **後三条天皇**…11世紀中ごろ，藤原氏と関係の薄い後三条
　　└→母は天皇の娘だった
　　天皇が即位し，荘園の整理などの政治改革に取り組んだ。

重要

(2) 院政の開始…1086年，**白河天皇**が天皇の位を譲って**上皇**となり，摂政・関白の力を抑えて政治を行った。この政治を**院政**といい，実質的に約100年間続いた。
　　└→上皇や上皇の住まいを院と呼んだ

(3) 院政の特色…白河上皇や次の鳥羽上皇のもとには，藤原氏に抑えられていた貴族や地方の武士たちが集まり，上皇や上皇が建てた寺社に，多くの荘園が寄進された。

(4) 僧兵の出現…荘園をもつ有力な寺社は，僧を武装させて**僧兵❶**とするようになった。

2 平氏の進出と平氏政権

　院政が始まると貴族間の争いが激しくなり，武士も加わって2度の内乱が起こり，勝利した平氏が実権を握るようになった。

発展 荘園の整理

　後三条天皇は，荘園に必要な書類を調べる役所を置いて，証拠がはっきりしない荘園を整理（廃止）した。これにより，藤原氏は多くの荘園を失い，その力はさらに衰えることになった。

暗記術 1086
一応やむなし 院政開始

1086年　白河上皇が院政を始める

参考 白河上皇のなげき

　白河上皇にも思いどおりにならないものが3つあった。「賀茂川の水（洪水），双六の賽（さいころ），山法師（延暦寺の僧兵）」である。

❶ 僧兵　　　　　　　　　(ColBase)

(1) **保元の乱**…1156年，院政の実権をめぐる崇徳上皇と後白河天皇の対立に藤原氏の内部争いがからみ，**平清盛**や**源義朝**の協力を得た後白河天皇が勝利した。

(2) 平治の乱

重要
❶平治の乱…1159年，**平清盛**と**源義朝**の勢力争いに藤原氏の内部争いがからんで起こった。
❷平清盛が勝ち，平氏はやがて全盛期を迎えた。
　→敗れた義朝の子の源頼朝は伊豆（静岡県）に流された

(3) 平氏の政権

重要
❶1167年，**平清盛**が武士として初めて**太政大臣**となって政治の実権を握った。
❷娘を天皇の后として一族も高位高官に就き，平安時代の藤原氏と変わらないような政治を行って栄華をほこった。

(4) 日宋貿易

❶平清盛は**日宋貿易**の利益に目をつけ，瀬戸内海の航路❷や兵庫の港（大輪田泊）を整備して，積極的に貿易を行った。
　→現在の神戸港　　　　→p.58
❷宋からは宋銭・絹織物・陶磁器などが輸入され，日本からは硫黄・砂金・刀剣などが輸出された。

KEY PERSON

平清盛
（1118～1181年）

保元の乱，平治の乱に勝ち，1167年に太政大臣となって政権を握った。藤原氏と同様に一族を高位高官に就けて，平氏の全盛期を築いた。また，兵庫の港を整備して，日宋貿易をさかんに行った。

（六波羅蜜寺）
撮影：浅沼光晴

参考 厳島神社

瀬戸内海に面した現在の広島県廿日市市宮島町にあり，平清盛が安芸守に就任したことから，こののち平氏一門の崇敬を集めた。航海の安全を守る神として信仰された。ユネスコの世界文化遺産に登録されている。

（厳島神社）

❷ 厳島神社

③ 源平の争乱

藤原氏と変わらない平氏の政治に，貴族や寺社，武士たちの不満が高まり，源氏など諸国の武士が挙兵し，源平の争乱が始まった。

(1) 源氏の挙兵…1180年，伊豆に流されていた**源頼朝**，木曽（長野県）の源義仲が挙兵した。

(2) 源平の戦い❸…源頼朝は，**鎌倉**（神奈川）を本拠地にして関東地方の支配を固め，弟の**源義経**は，平氏を西日本へ追い，1185年に**壇ノ浦の戦い**（山口県）で平氏を滅ぼした。

③ 源平の争乱

教科書の要点

1 鎌倉幕府の成立
◎ 守護・地頭の設置…源頼朝が御家人を任命
◎ 源頼朝が武家政治を推進→1192年，征夷大将軍に任命される

2 執権政治の確立
◎ 執権政治…北条氏が代々執権となって政治を行う
◎ 承久の乱…後鳥羽上皇の挙兵→六波羅探題設置
◎ 御成敗式目（貞永式目）…北条泰時が制定，武士独自の法律

1 鎌倉幕府の成立

　鎌倉（神奈川県）にいた源頼朝は，朝廷とも交渉を重ねながら武家政治のしくみをつくり上げ，本格的な武士の政権である鎌倉幕府を開いた。

(1) 守護と地頭…1185年，対立した源義経を捕らえることを口実に朝廷に設置を認めさせた。
　　　→頼朝に無断で朝廷の官位を授かった

重要
❶ **守護**…国ごとに設置。軍事・警察を担当。
❷ **地頭**…荘園・公領ごとに設置。年貢の取り立てなど。
　　　→国司が支配する土地

(2) 鎌倉幕府の成立

❶ 源頼朝は，義経をかくまったことを理由に，義経と奥州藤原氏を滅ぼし，東北地方も勢力下に置いた。1192年には，朝廷から**征夷大将軍**に任じられた。

❷ こうして始まった源頼朝による本格的な武士の政権を**鎌倉幕府**といい，約140年間続いた（**鎌倉時代**）。
　　　→始まりについては1185年，1192年などいろいろ説がある

(3) 幕府のしくみ…簡素で実際的なもので，最初は中央に**侍所・政所・問注所**が，地方に守護・地頭が置かれた ❶。

(4) 御恩と奉公…将軍と主従関係を結んだ武士は**御家人**と呼ばれ，土地を仲立ちに**御恩**と**奉公**の関係で結ばれた。
　　　→このしくみを封建制度という

KEY PERSON

源頼朝

（1147〜1199年）

（ColBase）

　源義朝の子。平治の乱に敗れて伊豆（静岡県）に流された。1185年に壇ノ浦の戦いで平氏を滅ぼし，1192年には征夷大将軍に任じられ，鎌倉幕府の初代将軍となった。

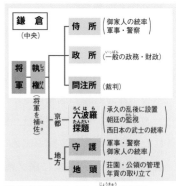

鎌倉（中央）			
将軍	執権	侍所	（御家人の統率／軍事・警察）
		政所	（一般の政務・財政）
		問注所	（裁判）
	京都	六波羅探題	（承久の乱後に設置／朝廷の監視／西日本の武士の統率）
	地方	守護	（軍事・警察／御家人の統率）
		地頭	（荘園・公領の管理／年貢の取り立て）

（将軍を補佐）

❶ 鎌倉幕府のしくみ（承久の乱後）

重要 ❶**御恩**…将軍は御家人の領地を保護し，新しい領地を与えたり，**守護・地頭**に任命したりした。

❷**奉公**…御家人は将軍に忠誠を誓い，鎌倉や京都の警備を行い，戦いでは命をかけて戦った。

2 執権政治の確立

源頼朝の死後は，北条氏が**執権**に就いて政治を行った。

(1) 執権政治の開始…頼朝の死後，頼朝の妻の**北条政子**と執権となった父の北条時政が実権を握った。その後，執権の地位は北条氏一族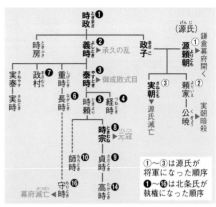が独占し，幕府の政治は，執権を中心に有力御家人の合議で行われた（**執権政治**）。

(2) **承久の乱**…第3代将軍源実朝が暗殺されると，1221年，
→源氏の将軍はとだえ，その後，京都から名だけの将軍を迎えた←
後鳥羽上皇は幕府をたおそうと兵を挙げた。しかし，幕府は御家人の結束を固めて大軍を送り，上皇方を破って後鳥羽上皇を隠岐（島根県）に流した。

重要 ❶勝利した幕府は，京都に**六波羅探題**を設置して，朝廷の監視や西日本の武士の支配にあたらせた。

❷上皇方の貴族・武士の領地を取り上げ，東日本の御家人を地頭に任命したので，幕府の支配が西日本にもおよんだ。

(3) 御成敗式目の制定

重要 ❶1232年，御家人に対して裁判や政治の判断の基準を示すために，第3代執権**北条泰時**が武士の社会の慣習に基づいて**御成敗式目**（貞永式目）を制定した。

❷51か条からなり，守護・地頭の任務や御家人の領地に関するきまりが定められている。

❸朝廷の律令とは別の武士独自の法律で，長く武家政治の基本となった。

2 北条氏の系図 頼朝の妻政子の父である時政は，頼朝の死後執権として力を伸ばし，泰時のころ執権政治が安定した。

用語解説 六波羅探題

承久の乱後，京都の六波羅に設置された幕府の重要な機関。朝廷の監視や京都の警備，西日本の武士の支配などにあたり，北条氏の一族が代々この職に就いた。

史料 御成敗式目

一，諸国の守護の仕事は，京都の御所や鎌倉を警備することと，謀反や殺人などの犯罪人の取り締まりに限る。

一，武士が20年間，実際に土地を支配しているならば，その権利を認める。
（一部要約）

くわしく 御成敗式目の特色

律令に比べて，文章がやさしく実際的である。この式目は，守護を通して地頭に知らされ，御家人だけに適用された。

暗記術 1 23 2 一文にしたためた御成敗式目

1232年 御成敗式目を制定

武士と民衆の生活

1 武士の暮らし
◎領地で農業を営み，簡素な館に住む
◎**地頭**の支配…年貢の横取り，荘園領主と対立

2 民衆の暮らし
◎農民の暮らし…荘園領主と地頭からの二重支配，**二毛作**の開始
◎商業の発達…月に数回の**定期市**，**宋銭**の使用

1 武士の暮らし

鎌倉時代，幕府の置かれた鎌倉や京都に住む武士もいたが，多くの武士は地頭に任命され，自分の領地に住んで農業を営み，下人■や周辺の農民に耕作させていた。

(1) 武士の暮らし

❶武士は，領地の中心地や小高い所に，簡素な館■を建てて住み，周囲には敵の侵入を防ぐために堀や塀をめぐらせた。

❷一族の団結は強く，長である**惣領**が一族の中心となって支配した。

❸惣領が亡くなったり引退したりすると，財産は**分割相続**が原則で，女性も相続することができた。そのため，女性の地頭も多くいた。

(2) 武芸にはげむ武士

❶武士は，農業を営みながらも，「いざ鎌倉」に備えて，走る馬上から弓で的を射る**笠懸**■や**流鏑馬**，犬追物などで，武芸を磨いた。
　　　　　　　　　　　　　　→幕府に一大事が起こること

❷こうした武芸にはげむ中で，武士には，「**弓馬の道**」や「**武士の道**」と呼ばれる，武勇・忠孝・礼儀を尊び，ひきょうな行いを恥とする心構えが育っていった。

■ 武士の館 （国立歴史民俗博物館所蔵）

用語解説 下人

武士などの館や周辺に住み，主人の領地の耕作や家事などに従事した，身分の低い農民。武士団では，下層の従者として加わった。（→P.66）

■ 笠懸 （ColBase）

(3) 地頭の荘園侵略

❶地頭は，農民が荘園や公領の領主に納める年貢を横取りし
　└→農民から年貢を取り，それを領主に納める役割
たり，土地や農民を勝手に支配することが多くなった。領
主は幕府に訴え，こうした動きを抑えようとした。

❷しかし，地頭の行動を抑えることは難しく，領主は地頭に
土地の管理を任せて一定額の年貢を納めさせたり，土地の
　└→これを地頭請（じとううけ）といった
半分を地頭に分け与えたり（**下地中分❸**）した。この結
果，地頭の力が領主と同じように強くなり，かえって荘園
侵略が進んだ。

② 民衆の暮らし

鎌倉時代には，農業や商業，手工業が発達したが，農民は苦
しい生活を送っていた。

(1) **農民の暮らし**…領主と地頭の両方から年貢や労役を課せら
れ，農民は二重の支配に苦しんだ。こうした中で，地頭の横
暴を領主に訴えるなど，抵抗する農民も現れた。

(2) **農業の発達**

❶**生産の高まり**…鉄製農具が普及し，牛や馬が使われ，さら
に草木を焼いた灰が肥料として用いられるようになり，農
業の生産が高まった。

❷**二毛作の開始**…西日本を中心に，米を収穫した同じ土地
で麦をつくる二毛作が始まった。

(3) **商業の発達**

重要

❶人が多く集まる寺社の門前や交通の要所で，月に数回
定期市が開かれるようになった。

❷**日宋貿易**で輸入された**宋銭**が使われ，金融業者（高利貸
し）も現れた。一部の荘園では年貢の銭納も行われた。

(4) **手工業の発達**…農具をつくる鍛冶や染物を行う紺屋など
が，専門の職人として独立するようになった。

史料 **阿氏河荘の農民の訴え**

（地頭が農民を）何かにつけて人夫
としてこき使うので，材木を切り出
すひまがありません。また，「逃げ
出した百姓の畑に麦をまけ」と命
じ，「麦をまかないと，女や子ども
を捕らえ，鼻をそぎ，髪を切って縄
で手足をしばって痛めつけるぞ」と
おどされます。　　（一部要約）

解説 紀伊国（和歌山県）の阿氏河荘
という土地の農民は，地頭の横暴に，集
団で村から逃げて，その理由を荘園領主
に訴えた。

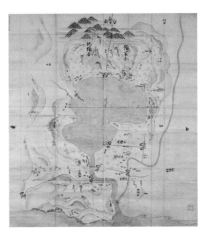

❸ 下地中分の絵図　（東京大学史料編纂所所蔵模写）

参考 **二毛作と二期作**

　二毛作とは，同じ土地で1年に2回，
別の作物をつくること。鎌倉時代には，
米の裏作に麦をつくる二毛作が行われ
た。それに対して，二期作とは，同じ土
地で1年に2回米をつくること。

鎌倉時代の文化

1 鎌倉時代の文化
◎公家の伝統文化のうえに，写実的で力強い武家文化がおこる
◎代表作…**金剛力士像**，『**平家物語**』，『**新古今和歌集**』

2 鎌倉時代の仏教
◎武士や民衆にわかりやすく，信仰しやすい教え
◎宗派…**浄土宗**，**浄土真宗**，**日蓮宗**，**臨済宗**，**曹洞宗**

1 鎌倉時代の文化

　伝統的な公家文化を受け継ぎ，中国の宋の文化の影響も受けて，武士の気風に合った力強い文化が生まれた。

（1）建築・美術

重要

❶建築…雄大で力強い**東大寺南大門**❶の再建。
❷彫刻…東大寺南大門には，**運慶・快慶**らがつくった，力強く写実的な**金剛力士像**❷が配置された。

❸絵画…「平治物語絵巻」や「蒙古襲来絵詞」，「一遍上人絵伝」など，戦乱の様子や高僧の伝記などを題材にした**絵巻物**が流行した。また，**似絵**と呼ばれる写実的な肖像画も多く描かれた。

（2）文学

重要

❶軍記物…武士の活躍などを力強い文章で描いた。『**平家物語**』は，平家一門の盛衰を描き，**琵琶法師**によって語り広められた。

史料 『平家物語』

　祇園精舎の鐘の声，諸行無常の響きあり。娑羅双樹の花の色，盛者必衰の理をあらわす。おごれる人も久しからず，ただ春の夜の夢のごとし。
（冒頭の部分）

❶ 東大寺南大門　　　（東大寺／撮影：飛鳥園）

（東大寺／撮影：飛鳥園）

❷ 東大寺南大門金剛力士像
左が阿形，右が吽形。運慶らによって約70日でつくられた。

くわしく ▶ 東大寺の再建

　東大寺は，源平の争乱で1181年に平氏に焼かれたが，宋から帰国した僧の重源らが，後白河上皇の命令を受け，宋の技術を取り入れて再建した。

❷和歌…『**新古今和歌集**』がつくられ，藤原定家や西行らの歌が収められた。

❸随筆…鴨長明によって『**方丈記**』，兼好法師によって『**徒然草**』が書かれた。

2 鎌倉時代の仏教

平安時代末から鎌倉時代にかけて，戦乱や自然災害で社会不安が高まり，仏教の新しい教えが広まった。

(1) 新しい仏教の背景…人々は，末法の世の不安や世のはかなさからの救いを求め，また，わかりやすい教えを求めた。
　　　　　　　　　　　　　　└→P.59

(2) 新しい仏教の誕生 ❹

❶平安時代末に，**法然**が念仏を唱えれば誰でも救われると説き（**浄土宗**），弟子の**親鸞**は自分の罪を自覚した者が救
　　　　　└→「南無阿弥陀仏（なむあみだぶつ）」
われると説いた（**浄土真宗**）。**一遍**は，踊念仏❸などで布教した（**時宗**）。また，**日蓮**は，題目を唱えれば人も国も救われると説いた（**日蓮宗**）。
　　　　└→「南無妙法蓮華経（なむみょうほうれんげきょう）」

❷座禅により自分の力で悟りを開こうとする**禅宗**が，**栄西**（**臨済宗**）と**道元**（**曹洞宗**）によって宋から伝えられた。禅宗は幕府が保護したこともあって武士の間に広まった。

(3) 伝統的仏教…天台宗・真言宗もまだ勢力は強く，朝廷や幕府のために祈とうを行ったりした。

宗　派		開祖	教え・特色	主な信者
念仏宗	浄土宗	法然	念仏を唱え，阿弥陀仏にすがれば，極楽浄土に生まれ変われる。	新仏教の先がけ。／公家・上級武士
	浄土真宗（一向宗）	親鸞		悪人こそ救われる。／地方武士・民衆
	時宗	一遍		踊念仏で布教。／武士・民衆
日蓮宗（法華宗）		日蓮	題目を唱えれば人も国も救われる。幕府や他宗を激しく非難する。	関東の武士・近畿の商工業者
禅宗	臨済宗	栄西	宋から伝わる。座禅を行い，自力で悟りを開く。	幕府の保護を受ける。／上級武士・公家
	曹洞宗	道元		権力をきらう。／地方武士・民衆

❹仏教の新しい宗派の開祖と教え

（東京国立博物館）

❸踊念仏をする一遍　踊念仏は，念仏を唱えながら足を踏み鳴らす踊り。

KEY PERSON

親鸞

（1173〜1262年）
（ColBase）

浄土宗を開いた法然の弟子で，浄土真宗を開いた。阿弥陀仏はすべての人を救うと説き，念仏「南無阿弥陀仏」を唱えて阿弥陀仏を信じることをすすめた。

KEY PERSON

日蓮

（1222〜1282年）
（池上本門寺）

日蓮宗の開祖。題目「南無妙法蓮華経」を唱えれば人も国も救われると説いた。幕府や他宗を批判したため，幕府や他宗から迫害を受けた。

▌参考　伝統的仏教の改革

奈良の寺院を中心に，慈善事業などで民衆を救済しようとする動きが起こり，病人の救済や治療などのため，奈良に北山十八間戸という施設を建てたりした。

絵地図で見る下地中分

鎌倉時代の中ごろに描かれた「東郷荘絵図」と呼ばれる荘園の絵地図を見ながら，当時の下地中分の一例を見てみよう。

1 下地中分ってどういうこと？

下地中分とは，荘園の土地を荘園領主分（領家分）と地頭分に分け，お互いに侵略や干渉をしないようにする方法だ。荘園領主とは荘園の所有者で，地頭とは荘園の管理者のこと。地頭の本来の仕事は年貢の取り立てや荘園の管理だったが，鎌倉時代の中ごろになると，地頭が荘園を侵略するようになり，荘園領主と地頭の間で下地中分が行われるようになったのだ。

2 何が描かれているの？

右の絵地図は，1258年に伯耆国（鳥取県）の東郷荘の荘園領主と地頭が下地中分を行ったときの，「東郷荘絵図」と呼ばれる絵地図だ。赤い線が両者の土地の境界線で，線の左の「地頭分」と書かれた側が地頭の土地，線の右の「領家分」と書かれた側が荘園領主の土地である。絵の下のほうの大きな池には境界線が引かれていないが，この池も2つに分けられていたと考えられている。下地中分の裁定は，幕府によって下された。

（「東郷荘下地中分絵図」東京大学史料編纂所模写）

南　三所　花押　領家分　地頭分

⬆「東郷荘絵図」 この絵地図は上が南で，下が北。絵地図の上部には，執権の花押（サイン）があり，下地中分を保証している。

下地中分で土地を手に入れた地頭は，ますます力を強めていったよ。

1 武士の登場 ～ 3 鎌倉幕府の成立と執権政治

☐(1) 前九年合戦と後三年合戦を平定した〔 平氏　源氏 〕は，以後，東日本に勢力を伸ばした。

☐(2) 1086年，白河天皇が上皇となって〔　　　〕を始めた。

☐(3) 〔　　　〕は，兵庫の港を整備して宋と貿易を行った。

☐(4) 源頼朝は朝廷に，国ごとに〔 地頭　守護 〕，荘園・公領ごとに〔 地頭　守護 〕を設置することを認めさせた。

☐(5) 鎌倉時代に将軍と主従関係を結んだ武士は，〔　　　〕と呼ばれ，御恩と〔　　　〕の関係で結ばれていた。

☐(6) 1232年，北条〔 時政　泰時 〕は武士社会の慣習に基づいて〔　　　〕を制定した。

☐(7) 承久の乱後，幕府は京都に〔　　　〕を設置した。

4 武士と民衆の生活 ～ 5 鎌倉時代の文化

☐(8) 武士は，一族の長の〔 大将　惣領 〕を中心に団結した。

☐(9) 農村では，米と麦の〔 二毛作　二期作 〕が行われ，交通の要所では，月に数回〔　　　〕が開かれた。

☐(10) 鎌倉時代には力強い文化が生まれ，〔　　　〕南大門には，運慶らによって〔 金剛力士像　阿弥陀如来像 〕がつくられた。

☐(11) 軍記物では，平家一門の盛衰を描いた『〔　　　〕』が，琵琶法師によって語り広められた。

☐(12) 法然の弟子の〔 空海　親鸞 〕は浄土真宗を開いた。

☐(13) 一遍は，踊念仏などによって〔　　　〕を広めた。

☐(14) 〔　　　〕は，題目を唱えれば人も国も救われると説いて日蓮宗（法華宗）を開いた。

☐(15) 自分の力で悟りを開く禅宗では，栄西が〔　　　〕を，〔　　　〕が曹洞宗を，宋から伝えた。

解 答

(1) 源氏

(2) 院政

(3) 平清盛

(4) 守護，
地頭

(5) 御家人，
奉公

(6) 泰時，
御成敗式目（貞永式目）

(7) 六波羅探題

(8) 惣領

(9) 二毛作，
定期市

(10) 東大寺，
金剛力士像

(11) 平家物語

(12) 親鸞

(13) 時宗

(14) 日蓮

(15) 臨済宗，
道元

1 モンゴル帝国とユーラシア世界

1 モンゴル帝国とユーラシア世界

教科書の要点

1 モンゴル帝国
◎ **チンギス＝ハン**が遊牧民を統一して**モンゴル帝国**を建設
◎ **フビライ＝ハン**は国号を**元**とし，宋を滅ぼして中国全土支配

2 東西文化の交流
◎ 陸上・海上交通路が整備され，ユーラシア世界が一体化
◎ **マルコ＝ポーロ**『世界の記述』で日本を「黄金の国」と紹介

1 モンゴル帝国

　モンゴル高原には，多くの遊牧民が生活していたが，やがて諸部族が統一されて大帝国がつくられた。

(1) 草原の遊牧民…中国北方のモンゴル高原■では，多くの遊牧民の部族が統合や分裂を繰り返しながら，羊や馬を飼育して生活していた。

(2) モンゴル帝国の成立

　❶ 遊牧民の統一…13世紀初めに，**チンギス＝ハン**❷がモンゴル高原の遊牧民を統一して，**モンゴル帝国**❸を建設した。チンギス＝ハンは，民族などにとらわれず多くの優
　　　　　　　　└→ 遊牧民の間で「君主」を意味した
　秀な人材を登用して，帝国を発展させた。

(imageBROKER／PPS通信社)

■ 現在のモンゴル高原

参考　ハン国

　モンゴル帝国は，チンギス＝ハンが子孫たちに領土を分け与え，やがて本国のほかチャガタイ＝ハン国，キプチャク＝ハン国などのハン国に分かれた。

❸ モンゴル帝国の広がり

(台北・国立故宮博物院)

❷ チンギス＝ハン（左）とフビライ＝ハン（右） フビライ＝ハンはチンギス＝ハンの孫。

❷大帝国の形成…モンゴル帝国は，騎馬軍団の活躍などにより領土を広げ，西アジア，東ヨーロッパまで広がり，ユーラシア大陸の東西にまたがる大帝国となった。
→アジアとヨーロッパからなる大陸

(3) 元の成立

❶中国の統一…モンゴル帝国の第5代皇帝**フビライ＝ハン**は，中国東部を支配し，都をカラコルムから大都（現在の北京）に移した。そして13世紀半ばに国号を中国風の**元**と改め，1279年には宋（南宋）を滅ぼして中国全土を統一した。

❷各地への遠征…フビライは周辺諸国へ遠征を行い，朝鮮半島の高麗を従え，日本や大越国（現在のベトナム）にも遠征軍を送った。しかし，大越国はモンゴル軍を撃退するなど，フビライの目的は達成できなかった。
→元寇（p.80）

2 東西文化の交流

モンゴル帝国が，ユーラシア大陸の東西にまたがる大帝国をつくりあげたことで，東西の交流が進んだ。

(1) 陸と海の交通…モンゴル帝国は広大な領土を治めるため，道路の整備に力を入れるとともに，海上の交通路も整備して，東西の交流を進めた。

(2) 東西文化の交流…東と西の世界が直接に接するようになって，文化の交流もさかんに行われた。

❶インドやイスラム世界から，天文学・数学などの学問が中国へもたらされたいっぽう，中国からは火薬・羅針盤・木版印刷術・陶磁器などがヨーロッパに伝えられた。そうした交易には，ムスリム（イスラム教徒）の商人が活躍した。

❷ヨーロッパからは商人やキリスト教の宣教師たちが，日本からは禅僧が元を訪れた。イタリア人の商人**マルコ＝ポーロ**はフビライ＝ハンに仕え，帰国後『世界の記述（東方見聞録）』を著し，日本を「黄金の国ジパング」としてヨーロッパに紹介した。

参考 騎馬軍団

移動生活をしていた遊牧民は，小さいころから馬や弓の訓練を受け，軍事力に優れた騎馬軍団を組織していた。1日に70kmも移動できたといい，その機動力をもって半世紀の間に大帝国をつくった。

発展 元の滅亡

強大な武力で中国を支配していた元だが，ハンの位をめぐる争いや地方の反乱などで衰えた。各ハン国も，お互いの争いなどで衰え，14世紀半ばすぎに，元は明によって再び北方のモンゴル高原に追いやられてしまった。

参考 中国の四大発明

漢の時代に発明された製紙法，宋の時代に発明された木版印刷術，火薬，羅針盤を，中国の四大発明という。これらはヨーロッパに伝えられ，14世紀以降のルネサンスに影響を与えた。

史料 『世界の記述（東方見聞録）』

ジパング（日本）の住民は礼儀正しい。彼らが持つ黄金は無限である。国王の宮殿は屋根も広間もみな黄金づくりである。フビライはこの島を征服しようとして，大艦隊を向かわせた。

（一部要約）

解説 フビライ＝ハンに仕えたイタリア人の商人マルコ＝ポーロが，帰国後日本について述べたものである。伝聞に基づいて書かれたため，誤りもあり，当時の日本では金は多くは産出しなかった。

2 ＿＿＿ モンゴルの襲来

教科書の要点

1 2度の襲来
◎ 元の日本服属計画→**フビライ゠ハン**の要求を**北条時宗**が無視
◎ **文永の役，弘安の役**と 2 度九州北部に襲来（**元寇**）

2 鎌倉幕府の滅亡
◎ 御家人の生活苦→永仁の**徳政令**→幕府の支配力が弱まる
◎ **後醍醐天皇**を中心に倒幕の動き→ 1333 年，鎌倉幕府が滅びる

1 2度の襲来

　高麗を従えたフビライ゠ハンは，日本も服属させようと使者を送ってきたが，日本が要求を拒否したことで襲来してきた。

(1) 元の要求…日本も従えようとした元は，高麗を通じてたびたび使節を送ってきた。

(2) 元の襲来…執権の**北条時宗**は，元の要求を無視し，襲来に備えて九州北部の防備を固めた。やがて，元は**文永の役・弘安の役**と 2 度にわたって日本に攻めてきた（**元寇❶**）。

❶**文永の役❷**…1274 年，元と高麗の連合軍が，対馬・壱岐
　　　　　　約3万人 →
（長崎県）を攻め，九州北部の博多湾岸に上陸した。日本軍は，集団戦法や火薬を使った武器に苦しめられ大宰府ま
└→ 日本は一騎打ち

❷ 元軍と戦う日本の武士（蒙古襲来絵詞）左が元軍，右が御家人の竹崎季長。
（宮内庁三の丸尚蔵館）

史料 フビライの国書

…高麗は私の属国である。日本は高麗に近く，しばしば中国に使いを送っていた。しかし，私の時代になってからは，一度も使いを送ってこない。日本がまだこのことを知らないのかと心配して，あえて私の考えを伝える。今後はお互いに使いを送り，友好を結ぼう。…武力を用いることは，誰も好ましいとは思わないだろう。
（一部要約）

暗記術 元の船 とうになし
　　　　　　　　　　　1 2 7 4

1274 年　文永の役が起こる

❶ 元の襲来進路

で退いたが，元軍の被害も大きく，まもなく引き揚げた。

❷ **弘安の役**…宋を滅ぼした元は，1281年に再び日本を攻めてきた。しかし，博多湾沿岸に築いた石の防壁（防塁）❸ や御家人の活躍で上陸できず，暴風雨にあって，元軍は引き揚げた。

約14万人

❸ 元は3度目の日本遠征を計画したが，フビライの死もあって実現されなかった。幕府も襲来に備えて警戒を続けた。

(3) 元寇の影響…元を退却させた暴風雨は，神が日本を守るため起こしたものと考えられ，日本は「神国」であるという考え方が広まった（神国思想）。

KEY PERSON

北条時宗

(1251〜1284年)

鎌倉幕府第8代執権。2度にわたる元の襲来では，御家人を指揮してこれを退けた。また，禅宗を信仰し，鎌倉に円覚寺を建立した。

（学研写真資料）

❸ 石の防壁（復元）

---

2 鎌倉幕府の滅亡

元寇では恩賞としての領地を得られなかったことなどから，御家人の生活は苦しくなり，幕府への不満が高まっていった。

(1) 御家人の生活苦…元寇での負担に加え，御家人は分割相続の繰り返しで生活が苦しくなっていた。幕府は，御家人を救うため**徳政令**を出し，借金を取り消して売った領地を取り返させたが，効果は一時的だった。

(2) 倒幕の動き

❶ 北条氏の政治に不満をもち反発する御家人や，**悪党**と呼ばれる幕府や荘園領主に従わない武士が現れ，力を強めてきた。

❷ **後醍醐天皇**は，実権を朝廷に取り戻そうと倒幕の計画を進めたが失敗し，隠岐（島根県）に流された。

(3) 鎌倉幕府の滅亡

❶ **楠木正成**らの新しく成長した武士や悪党が後醍醐天皇の味方につき，鎌倉幕府の有力な御家人も倒幕の兵を挙げた。

重要

❷ 有力御家人の**足利尊氏**が京都の六波羅探題を攻め落とし，同じく有力御家人の**新田義貞**が鎌倉を攻めて，1333年に鎌倉幕府を滅ぼした。

思考 **分割相続で生活が苦しくなるのはなぜ？**

戦乱などで恩賞としての領地が得られれば，分割相続してもそれほど領地が減ることはない。しかし，大きな戦乱もなく，領地が増えず，分割相続が続くと，領地がどんどん小さくなり，そこから得られる収入も少なくなり，生活が苦しくなってくるのである。

史料 **永仁の徳政令（1297年）**

御家人が領地を売買したり質入れしたりすることは，生活が苦しくなるもとなので今後は禁止する。…御家人でない者が買った領地は，売買したあと20年を過ぎていても返すこと。

（一部要約）

解説 幕府が永仁年間に出したので，この徳政令を永仁の徳政令という。

南北朝の動乱と室町幕府

1 南北朝の動乱
◎ 後醍醐天皇が建武の新政を始める→足利尊氏が挙兵
◎ 南朝（吉野）と北朝（京都）が約60年にわたって対立

2 室町幕府の成立と守護大名
◎ 足利尊氏が京都に幕府を開く→足利義満のときに全盛
◎ 有力な守護大名が政治を動かす

1 南北朝の動乱

鎌倉幕府を滅ぼした後醍醐天皇は新しい政治を始めたが，2年ほどでたおれ，2つの朝廷が争う南北朝時代となった。

(1) **建武の新政**…1334年，**後醍醐天皇**は元号を建武と改め，天皇中心の新しい政治を始めた。しかし，武家政治を否定し，公家（貴族）重視の政策に武士の不満が高まった。

(2) **足利尊氏の挙兵**…1335年，**足利尊氏**が武家政治の復活を呼びかけて挙兵し，翌年に京都を占領すると，後醍醐天皇は**吉野**（奈良県）に逃れ，建武の新政は2年ほどで失敗した。

(3) 南朝と北朝の対立

❶ 京都に入った足利尊氏は新しい天皇を立て，吉野の後醍醐天皇も正統性を主張したので，朝廷は2つに分かれた。

❷ 京都の朝廷を**北朝**といい，吉野の朝廷を**南朝**といい，以後，それぞれが全国の武士に呼びかけて約60年にわたって争いが続いた（**南北朝時代**）。

2 室町幕府の成立と守護大名

1338年，**足利尊氏**は北朝の天皇から征夷大将軍に任命され，京都に幕府を開いた。以後約240年間を**室町時代**という。

KEY PERSON

足利尊氏

（1305〜1358年）

鎌倉幕府の有力な御家人だったが，鎌倉幕府をたおし，建武の新政の実現に功績をあげた。その後，後醍醐天皇を吉野に追いやり，室町幕府を開いた。

（大本山天龍寺）

史料 **二条河原の落書**

・このごろ都ではやっているものは，夜討ちや強盗，にせの天皇の命令，囚人や急を告げる早馬，たいしたこともないのに起こる騒ぎ……。
（一部要約）

解説 建武の新政の混乱した様子を批判したもの。

KEY PERSON

足利義満

（1358〜1408年）

室町幕府第3代将軍。南北朝の統一を実現させ，室町幕府の全盛期を築いた。金閣を建て，明との貿易を開始した。

（鹿苑寺蔵）

(1) 守護大名の誕生

❶守護の成長…南北朝の動乱の中で，守護は，軍事費などに
あてるために，荘園の年貢の半分を取りたてるなど，強い
権限を認められた。
→軍事・警察を担当

❷守護大名の誕生…やがて守護は，荘園を侵略するなどして
領地を広げ，国内の武士を家来として従えた。そして，国
司に代わりその国を自分の国として支配するようになっ
た。このような守護を**守護大名**と呼ぶ。

(2) 室町幕府の発展

重要 ❶1378年，第３代将軍**足利義満**は京都の室町に御所を建
てた。そこで政治が行われたことから，足利氏❶の幕府
は**室町幕府**と呼ばれる。
→「花の御所」と呼ばれた

❷南北朝の統一…1392年，足利義満のとき南北朝の統一が
実現し，幕府は全盛期を迎えた。
→むか

(3) 室町幕府のしくみ（中央）❷

重要 ❶**管領**…将軍の補佐役で，鎌倉幕府の執権にあたる役職。
有力な守護大名の３氏（細川・斯波・畠山氏）が交代で
任命された（三管領）。
→さんかんれい

❷**侍所**…御家人の統率や京都の警備にあたり，長官には4
氏の有力守護大名が交代で任命された（四職）。
→ししき

❸ほかに，鎌倉幕府と同じように政所・問注所も置かれた。

(4) 地方のしくみ…鎌倉には**鎌倉府**を置き，長官の鎌倉公方は
は足利氏の一族が受け継ぎ，関東を支配した。守護・地頭の
ほか，九州探題なども置かれた。
→たんだい

(5) 幕府の財政…幕府の直接支配地は少なかったので，京都で
金融業を営んでいた土倉や酒屋を保護し，その代わりに税を
取り立てた。また，交通の要所に関所を置いて関銭（通行
税）を取った。
→p.88

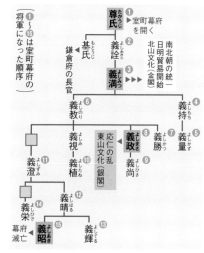

❶ 足利氏の系図

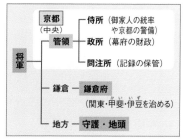

❷ 室町幕府のしくみ

テストで注意 **執権と管領**

将軍の補佐役は，鎌倉幕府は執権で，
室町幕府は管領。まちがえないようにす
る。

くわしく **鎌倉府**

鎌倉府は，尊氏の子孫が代々長官の鎌
倉公方となり，公方を補佐する関東管領
は上杉氏が世襲した。幕府と同じような
しくみをもち，その権限も大きかったこ
とから，しばしば京都の幕府と対立する
ようになった。

4 東アジアとの交流

教科書の要点

1 東アジアの情勢
◎ **倭寇**…中国・朝鮮半島沿岸で密貿易や海賊行為
◎ 中国→**明**が建国，朝鮮→**李成桂**が**朝鮮国**建国

2 日明貿易
◎ **足利義満**が開始（**勘合貿易**），朝鮮とも貿易

3 琉球と蝦夷地
◎ 15世紀初め尚氏が**琉球王国**建国，蝦夷地では交易がさかん

1 東アジアの情勢

14世紀後半，日本の南北朝の動乱期に，東アジアでは，中国で明，朝鮮半島で朝鮮国が建国された。

(1) 倭寇の活動…14世紀ごろから，西日本の武士や商人などの中から，集団で中国・朝鮮半島沿岸で密貿易や海賊行為を行う者が現れた。彼らは**倭寇 ❶**と呼ばれて恐れられた。
　　　　　　　　　　　　　└→中国・朝鮮の人々もいた

(2) 中国

❶ 1368年，漢民族がモンゴル民族の元を北方に追いやり，**明**を建国した。明は，倭寇を抑えるために外国との貿易を制限し，周辺の国々に**朝貢**による交易を求めた。
　　　　└→使者を送り貢ぎ物を差し出して忠誠を誓う

❷ 明は15世紀初めに最盛期を迎え，木綿の栽培や絹織物生産が発達し，学問では儒学の一派である陽明学がおこった。
　　　　　　　　　　　　└→知ることと行うことは一体と説いた

(3) 朝鮮…1392年，倭寇を退けるのに活躍した**李成桂**が，高麗をたおし**朝鮮国**を建国した。朝鮮では，**ハングル📖❷**という文字がつくられるなど，独自の文化が栄えた。

2 日明貿易

倭寇の活動に悩む明は，日本に倭寇の取り締まりと国交を求

❶ 室町時代の交易路

― 明・朝鮮との主な交通路
■ 倭寇が侵入した地域

用語解説　ハングル

韓国や北朝鮮で現在も使われている表音文字。15世紀に公布された。

アンニョンハセヨ
안녕하세요
（こんにちは）

❷ ハングルの一例

めてきた。足利義満はそれに応じて国交を開き，明から「日本国王」に任命されて朝貢形式の貿易を始めた。また，朝鮮とも国交を結び，貿易を始めた。

(1) 日明貿易（勘合貿易）

❶ 1404年，**足利義満**が**明**と貿易を始める。

❷ 正式な貿易船❸は，**倭寇**と区別するために，**勘合**という証明書を用いたので，日明貿易を**勘合貿易**ともいう。

(2) 輸出入品…日本からは刀剣・銅・硫黄などが輸出され，中国からは明銭・生糸・絹織物・書画などが輸入された。

(3) 朝鮮との貿易…幕府のほか，各地の守護大名や商人たちも加わり，朝鮮からは，木綿や仏教の経典などが輸入された。
→日朝貿易

（真正極楽寺）

 遣明船

暗記術 **１４０４** 意思を読み取る 明との貿易

1404年　足利義満が日明貿易を始める

思考 **日明貿易で利益が大きかったのはなぜ？**

　貿易は朝貢形式で行われたので，明での滞在費などは，すべて明が負担した。また，持っていった貢ぎ物の倍以上の返礼品が与えられたので，その利益はばく大で，幕府の重要な財源となった。

発展 **日明貿易**

　日明貿易は将軍により行われていたが，15世紀後半に幕府が衰えると，貿易の実権は，有力な守護大名の細川氏や大内氏が握るようになった。

3 琉球と蝦夷地

琉球では統一王国ができ，蝦夷地では交易がさかんだった。

(1) 琉球（沖縄県）…15世紀初め，中山王の尚氏が，山北（北山）・山南（南山）勢力を滅ぼし，沖縄本島を統一して，首里を都に**琉球王国**を建てた。琉球王国は，**中継貿易**で栄えた。
→琉球の3つの勢力のうちの1つ

(2) 蝦夷地（北海道）…**アイヌ**の人々が，樺太（サハリン）や津軽（青森県）の安藤氏などと交易を行っていた。15世紀に本州の人々（和人）が館をつくって移住してくるとしばしば衝突し，首長**コシャマイン**を中心に蜂起することもあった。

勘合って何？

　明との貿易で，倭寇と正式な貿易船とを区別するために明から与えられた証明書を，**勘合**という。日本には，明の皇帝の代がわりごとに，一号から百号までの番号がついた100通の勘合が与えられた。明に渡る貿易船は，文字の左半分がある書類を持っていき，明で右半分（原簿）と照合し，正式な貿易船であることが確認されると，北京で交易した。

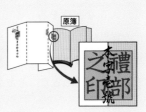

↑勘合

琉球王国はどうして
もうかったのだろう？

15世紀から16世紀にかけて，琉球王国は中継貿易で大きな利益をあげていた。琉球王国が貿易でどうして利益をあげることができたのか，考えてみよう。

押さえる 中継貿易って何？

中継貿易とは，ある国から輸入したものを別の国に輸出して利益をあげる貿易のこと。資源や特産物が少ない琉球王国は，地理的に，明，日本，朝鮮，東南アジアの国々を結ぶ地点にあることをいかし，これらの国々とさかんに貿易を行った。例えば，東南アジアから輸入したこしょうや象牙などを，明への貢ぎ物としたり，日本や朝鮮へ輸出したりして，大きな利益をあげた。

➡中継貿易のルート

考えよう 琉球王国はなぜもうかったのだろう？

明は，服属した国が明の皇帝に朝貢してきた場合だけ，貿易を認めていた。明との貿易では，貢ぎ物を持っていくと，それをはるかに上回る価値の返礼品が与えられたため，大きな利益をあげることができた。明との貿易は，国ごとに回数が制限されていたが，右の表のように，貿易の回数は琉球王国がいちばん多く，その分利益も大きくなったのだ。

主な国	朝貢回数（回）
琉球王国	171
安南（ベトナム）	89
シャム（タイ）	73
朝鮮	30
日本	19

⬆明との貿易の回数　明が琉球王国を優遇したのは，建国当時に戦いに必要な馬や硫黄を提供してくれたことへの恩返しのため，琉球王国の島々が倭寇の基地にならないように明の影響下に置くため，などの理由がある。

明が元を滅ぼすときに，琉球王国は，馬や火薬の原料である硫黄を明に提供したんだよ。

深堀り Column

アイヌの人々を苦しめた和人との交易

蝦夷地（北海道）に住むアイヌの人々は、本州の人々や北方の人々と交易を行い、生活を豊かにしていった。しかし、やがてその交易は、アイヌの人々を苦しめることになった。

1 津軽の安藤氏と交易

アイヌの人々は古くから、本州の人々や、北方の樺太（サハリン）やオホーツク海沿岸の人々と交易を行った。例えば、さけ、昆布などの海産物や、鷲の羽、アザラシの毛皮などを本州の人々に渡し、その対価として、木綿の布や米などを入手した。14世紀には、津軽半島（青森県）の十三湊の豪族、安藤氏を通じて、本州と交易を行った。

（五所川原市教育委員会）

➡空から見た十三湊遺跡　写真の上が南で下が北。津軽半島の、日本海と十三湖の間の砂州に集落があり、港町として栄えた。

2 蝦夷地南部に移り住んだ和人

15世紀になると、本州の人々が津軽海峡を渡って蝦夷地南部に移り住むようになった。彼らは和人と呼ばれ、海岸沿いにとりでと住居を兼ねた館を築き、アイヌの人々と交易を始めた。しかし、やがて和人たちは支配を強め、しだいにアイヌの人々と争うようになった。争いが100年近く続いたあと、16世紀の半ばに和解が成立したが、その後争いは続いた。

⬆蝦夷地南部にあった和人の館

15世紀の半ばに、蝦夷地南部に渡った安藤氏の一族と家臣が、12の館を整備したといわれているよ。

諸産業の発達と民衆

1 **諸産業の発達**
◎農業…**二毛作**や，牛や馬の使用が広がる
◎商業…**定期市**，**土倉・酒屋**，**座**，**問**（**問丸**），**馬借**の発達

2 **都市と村の発達**
◎都市の自治…京都では**町衆**が自治→応仁の乱後に祇園祭を復興
◎村の自治…**惣**（**惣村**）の結成→**寄合**を開く→**土一揆**を起こす

---

1 諸産業の発達

　室町時代には，社会の安定とともに，農業や手工業・鉱業・商業などの諸産業がめざましく発達した。

(1) 農業

❶農業技術の進歩で，米と麦の**二毛作**が広がった。

❷牛や馬を使用する耕作が広まり**1**，かんがい用の水車，草木を焼いた灰や牛馬のふんの堆肥などが使われるようになり，収穫高が増加した。

(2) 手工業…鍛冶屋，機織り**2**，紙すきなど専門の職人が増加し，西陣や博多の絹織物，美濃の和紙など，多くの特産物がつくられるようになった。また，手工業の原料として，麻・藍・木綿・桑・茶などの栽培がさかんになった。
→京都府　→福岡県　→岐阜県
→染料の原料となる

(3) 鉱業…輸出品にもなる硫黄や，金・銀などの採掘が進んだ。

(4) 商業

❶**定期市の発達**…定期市の開かれる回数が増え，取引には，輸入された宋銭や明銭も使われた。

❷**土倉・酒屋**が高利貸し業を営んだ。

❸商工業者は同業組合の**座**をつくった。座は，公家や寺社などに税を納めて，営業を独占するなどの特権を得た。

(ColBase)

1 田植えの様子　牛を使用している。

2 機織り　(国立国会図書館)

くわしく ― 土倉・酒屋

　室町時代の高利貸し業者で，本業は，土倉は質屋，酒屋は酒造業者。幕府に税を納める代わりに保護を受けた。この税が幕府の重要な財源になった。

(5) 運送業…商業が発達すると，物資を運ぶ問（問丸）や馬借❸の活動がさかんになった。

（石山寺）

❸ 馬借　年貢などを馬で運んだ。

② 都市と村の発達

産業がさかんになると都市も発達した。農村では，人々が荘園の枠を越えて団結するようになってきた。

(1) 都市の自治

❶ 産業の発達に伴って，港町や門前町が発達し，寄合を開いて自分たちで町の政治を行うところも出てきた。

❷ 京都では，町衆と呼ばれた裕福な商工業者によって自治が行われ，応仁の乱でとだえた祇園祭を復興させるなどした。→p.90　また，日明貿易・日朝貿易で栄えた堺や博多では，それぞれ自治が行われた。

(2) 村の自治

❶ 農村でも有力農民を中心に，惣（惣村）と呼ばれる自治組織をつくって団結するようになった。惣では有力者たちを中心に寄合を開き，村のおきてなどを定めた。

❷ 団結を強めた農民は，荘園領主や守護大名に年貢を減らす交渉を行うようになった。こうした行動は一揆と呼ばれた。1428年には，近江国の馬借を中心に，京都周辺の農民が，土倉や酒屋を襲って借金の帳消しなどを求める一揆（正長の土一揆）❹を起こした。こうした動きは，15世紀に近畿地方を中心に広がった。

| 史料 | 村のおきて |

一　知らせても，寄合に2度出席しなかった者は，50文の罰とする。

一　身元の保証人がいなければ，村に住まわせてはならない。

（一部要約）

| 用語解説 | 一揆 |

武士や農民たちが，ある目的のために一致団結して行動すること。

（学研写真資料）

正長元年ヨリサキ者カンヘ四カン目ヲ（神戸）カウニヲ井メアルヘカラス

❹ 正長の土一揆の成果を記した碑文

「神戸の4つの村では，正長元年（1428年）以前にもっていた借金はすべて帳消しにする」とある。

Column　祇園祭って，どんな祭り？

京都の夏の風物詩「祇園祭」は，1100年以上続く八坂神社の祭り。平安時代に疫病の退散を願ったことが起源とされる。応仁の乱で一時だえたが，京都の町衆により復興され，以後，住民の結びつきを強める場となっていった。祭りでは，豪華な山鉾が，町中をめぐる。

現在の祇園祭➡

（田中秀明／PPS通信社）

6 応仁の乱と戦国大名

教科書の要点

1 応仁の乱と社会の変化
- ◎ 将軍のあと継ぎ争いや守護大名の対立が原因で起こる
- ◎ 京都を中心に11年間続く→幕府の衰え
- ◎ 社会の変化…**山城の国一揆，加賀の一向一揆**など各地で一揆

2 戦国大名
- ◎ **下剋上**の風潮の中で，**戦国大名**が成長していった
- ◎ **城下町**に家来を集め，**分国法**で武士や民衆の取り締まり

1 応仁の乱と社会の変化

15世紀中ごろになると，守護大名が勢力を広げ，室町幕府の力は弱まり，将軍の統率力も衰えてきた。

重要
(1) 応仁の乱…第8代将軍**足利義政**のあと継ぎ問題に，有力守護大名の山名氏と細川氏の勢力争いが結びついて，1467年に**応仁の乱**が起こった。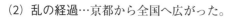

(2) 乱の経過…京都から全国へ広がった。

❶ 多くの守護大名も西軍・東軍に分かれて戦い，京都を中心に11年間続き，京都は焼け野原になってしまった。
（山名方→西軍，細川方→東軍）

❷ 京都での戦乱は終わったが，戦乱は全国に広がり，京都にいた守護大名は，領地を守るため領国に戻った。

(3) 乱の結果

❶ 将軍は権力を失い，京都を中心とする地域を支配するだけとなり，幕府も名目だけの存在となった。

重要
❷ このころから，下の身分の者が上の身分の者を実力でたおす**下剋上**の風潮が広がった。

(4) 社会の変化…一揆も激しくなってきた。

1 応仁の乱 足軽と呼ばれる雇い兵が動員され，活躍した。
（真正極楽寺）

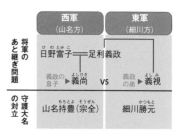

	西軍（山名方）	東軍（細川方）
将軍のあと継ぎ問題	日野富子＝足利義政 義政の息子▶義尚	義政の弟▶義視
	VS	
守護大名の対立	山名持豊（宗全）	細川勝元

2 応仁の乱開始時の対立関係

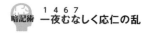

暗記術　**1467　一夜むなしく応仁の乱**

1467年　応仁の乱が起こる

❶山城国（京都府）南部では，武士と農民が，応仁の乱後も争いを続けていた守護大名を追い出し，8年にわたって自治を行った（**山城の国一揆**）。

❷加賀国（石川県）では，浄土真宗（一向宗）で結びついた武士と農民が，守護大名をたおし，<u>約100年にわたり自治を行った</u>（**加賀の一向一揆**）。
┗→「百姓のもちたる国」といわれた

2　戦国大名

下剋上の風潮が広がる中で，実力で守護大名をたおし，新しく領国を支配する戦国大名が現れた。

(1) 戦国大名の出現…守護大名の家来が実力でその地位を奪ったり，有力守護大名が幕府の支配から離れたりして，領国を統一して支配する**戦国大名**となっていった。

(2) 戦国大名の領国支配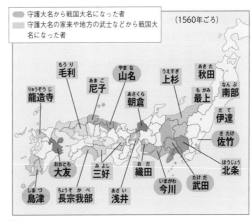

❶荘園領主の支配を認めず領国を直接支配し，領国の武士をまとめて強力な軍隊をつくった。

❷交通に便利な平地に城を築き，家来や商工業者を**城下町**に集めた。
北条氏の小田原（神奈川県）など

❸独自の**分国法**（家法）を定めて，武士や民衆の行動を厳しく取り締まった。

❹農業をさかんにして年貢を増やし，座の廃止で商工業を保護し，石見銀山など鉱山の開発を進めた。

Column　一揆には，どんな種類があるの？

土一揆…生活に苦しむ農民たちが，徳政令などを要求して起こした。

国一揆…国人（地元に勢力をもった武士）を中心に，守護大名の支配に反抗して起こした。

一向一揆…浄土真宗（一向宗）の信者らが，守護大名の支配に反抗して起こした。

凡例
● 守護大名から戦国大名になった者
○ 守護大名の家来や地方の武士などから戦国大名になった者
（1560年ごろ）

毛利　山名　上杉　秋田
尼子　　　　南部
龍造寺　朝倉　最上
　　　　　　伊達
　　　　　　佐竹
大友　三好　織田　北条
　　　　　　今川　武田
島津　長宗我部　浅井

❸ 主な戦国大名の分布

〈くわしく〉**分国法（家法）**

戦国大名が自分の領国を治めるために定めた独自の法令。家臣団の統制，農民の生活に関する規定，裁判に関することなどを主な内容としている。

史料　**分国法（家法）**

一，けんかをした者は，いかなる理由による者でも処罰する。

一，許しを得ないで他国に手紙を出してはならない。
（甲州法度之次第―武田氏）
（一部要約）

〈くわしく〉**石見銀山**

島根県にある銀山で，戦国大名の保護を得た博多（福岡県）の商人が，新しい技術によって開発を進めた。江戸時代には世界の銀の産出量の約3分の1を占め，世界の経済にも影響を与えた。現在は閉山されているが，その跡は世界文化遺産に登録されている。

7 室町時代の文化

教科書の要点

1 室町時代の文化
◎貴族と武士の文化が混じり合った文化
◎金閣，銀閣と書院造，雪舟の水墨画，能

2 文化の広がり
◎応仁の乱から逃れた貴族や僧らが，都の文化を地方へ広める
◎御伽草子，連歌，狂言，祭り，盆踊り，仏教や学問の普及

---

1 室町時代の文化

室町時代には，貴族の文化と，禅宗の影響を受けた武士の文化が混じり合った文化がおこった。

(1) 北山文化と東山文化

重要
❶北山文化…足利義満のころの**金閣**❶に代表される文化。
❷東山文化…足利義政のころの**銀閣**❷に代表される文化。

(2) 建築

重要
❶禅宗寺院の建築様式を武家の住居に取り入れた**書院造**❸が広まった。これは，現代の和風建築のもとになった。

❷枯山水の庭園…禅宗の影響を受けて，石と砂や木をたくみ

> **くわしく ▶書院造**
>
> 室町時代に発達した住宅建築の様式。床の間や違い棚をつくり，畳をしき，明かり障子やふすまを用いた。書院とは，もともとは禅宗寺院の学問所のこと。銀閣と同じ敷地にある東求堂という建物の同仁斎と呼ばれる部屋が有名。

> **くわしく ▶枯山水**
>
> 石や砂を用いて，山や水の流れなどの自然を表す庭園様式で，禅宗寺院の庭で多く用いられた。京都の龍安寺の石庭が有名である。
>
> これらの庭園には，河原者と呼ばれて差別されていた人たちの優れた技術が発揮された。足利義政に用いられ，銀閣の庭園づくりに関係した善阿弥は，「天下第一」とたたえられた。

❶金閣
(絵・実田くら)

❷銀閣
(絵・卯月)

❸書院造（東求堂同仁斎）
(絵・ゼンジ)

に配置して山や水を表現する庭園がつくられた。

(3) 絵画…墨一色で自然を表現する**水墨画**❹がさかんになり，**雪舟**が優れた作品を残した。

(4) 芸能

❶将軍足利義満の保護を受けた**観阿弥・世阿弥**父子が，猿楽や田楽をもとに**能**（能楽）❺を完成させた。

❷茶の湯や生け花が楽しまれ，花が飾られた書院などで，貴族や武士が集まって茶の品種などを当てる茶会が行われた。

❹ 秋冬山水図（雪舟画） （ColBase）

2　文化の広がり

応仁の乱の影響で都の文化が地方に広まり，また，民衆の成長とともに文化が民衆の間に広まった。
→戦乱を避けて貴族や僧が地方に下ったため

(1) 民衆の生活の変化

❶木綿が広く衣服に用いられるようになり，豆腐や油を用いる料理が多くなった。

❷正月や節分・七夕などの年中行事が行われるようになり，盆踊りなどもさかんに行われた。

(2) 民衆の文芸…和歌から生まれた**連歌**が，諸国を旅する連歌師によって広まった。また，「一寸法師」「浦島太郎」など，絵入り物語の**御伽草子**が広く読まれた。

(3) 民衆の芸能…能が各地で行われるようになり，能の合間には民衆の生活などを題材にした**狂言**が演じられた。

(4) 仏教の普及…浄土真宗（一向宗）は北陸地方などの武士や民衆に広まった。日蓮宗は商工業者の間に広まり，とくに京都の町衆などの間で信仰された。いっぽう，禅宗（臨済宗・曹洞宗）は幕府の保護を受け，とくに臨済宗の僧は幕府に重く用いられた。

(5) 学問と教育…15世紀中ごろ，上杉氏によって下野国の足利学校が再興され，多くの人材が集まり儒学を学んだ。
→栃木県

KEY PERSON

雪舟

（1420〜1506年） （常栄寺）

禅宗の僧で，水墨画の画家。明に渡って水墨画を学び，帰国後，日本風の水墨画を完成させた。代表作に「秋冬山水図」や「山水長巻」がある。

（国立歴史民俗博物館所蔵）

❺ 室町時代の能

用語解説 連歌

数人で和歌の上の句（5・7・5）と下の句（7・7）を交互に詠みつないでいく文芸。上の句は，のちに俳諧として独立した文芸になった。

見る
Column

各地につくられた小京都

現在，日本の各地には，小京都と呼ばれる都市が数多くある。応仁の乱のあと，それぞれの地方に帰った武士が京都をモデルに町づくりをしたことがその始まりだといわれている。

1 小京都って何？

　小京都とは，古い町並みを残した歴史のある小都市の総称で，現在，日本の各地に数多くある。その多くは江戸時代の城下町で，実際には京都にはあまり関係がない。しかし，**応仁の乱**のあと，実際に京都をモデルにしてつくられたものもある。その代表的なものが，**守護大名**の大内氏の領国だった，周防国山口（山口県山口市）である。ここでは京都をモデルにした町づくりが行われ，京都と同じように祇園祭も行われた。

↑周防国山口の瑠璃光寺の五重塔　足利義満と戦って死んだ大内義弘の霊をとむらうため，1442年ごろにつくられたといわれる。法隆寺（奈良県）と醍醐寺（京都府）の五重塔と並んで，日本三名塔の一つに数えられている。

2 応仁の乱のあと，なぜ小京都がつくられたのだろう？

　室町時代には，東北地方や関東地方，九州地方のような京都から遠い場合を除いて，守護大名は京都に滞在することが多かった。しかし，応仁の乱によって各地で戦乱が起こるようになると，守護大名は自国を守るために領国に帰っていった。その後，彼らは，かつて京都で親しんだ都の文化を再現しようとして，領国に小京都をつくった。また，自分の力を周囲の人々に見せつけるために小京都をつくった**戦国大名**もいた。

↑戦国時代につくられた主な小京都　都の貴族や僧たちは，領国に帰った守護大名などを頼って地方に下り，都の文化を広めた。

1 モンゴル帝国とユーラシア世界 ～ 3 南北朝の動乱と室町幕府

解答

□(1) 13世紀初め，〔　　　〕がモンゴル帝国を建設した。

□(2) モンゴル帝国の第5代皇帝〔　　　〕は，文永の役・〔　　　〕の役と，2度にわたって日本に大軍を送った。

□(3) 執権北条〔　泰時　時宗　〕は，2度の元の襲来を退けた。

□(4) 鎌倉幕府をたおした後醍醐天皇は，〔　　　〕と呼ばれる天皇中心の新しい政治を始めた。

□(5) 足利尊氏は，京都に〔　南朝　北朝　〕を立て，吉野に逃れた後醍醐天皇の〔　南朝　北朝　〕と争った。

□(6) 室町幕府で，将軍を補佐する役職は〔　　　〕である。

(1) チンギス＝ハン

(2) フビライ＝ハン，弘安

(3) 時宗

(4) 建武の新政

(5) 北朝，南朝

(6) 管領

4 東アジアとの交流 ～ 7 室町時代の文化

□(7) 第3代将軍〔　　　〕のとき，室町幕府は全盛期を迎えた。

□(8) 1404年に始まった明との貿易では，〔　　　〕と区別するために〔　　　〕という証明書が用いられた。

□(9) 現在の沖縄県では，15世紀に〔　　　〕王国が成立した。

□(10) 商工業者は〔　　　〕という同業者ごとの組合をつくって，貴族や寺社に税を納めて営業を独占した。

□(11) 農村では，有力農民を中心に〔　　　〕と呼ばれる自治組織をつくり，寄合を開いて村の〔　　　〕を定めた。

□(12) 1467年，京都で〔　　　〕が起こり，全国に広がった。

□(13) 下の身分の者が実力で上の者をたおす〔　　　〕の風潮が広がり，〔　守護　戦国　〕大名が現れた。

□(14) 足利義政の銀閣に代表される文化を〔　　　〕文化という。

□(15) 〔　　　〕は日本風の水墨画を完成させ，観阿弥・世阿弥父子は〔　能　狂言　〕を完成させた。

□(16) 〔　　　〕という建築様式は，現代の和風住宅のもとになった。

(7) 足利義満

(8) 倭寇，勘合

(9) 琉球

(10) 座

(11) 惣（惣村），おきて

(12) 応仁の乱

(13) 下剋上，戦国

(14) 東山

(15) 雪舟，能

(16) 書院造

定期テスト予想問題

時間 40分
解答 p.275

得点
/100

1節／武士のおこりと鎌倉幕府

1 鎌倉幕府のしくみの図を見て，次の各問いに答えなさい。 【4点×4，(4)は8点】

(1) 将軍と主従関係を結んだ武士は何と呼ばれましたか。
〔　　　　　　　〕

(2) 図中の　**a**　は，北条氏が代々継いだ，将軍を補佐する役職
です。この役職を何といいますか。〔　　　　　　　〕

(3) 次の①・②に当てはまる役職を，図中から選び答えなさい。
① 荘園や公領ごとに置かれ，土地の管理や年貢の取り立てにあ
たった。〔　　　　　　　〕
② 幕府の一般政務や財政などを扱った。〔　　　　　　　〕

思考(4) 図中の **b** について，六波羅探題が置かれた場所を，置かれた理由に触れ，「朝廷」という言葉を
用いて，簡単に答えなさい。〔　　　　　　　　　　　　　　　　　　　　　　　　　　〕

```
地方   将軍   鎌倉
        a

地  守  六    問   政  侍
頭  護  波    注   所  所
        羅    所
        探
        題
                    b
```

1節／武士のおこりと鎌倉幕府 ～ 2節／モンゴルの襲来と室町幕府

2 次の各文を読んで，下の各問いに答えなさい。 【4点×8，(3)は8点】

A 執権〔　　　〕は，御家人に@裁判や政治の判断の基準を示すための法律を制定した。
B 〔　　　〕天皇は，1086年にⓑ位を譲って上皇となったのちも，政治の実権を握った。
C ⓒ2度の元軍の襲来に，執権〔　　　〕は家来の武士を率いて戦った。
D 武士で初めて太政大臣となり政治の実権を握った〔　　　〕は，ⓓ中国との貿易を行った。

(1) A～Dの〔　　　〕に当てはまる人物の名前を，それぞれ答えなさい。

A〔　　　　〕 B〔　　　　〕 C〔　　　　〕 D〔　　　　〕

(2) それぞれの下線部@～ⓓについて，次の各問いに答えなさい。

@ この法律を何といいますか。〔　　　　　　　〕
ⓑ この政治を何といいますか。〔　　　　　　　〕
ⓒ このときの元の皇帝は誰ですか。〔　　　　　　　〕
ⓓ このときの中国の王朝を，次から1つ選び，記号で答えなさい。〔　　　〕
ア 唐　イ 漢　ウ 隋　エ 宋

思考(3) A～Dを年代の古い順に並べたとき，3番目になるのはどれですか。〔　　　〕

3 右の年表を見て，次の各問いに答えなさい。　　　　　　　　【4点×6】

1336年	朝廷が南北に分かれ対立する…A
1338	足利尊氏が征夷大将軍になる…B
1404	明との貿易が始まる…………C
1467	応仁の乱が起こる……………D

(1) Aについて，吉野に逃れて南朝を開いた天皇を，次から1人選び，記号で答えなさい。　〔　　　〕

　ア　天智天皇　　イ　後醍醐天皇
　ウ　持統天皇　　エ　聖武天皇

(2) Bについて，足利尊氏が開いた幕府で，将軍の補佐役として置かれた役職は何ですか。　　〔　　　　　　〕

(3) Cについて，次の問いに答えなさい。
　① 明との貿易を始めた，室町幕府の第3代将軍は誰ですか。　〔　　　　　　〕
　② 貿易で，日本の貿易船が明に持参した証明書を何といいますか。　〔　　　　　　〕

(4) Dについて，次の問いに答えなさい。
　① Dのあと，下の身分の者が実力で上の身分の者をたおす風潮が広がりました。この風潮を何といいますか。　〔　　　　　　〕
　② Dのあと，各地で戦乱が続く時代となりました。この時代に実力で領国を支配した大名を何といいますか。　〔　　　　　　〕

4 次の絵や写真を見て，下の各問いに答えなさい。　　　　　　　【4点×3】

A　　　　　　　　　　　（絵・実田くら）　　B　　　　（ピクスタ）　　C　　（絵・ゼンジ）

(1) Aの，東大寺南大門の左右に安置されている仏像を，次から1つ選び，記号で答えなさい。
　ア　釈迦三尊像　　イ　金剛力士像　　ウ　阿弥陀如来像　　エ　阿修羅像　〔　　　〕

(2) Bは，室町時代に大成され，現代まで続いている能（能楽）の一場面です。能を大成したのは，観阿弥ともう1人は誰ですか。　〔　　　　　　〕

(3) Cのような，寺院の建築様式を武家の住居に取り入れた建築様式を，何といいますか。
　　　　　　　　　　　　　　　　　　　　　　　　　　　　　　　〔　　　　　　〕

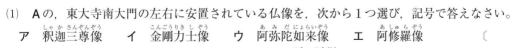

「"歴史はおもしろさを知ってから"って言っても，覚えることもたくさんあるよね……。」

「俺暗記苦手。でも，**1つ1つの用語をバラバラに覚えるより，関連づけて覚えた方が覚えやすい気がする！**」

「なるほど。」

「例えば，"足利尊氏"とか"室町幕府"とかって文字をただ覚えるんじゃなくて……。」

「うん。」

「"足利尊氏らが挙兵して鎌倉幕府をたおしたんだ"とか，"そのあと足利尊氏が室町幕府を開いたんだ"とか，流れを考えて覚えたほうが覚えやすいよな。」

「小清水くんが言ってるのは"有意味暗記"ってやつですね。意味の分からないものを覚えるよりずっと効率的な方法ですよ。」

「ちなみに雪乃は，どうやって暗記してる？」

「**覚えたいことを書いた紙を，自分がよく目にするところに貼ったりしてるよ。**自分の部屋のドアとかトイレとか。」

「それいいな。それなら自然と目に入ってきて，覚えられそう！」

「あとは**問題を解きながら覚える**とか。繰り返し解くうちに覚えられるかなと思って。」

「覚えやすい方法は人それぞれですから，自分に合う方法を探ってみるといいですよ。」

「はい！」

「それからもう一つ。どんな暗記法でも，覚えた知識は繰り返し使ったり覚え直したりすることで定着しますよ。」

「ふむふむ。」

「だから，テスト前に一度に覚えようとするんじゃなくて，ふだんから少しずつ勉強しておくことが大切ですよ。」

「た…たしかに。よし。今日から少しずつ頑張ります！」

3章

近世の日本

1 中世ヨーロッパとイスラム世界

教科書の要点

1 中世のヨーロッパ
◎ 4世紀，ローマ帝国は東西に分裂
◎ キリスト教の発展…**カトリック教会**の**ローマ教皇**が権威と権力をもつ

2 イスラム世界と十字軍
◎ **イスラム帝国**が領土拡大，**オスマン帝国**がビザンツ帝国を征服
◎ **十字軍**…イスラム勢力からの聖地**エルサレム**奪回を目指して遠征

1 中世のヨーロッパ

5世紀に西ローマ帝国が滅んでから15世紀ごろまでをヨーロッパでは中世と呼び，キリスト教が大きな影響力をもった。

(1) 東西ローマ帝国…ローマ帝国は4世紀末に東西に分裂した。**西ローマ帝国**は5世紀にゲルマン人によって滅ぼされ，**東ローマ帝国（ビザンツ帝国）**は15世紀まで続いた。
　└→ 都はコンスタンティノープル（現在のイスタンブール）

(2) キリスト教の発展
❶ キリスト教の広まりと分裂…ローマ帝国の国教であったキリスト教は，ヨーロッパ各地に広まっていった。やがてキリスト教は，ビザンツ帝国と結びついた**正教会**と，西ヨーロッパ諸国の**カトリック教会**に分かれた。
❷ ローマ教皇…**ローマ教皇（法王）**は，カトリック教会の首長として教会を通じて土地の寄進などを受けた。信仰上の権威のほか，やがて諸国の王をしのぐ政治権力ももつようになった。
　└→ 諸国の王や貴族と結んだ

(3) 中世の社会…人々の生活はキリスト教と深く結びついたものとなっていた。絵画なども，キリスト教に関するものが中心となり，人間的な個性や身体の美しさを表現することは，慎むべきとされた。

発展 ゲルマン人

古くからスカンディナビア半島やバルト海沿岸に住んでいた人々で，4世紀ごろからローマ帝国に侵入して多くの国をつくり，こうした中で西ローマ帝国は滅んでしまった。ゲルマン人の建てた国で最も発展したのがフランク王国で，のちに分裂して，現在のフランス・ドイツ・イタリアのもとになっている。

参考 ビザンツ帝国

首都の旧名ビザンティウムにちなんで，東ローマ帝国をビザンツ帝国とも呼ぶ。とくに7世紀以降，ビザンツ帝国と呼ぶ。

	イスラム教勢力の範囲
622～632年	
632～661年	
661～750年	
← ムスリム軍の進路	

1 イスラム世界の広がり

２ イスラム世界と十字軍

イスラム教徒によってアラビア半島にイスラム帝国が建国された。8世紀には，東はインド北西部から，西は北アフリカを経てイベリア半島までを支配した。**１**

(1) **イスラム帝国**

❶ 首都のバグダッドは，貿易の中心地として栄え，人口150万人を数え，国際都市としてにぎわった。
→当時の唐の長安と並ぶ国際都市

❷ アラビア半島では貿易がさかんで，ムスリム（イスラム教徒）商人が，陸上・海上交通を使って，アジアの産物をヨーロッパにもたらすとともに，各地にイスラム教を広めた。

(2) **イスラム世界の発展**…イスラム帝国は，その後いくつかの王朝に分かれ，モンゴル帝国の支配を受けることもあったが，15世紀には**オスマン帝国**がビザンツ帝国を滅ぼし，16世紀には**ムガル帝国**がインドの大部分を支配するなど，再び勢力を広げた。

(3) **イスラム文化**…ムスリム商人の商業活動で東西交流がさかんになり，さまざまな文化が取り入れられた。

❶ 自然科学…数学・科学・天文学**２**・医学などに優れ，インドの数字をもとにアラビア数字がつくられた。
→麻酔（ますい）を使った手術も行われた

❷ 文学…『千夜一夜物語（アラビアン゠ナイト）』など。

❸ 羅針盤・火薬などが中国から伝わった。
→のちにイスラム世界からヨーロッパに伝わった

(4) **十字軍の遠征３**

❶ 背景…11世紀に，イスラム勢力が聖地**エルサレム**を支配し，キリスト教徒の聖地への巡礼が妨げられた。
→キリスト教・イスラム教・ユダヤ教の聖地

❷ 経過…ローマ教皇は東方へ勢力を伸ばす目的もあり，聖地奪回を呼びかけた。ヨーロッパ諸国の王や貴族らは1096年から約200年にわたって何度も遠征を行ったが，結局失敗した。

❸ 影響…教皇の権威は衰え，大商人と手を結んだ国王が勢力を伸ばしていった。また，東西交流が進み，イスラムの学問・文化などがヨーロッパに紹介された。

２ オスマン帝国の天文台 イスラム世界では学問がさかんで，天文学では各地に天文台がつくられて天体観測が行われ，正確な方位や時刻を知ることができるようになった。

発展 十字軍

キリスト教徒の宗教的情熱と，国王の領土的欲望や商人の利益追求の欲望などが合わさって起こされた，軍事行動だった。聖地奪回には失敗したが，結果として東西交流が進んだ。

暗記術 十字組む騎士エルサレム
　　　　　10　9 6 き

1096年　十字軍の遠征が始まる

―――　第1回十字軍　1096～99年
―――　第3回十字軍　1189～92年
- - -　第7回十字軍　1270年

エルサレム

３ 十字軍の遠征

ルネサンスと宗教改革

教科書の要点

1 ルネサンス

◎14世紀，イタリアから，人間らしさを重視した文化が花開く→西ヨーロッパ諸国へ

◎レオナルド＝ダ＝ビンチの「**モナ＝リザ**」，ミケランジェロ，ガリレイ

2 宗教改革

◎ドイツで**ルター**が免罪符販売に抗議，スイスで**カルバン→プロテスタント**

◎カトリック教会は**イエズス会**中心に改革→アジアなどへ布教

---

1 ルネサンス

　アジアとの貿易で栄えたイタリアの諸都市では，古代ギリシャ・ローマの文化が見直され，教会の教えにとらわれない，人間らしい自由な生き方を求める動きが高まっていた。

(1) ヨーロッパの様子…14世紀，ペスト（黒死病）が大流行し，人々は命や生きることの意味を考えるようになった。

(2) **ルネサンス**（**文芸復興**）の始まり

> ❶古代ギリシャ・ローマの文化を理想にして，人間らしさを重視する自由な文化がおこった。
>
> ❷14世紀にイタリアの諸都市からおこった。

発展　ペスト（黒死病）

　14世紀，ヨーロッパでペストという感染症が大流行した。イギリス・フランスでは人口の半分近くが死亡し，西ヨーロッパの人口は約3分の2に減少したといわれる。人口の減った都市に，ほかの都市から人が流れ込むようになって，これまでのキリスト教の教えに基づく常識などがゆらいでいった。

（ルーヴル美術館所蔵）

（学研写真資料）

（ウフィツィ美術館所蔵）

❶ルネサンス期の美術　左から，「モナ＝リザ」（レオナルド＝ダ＝ビンチ），「ダビデ」（ミケランジェロ），「春」（ボッティチェリ）

(3) ルネサンスの芸術・学問

❶美術…**レオナルド＝ダ＝ビンチ**の「**モナ＝リザ**」，ミケランジェロの「ダビデ」「最後の審判」，ボッティチェリの「春」など**■**。

❷科学…教会の教えにしばられない実験と観察による科学が発達し，**コペルニクス**が**地動説**を唱え，やがて**ガリレイ**が
→キリスト教では天動説を説いていた
地動説が正しいことを証明した。

❸技術…羅針盤や火薬が改良され実用化された。
　　　らしんばん
→中国から伝えられていた

(4) ルネサンスの広がり…ルネサンスは，16世紀にかけて西ヨーロッパ諸国に広がっていった。

❷ 免罪符の販売

2　宗教改革

ローマ教皇が，大聖堂建築の資金集めに**免罪符❷**を販売する
　　　きょうこう　　　　　　　　　　　　　　　　　　めんざいふ　　　はんばい
→これを買えばすべての罪が許されると宣伝した
と，教会の腐敗に人々の批判が高まり，改革運動が始まった。

(1) 宗教改革

> ⚠️重要
> ❶1517年，**ルター**が免罪符の販売に抗議し，「信仰のより
> 　　　　　　　　　　　　　　　　　こうぎ　　　　　しんこう
> どころは聖書だけ」として，ドイツで**宗教改革**を始めた。

❷スイスでは，**カルバン**が「神から与えられた職業には
　　　　　　　　　　　　　　　　　あた
げむべき」と宗教改革を始め，勤労と蓄財をすすめ
　　　　　　　　　　　　　　　　　　　　　ちくざい
た。　　　　　　　　　　　→商工業者の間で広く受け入れられた

(2) 宗教改革の結果…宗教改革で生まれた新しい教えを受け入れた人々は**プロテスタント**と呼ばれ，これまで
→「抗議する者」の意味
のカトリック教会と対立するようになった**❸**。
　　　　　　　　　→政治の動きと結びついて宗教戦争も起こった

(3) カトリックの改革…カトリックの側でも，形式的な信
　　　　こう　　　　　　　　　　　　　　　　　　　　　　しん
仰を反省し改革の動きが出てきた。その中心となったの
が**イエズス会**で，フランシスコ＝ザビエルら宣教師を
　　　　　　　　　　　　　　　　　　　　せんきょうし
アジアやアメリカ大陸へ送り，海外での布教を行った。

(4) 近世への始動…宗教改革は，ルネサンスや大航海時代
　　　　　　　　　　　　　　　　　　　　　　　だいこうかい
の始まりとともに，中世から近世への入り口となった。　→p.104

KEY PERSON

ルター

(1483～1546年)

ドイツ人。ローマ教皇の免罪符の販売に抗議して，1517年，95か条の意見書を発表した。その中で，ローマ教皇や教会の権威を否定し，「信仰のよりどころは聖書である」として宗教改革を始めた。

新教(プロテスタント)	カトリック
ギリシャ正教	その他の宗教

❸ 16世紀の宗教分布

3 ヨーロッパの世界進出

教科書の要点

1 大航海時代
- ◎ アジアの産物…**香辛料**，絹織物などを求める
- ◎ 新航路の開拓…**コロンブス，バスコ＝ダ＝ガマ，マゼラン**

2 ヨーロッパ諸国の海外進出
- ◎ スペインとポルトガル…アメリカ大陸を植民地化
- ◎ オランダ…スペインから独立→東インド会社設立

1 大航海時代

ヨーロッパの人々は，ムスリム（イスラム教徒）商人などを通さずに，直接アジアの産物を手に入れようと，新しい航路の開拓を進めた。この時代を**大航海時代**という。

(1) アジアの産物への要求■…ヨーロッパでは，**香辛料**や絹織物などへの要求が高まり，海路をとって直接アジアへ行こうとする動きが強まった。その先がけとなったのは，ポルトガルとスペインで，アジアの産物を手に入れるほか，キリスト教の布教も目的だった。
　　　　　　　　　　　　　　　　　↑両国ともにカトリックの国

(2) 技術の進歩…羅針盤の改良や大型船の建造，さらに海図の制作などで，安全な航海が可能になっていた。

(3) 新航路の開拓■

> **重要**
>
> ❶**コロンブス**…スペインの援助を受け，1492年，大西洋を西に進み，カリブ海の**西インド諸島**に到達した■。
> ❷**バスコ＝ダ＝ガマ**…ポルトガル国王の命令で，1498年，アフリカ南端の喜望峰を回ってインドに到達し，ヨーロッパからインドへ行く航路を開拓した。
> ❸**マゼラン**の船隊…スペインの援助で，1519～1522年，
> └→マゼラン自身は，フィリピンで先住民との戦いで戦死した
> 世界一周を達成した。

■ アジアの産物の動き（大航海時代より前）
多くの商人を通したため，高価で手に入れにくかった。

くわしく　西インド諸島をインドと思っていたコロンブス

コロンブスは，約2か月間の航海で，アメリカ大陸の近くに位置するサンサルバドル島に到達した。コロンブスは，ここをインドだと思い込み，死ぬまでインドだと信じていた。付近の島々を現在も西インド諸島と呼ぶのは，このことに由来する。

コロンブス

テストで注意　新航路の開拓

それぞれの航路と開拓者の名前を，地図上で確認しておこう。

2 新航路の開拓

図中のラベル: スペインとその植民地 / ポルトガルとその植民地 / スペイン勢力圏 / ポルトガル勢力圏 / ポルトガル勢力圏 / スペイン勢力圏 / ポルトガル / スペイン / インド / 日本 / コロンブス（1492～93年）西インド諸島に到達 / リスボン / パロス / バスコ＝ダ＝ガマ（1497～98年）インド航路開拓 / 西インド諸島 / 太平洋 / 大西洋 / インド洋 / 喜望峰 / マゼランの船隊（1519～22年）世界一周

3 西インド諸島の島に上陸するコロンブス

（Bridgeman Images／PPS通信社）

発展 アメリカ大陸で栄えた独自の文明

6世紀ごろから，中央アメリカのメキシコ高原を中心にマヤ文明が栄え，14〜16世紀には，それを受け継いだアステカ王国が繁栄していた。いっぽう南アメリカのペルー高原では，マチュピチュ遺跡（下の写真）にみられるように，高度な文明をもったインカ帝国が繁栄していた。しかし，両文明とも，16世紀前半にスペイン人が侵入してきて，武力で滅ぼされた。

4 インカ帝国のマチュピチュ遺跡（ペルー）

（学研写真資料）

2 ヨーロッパ諸国の海外進出

ポルトガル・スペインに続き，イギリス・オランダも海外へ進出していった。

(1) ポルトガル…ゴア（インド），マラッカ（マレー半島），マカオ（中国）を拠点にして，アジア貿易を独占した。

(2) スペイン…アメリカ大陸に進出して，アステカ王国や**インカ帝国4**を滅ぼした。やがてマニラ（→フィリピン）を拠点にアジア貿易に進出し，ポルトガルの植民地までも手に入れて，「日（太陽）のしずむことのない帝国」といわれた。

(3) アメリカ大陸…ヨーロッパの**植民地**とされ，先住民を使って銀の採掘やさとうきびの栽培（→原料の供給地などにさせられた地域）が行われた。

(4) **大西洋の三角貿易5**…ヨーロッパ人はアフリカから金や象牙を輸入し，ヨーロッパからは武器などをアフリカに輸出した。また，アフリカからアメリカ大陸に奴隷を送り，アメリカ大陸からはヨーロッパに銀や砂糖を送った。

(5) イギリス…1588年にスペインの無敵艦隊を破って海上権を握り，**東インド会社**を設立してアジアに進出した。

(6) オランダ…16世紀末にスペインから独立し，17世紀には**東インド会社**を設立してアジアへ進出した。貿易で富を得て，やがてヨーロッパの商業・金融の中心地として栄えた。

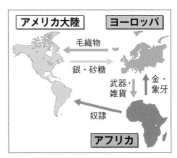

図中のラベル: アメリカ大陸 / ヨーロッパ / アフリカ / 毛織物 / 銀・砂糖 / 武器・雑貨 / 金・象牙 / 奴隷

5 大西洋の三角貿易

4 ヨーロッパ人の来航

4 ヨーロッパ人の来航

教科書の要点

1 鉄砲の伝来　◎1543年，ポルトガル人が**種子島**に漂着して**鉄砲**を伝える

2 キリスト教の伝来　◎1549年，**ザビエル**が鹿児島に上陸して**キリスト教**を伝える
　◎**キリシタン大名**の出現→少年使節をローマ教皇のもとに派遣

3 南蛮貿易　◎ポルトガル人・スペイン人との貿易→長崎や平戸で行う

1 鉄砲の伝来

新航路の開拓によって海外に進出するようになったヨーロッパ人は，16世紀には日本にもやってきた。

(1) 鉄砲の伝来 **1**

> **重要**
> ◇1543年，ポルトガル人を乗せた中国船が**種子島**（鹿児島県）に流れ着き，日本に初めて**鉄砲**を伝えた。
> └→日本に来た最初のヨーロッパ人

(2) 鉄砲の製造…鉄砲は戦国大名に注目され，堺や国友などの刀鍛冶によってつくられるようになり **2**，急速に広まった。
　　　　　　　　　　　　　　　└大阪府　　└滋賀県

(3) 影響…鉄砲の活用で戦い方や城のつくり方が変化し，全国統一の動きが加速した。

（種子島時邦所有）

1 鉄砲（火縄銃） 弾丸を銃の先から棒で押し込める先込め式の火縄銃で，熟練した者でも，25秒ほどで一発撃つのが限度だったと言われる。

参考 わずか1年で国産化

種子島に鉄砲が伝えられると，島主の種子島時尭は2挺の鉄砲を買い求め，家臣に使用法と製造法を学ばせ，翌年には鉄砲をつくることに成功した。こうして，鉄砲は種子島から国内に広まった。

2 キリスト教の伝来

カトリック教会は，勢力回復のため活発に海外布教を行った。

(1) キリスト教の伝来 **3**

> **重要**
> ❶1549年，<u>イエズス会</u>の**宣教師フランシスコ＝ザビエル**が鹿児島に来て，**キリスト教**を伝えた。
> 　　　　└→p.103

（国立国会図書館）

2 堺の鉄砲鍛冶

❷その後，多くの宣教師が来日し，西日本各地で大名の保護を受けて布教した。

❸キリスト教の宣教師は布教するだけでなく，学校，病院，孤児院（こじいん）を建設するなど，慈善事業も行った。

(2) キリシタン大名の出現…戦国大名の中には，貿易の利益のためキリスト教を保護し，自らキリスト教徒（キリシタン）になる者も現れた。これを**キリシタン大名**と呼ぶ。

(3) 少年使節の派遣…1582年，九州の大友宗麟（おおともそうりん）（義鎮（よししげ））ら3人のキリシタン大名が，宣教師のすすめで4人の少年をローマ教皇（きょうこう）のもとへ派遣した（**天正遣欧使節**（てんしょうけんおう））。ヨーロッパで歓迎（かんげい）された少年たちは，1590年に帰国したが，そのときには豊臣（とよとみ）秀吉（ひでよし）によってキリスト教の布教は禁止されていた（→p.109）。
ほかに大村純忠（おおむらすみただ）・有馬晴信（ありまはるのぶ）←

③ 鉄砲とキリスト教の伝来地

（地図内）
山口　広島　岡山　京都
平戸　　　大友宗麟　　高山右近
長崎　大村純忠　　　堺
有馬晴信　小西行長
鹿児島
キリスト教の伝来（1549年）
種子島
鉄砲の伝来（1543年）

―― ザビエルの伝道路
● 教会堂所在地
人名 主なキリシタン大名

KEY PERSON

フランシスコ＝ザビエル

（1506～1552年）

　スペイン人宣教師。宗教改革ののちにロヨラらとイエズス会を結成し，カトリック教会の勢力回復のため，インド・東南アジアなどで布教した。1549年には日本にキリスト教を伝え，約2年間日本にとどまり，西日本を中心に布教に努めた。

暗記術　**以後よく広まるキリスト教**
1 5 4 9

1549年　キリスト教が日本に伝わる

3　南蛮貿易（なんばん）

ポルトガル人やスペイン人が日本に来航して，貿易がさかんに行われ，ヨーロッパの文化も入ってくるようになった。

(1) 貿易の開始

❶当時の日本ではポルトガル人やスペイン人を**南蛮人**と呼んでおり，南蛮人との貿易を**南蛮貿易**❹といった。

❷貿易はキリスト教の布教と結びついており，長崎や平戸（ひらど）など，布教が許された港で行われた。
長崎県

(2) 貿易品

❶輸入品…中国の生糸（きいと）や絹織物，東南アジアの香辛料（こうしん）（りょう），ヨーロッパの鉄砲や火薬，ガラス製品，時計，毛織物など。

❷輸出品…大量の銀のほか，刀剣（とうけん），漆器（しっき）など。

(3) 貿易とともに，パン，カステラ，カルタなども伝わった。これらの品物は，ポルトガル語がそのまま日本語となって現在まで伝えられている。

④ 南蛮船と南蛮人

5 織田信長・豊臣秀吉の全国統一

教科書の要点

1 織田信長の統一事業
◎ 桶狭間の戦い→室町幕府を滅ぼす→長篠の戦い→安土城を築城
◎ 楽市・楽座の実施，関所の廃止，キリスト教の保護

2 豊臣秀吉の全国統一
◎ 信長の後継者となり，**大阪城**を本拠地に**全国統一**を達成
◎ キリスト教宣教師を国外追放→南蛮貿易は奨励し，信者は増加

1 織田信長の統一事業

戦国大名の中で，全国統一を目指して最初に京都に入ったのは，尾張の小さな戦国大名であった織田信長だった。
→愛知県

(1) **織田信長**の全国統一への歩み **1**

❶ 1560年，駿河の**今川義元**を**桶狭間の戦い**で破った。
→静岡県　→愛知県

❷ 1568年，京都に入り，足利義昭を第15代将軍にした。
あしかがよしあき　→室町幕府の

❸ 1573年，足利義昭を追放し，**室町幕府**を滅ぼした。
むろまちばくふ　ほろ

❹ 1575年，**長篠の戦い2**で大量の**鉄砲**を有効に使い，甲
ながしの　　　　　　　　てっぽう　　　　　　山梨県←
斐の武田勝頼を破った。
い　たけだかつより→愛知県

❺ 1576年から，**安土城**を築き，統一の本拠地とした。
あづちじょう　　　　　　　　ほんきょち　→滋賀県

❻ 1582年，家臣の**明智光秀**にそむかれ，京都の本能寺で自
かしん　あけちみつひで　　　　　　　　　ほんのうじ
害した（**本能寺の変**）。

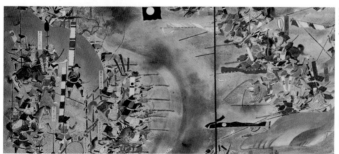

（徳川美術館所蔵 ©徳川美術館イメージアーカイブ／DNPartcom）

2 長篠の戦い　織田信長と徳川家康の連合軍（左側）が，鉄砲を有効に使って，当時最強といわれた武田勝頼の軍（右側）と戦った。

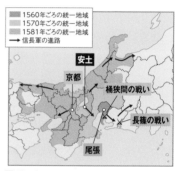

1560年ごろの統一地域
1570年ごろの統一地域
1581年ごろの統一地域
→ 信長軍の進路

安土
京都
桶狭間の戦い
長篠の戦い
尾張

1 織田信長の支配の広がり

KEY PERSON

織田信長
（1534〜1582年）
（長興寺）

尾張（愛知県）の戦国大名。1573年に室町幕府を滅ぼした。琵琶湖のほとりに安土城を築き，楽市・楽座などの政策を実施し，全国統一事業を進めたが，1582年に本能寺の変で，家臣の明智光秀にそむかれて自害した。

(2) 織田信長の政策

重要 ❶**楽市・楽座**…商工業をさかんにするため安土の城下で，市場の税を免除し，座の特権を廃止した。

❷**関所の廃止**…関所を廃止し，人や物資の往来を自由にした。
→通行料をとり往来の妨げとなっていた

❸**仏教の弾圧**…信長に敵対した比叡山延暦寺を焼き討ちしたほか，各地の一向一揆と戦い，一向宗の中心であった石山本願寺を降伏させた。いっぽうキリスト教は保護した。
→大阪にあり，この跡に大阪城が建てられた

2 豊臣秀吉の全国統一

本能寺の変の直後，豊臣秀吉は山崎の戦いで明智光秀をたおし，信長の後継者となった。信長と秀吉の時代を，**安土桃山時代**という。
→京都府

(1) **豊臣秀吉**の全国統一

重要 ❶1583年，**大阪城❸**を築いて，全国統一の本拠地とした。
❷1587年，薩摩の島津氏を降伏させた。
→鹿児島県
❸1590年，関東（小田原）の北条氏を滅ぼし，東北地方の大名を従わせ，**全国統一**が達成された。
→神奈川県

(2) 豊臣秀吉の政策…秀吉は朝廷から，全国統一前の1585年に関白，翌年には太政大臣に任命され，豊臣の姓を与えられた。こうして，天皇の権威を後ろ盾にして政策を進めていった。

(3) 直接支配地…秀吉は約200万石の領地のほか，京都・大阪・堺などの都市や佐渡金山・石見銀山などを直接支配し，天正大判など統一的な金貨を発行した。

(4) キリスト教政策…秀吉はキリスト教を保護していたが，長崎が教会に寄進されていることを知ると，1587年に**バテレン追放令**を出して宣教師の国外退去と布教禁止を命じた。しかし，南蛮貿易は禁止されなかったので，追放令は不徹底だった。

参考 天下布武

信長は，1567年に美濃（岐阜県）を支配してから，文書に「天下布武」と彫られた印章を用いて，武力で全国を統一する意思を明らかにした。

（浄厳院）

史料 楽市令（1577年）

安土城下の町中に対する定め

一 この町を楽市としたので，座は廃止し，さまざまな税は免除する。

一 街道を行き来する商人は，必ず安土に宿泊すること。

一 けんかや口論，押し売りなどはいっさい禁止する。　（一部要約）

（大阪城天守閣）

❸ 大阪城

KEY PERSON

豊臣秀吉

（1537〜1598年）
（高台寺）

信長の家臣。信長の死後，その後継者争いに勝利し，全国統一を達成した。検地（太閤検地）や刀狩（→p.110）を行い，支配のしくみを固めていった。

兵農分離と朝鮮侵略

1 検地（太閤検地）
◎目的…土地と百姓を支配し，確実に年貢を徴収する
◎百姓→**石高**に応じて**年貢**納入，武士→石高に応じて**軍役**

2 刀狩
◎百姓たちから武器没収→耕作に専念させる→**兵農分離**

3 朝鮮侵略
◎**文禄の役・慶長の役**で**朝鮮侵略**→豊臣政権の没落が早まる

1 検地（太閤検地）

織田信長の後継者となった豊臣秀吉は，全国統一を進め，検地と刀狩で近世社会のしくみを整えていった。

（1）検地（太閤検地）**1**
→秀吉のこと。関白の位を退いた人をいう

> **❶目的**…豊臣秀吉は，土地と百姓を支配し，確実に年貢を徴収するために，**太閤検地**を始めた。

❷内容…ものさしやます**2**を統一し，田畑の面積や土地のよしあしを調べて，予想される収穫高を**石高**で表した。
→1石は約150kg

（2）検地の結果

❶全国の土地の生産量が，石高という統一基準で表されるようになった。

❷実際の耕作者が**検地帳**に登録され，百姓は土地を耕作する
農業を中心に，漁業・林業などで生活する人々（→p.120）→
権利を認められたが，石高に応じた**年貢**を納める義務を負い，土地を離れられなくなった。いっぽう，武士は与えられた領地の石高に応じて，**軍役**を果たすことになった。
→戦いに備え人馬や武器を確保しておくなどの軍事的義務

❸公家や寺社などの荘園領主は，これまでもっていた土地の権利を失い，荘園の制度が完全になくなった。

（玄福寺）

1 検地の様子 この絵は江戸時代の検地の様子を描いたもの。

> **史料　太閤検地の通知**
>
> 一、もし，検地に従わない者がいれば，城主でも百姓でもすべて切り捨てよ。たとえ，土地を耕す者がいなくなってもかまわないから徹して行え。山の奥地などどこへでも，念を入れて実施することが大切である。
> （一部要約）

（法隆寺）

2 検地に使われた京ます ます1杯が1升となり，100升で1石となる。

2 刀　狩

　豊臣秀吉は，百姓らが武士に対して反抗できないようにするために，百姓たちの持つ武器を取り上げた。

(1) 刀狩

❶ 1588年，豊臣秀吉は**刀狩令**を出して，百姓や寺院などから，刀・弓・やり・鉄砲などの武器を取り上げた。

❷ 目的…一揆を防ぎ，百姓を田畑の耕作に専念させるため。

(2) 結果…検地と刀狩で，**兵農分離**（武士と百姓の身分の区別）が進み，日本の近世社会の身分制度の基礎が固まった。

3 朝鮮侵略

　秀吉は，貿易を積極的に行ういっぽうで，全国統一後，さらに領土を広げるため，明などを征服しようと考えた。

(1) **秀吉の対外政策**…貿易の利益に着目した秀吉は，倭寇を取り締まり，有力商人に東南アジアとの貿易を積極的に行わせた。いっぽう，高山国（台湾）やルソン（フィリピン）などに服属を求めたが，成功しなかった。

(2) **朝鮮侵略❸**…明を征服しようと朝鮮に協力を求めたが断られたため，2度にわたり大軍を送った。

　❶ **文禄の役**…1592年，肥前の名護屋城を拠点に出兵した。（→佐賀県）しかし，明の援軍や朝鮮の民衆の**義兵**による抵抗，さらに**李舜臣**の率いる水軍❹の活躍などにあい，一部を残し引き揚げた。

　❷ **慶長の役**…明との講和は成功せず，1597年，再び朝鮮へ兵を送ったが，秀吉の死もあって全軍が引き揚げた。

　❸ **朝鮮侵略の影響**…7年におよぶ戦いで朝鮮の国土は荒れ果て，日本でも人々の負担が大きく，大名どうしの不和も表面化して，豊臣政権の没落を早めることとなった。

史料　刀狩令

一，諸国の百姓たちが，刀・脇差・弓・槍・鉄砲その他の武具類を持つことを固く禁止する。そのわけは，不必要な道具を蓄えていると，年貢を出ししぶり，自然と一揆をくわだて，年貢徴収の武士に対してよくないはたらきをするからである。

一，取り上げた刀や脇差などは，今度建立する大仏のくぎやかすがいにする。　　　（一部要約）

テストで注意　検地・刀狩と兵農分離

　検地と刀狩によって社会がどのように変化したかが，文章記述などで問われる。

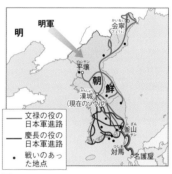

❸ 朝鮮侵略（日本軍）の進路

（Alamy／PPS通信社）

❹ 朝鮮水軍の亀甲船　甲板は鉄板で覆われていた。

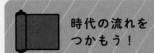

歴史年表

時代の流れを
つかもう！

歴史の流れをつかむために，年表が使われる。ここでは，時代の分け方や表し方を知り，歴史学習のための基礎知識を身につけよう。

①年表の見方を覚えよう　年表は主に西暦，世紀，時代で区分される。

西暦 イエス＝キリストが生まれたとされる年を基準とする考え方。キリスト誕生前の年は「紀元前○年」といい，誕生後の年は「紀元○年」と表す。普通は紀元は略してただ「○年」という（キリストの誕生は，実際は紀元前4年ごろとされている）。

世紀 西暦の100年ごとに区切る表し方。1〜100年を「（紀元）1世紀」，101〜200年を「2世紀」と表す。この場合も，キリスト誕生前は「紀元前○世紀」と「前」をつける。

西暦		100 200 300	400	500	600	700	800	900	1000	1100	1200	1300	1400
世紀	前後 2 1 1 2 3	4	5	6	7	8	9	10	11	12	13	14
時代	縄文　弥生　古墳	飛鳥	奈良		平安				鎌倉
	原始時代			古代					
主なことがら	狩り・漁・採集の暮らし	稲作が広まる	大和政権成立	聖徳太子が摂政になる	平城京に都を移す	平安京に都を移す	摂関政治全盛	鎌倉幕府成立	鎌倉幕府滅亡	室町幕府成立

時代の分け方

①**社会のしくみ**　原始・古代・中世など。社会のしくみがほぼ同じであった時期を一つの時代として分けた。ヨーロッパで始まり，それを日本に当てはめた。

②**政治の中心地**　奈良時代・平安時代など。当時の政治の中心地がどこであったかで分けた。

③**元号（年号）**　明治以降，明治時代・大正時代・昭和時代・平成時代は，元号（年号）で分けている。

出土した土器や遺跡などで，なぜ年代がわかるのだろう。現在，考古学において用いられている主な科学的測定法をみてみよう。

◎炭素14年代法

炭素14年代法は，遺跡などから見つかった遺物の中に含まれる炭素14の量をもとに，年代を測定する方法。

動物や植物など生物は，生きている間，炭素を摂取し放出（代謝）しながら，常に炭素14をもっている。死後，炭素14の濃度は一定の割合で減少していき5730年で半分に減ることがわかっている。この性質を利用して，生物炭素の割合を調べると，死後（代謝が停止してから）どれだけの時間が経ったのかがわかる。

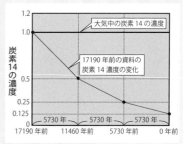
↑炭素14の濃度の変化

弥生時代の始まりは？

弥生時代の始まりは，紀元前4世紀ごろとされている。しかし，2003年，弥生時代早期から前期にかけての土器に付着している炭化物を炭素14年代法で調べ直した結果，弥生時代が始まった時期が紀元前10世紀であるという研究結果が発表された。これにより，弥生時代の始まりが500年以上早まる可能性が出てきている。

◎年輪年代法

年輪年代法は，年輪の変動をもとに，遺跡などから見つかった樹木や木製品の年代を測定する方法。

樹木の年輪幅は，気候条件によって変動するため，年代によって異なる。そのため，同じ生育環境で育った同一種の樹木の年輪の幅は同じになる。そこで，遺跡から出土した木材の年輪変動パターンと，それぞれの年代の年輪変動パターンを照らし合わせれば，木材が育った年代を知ることができる。

↑法隆寺五重塔心柱の断面
（京都大学 生存圏研究所 材鑑調査室）

法隆寺の再建説と非再建説

607年創建とされ，世界最古の木造建築とされる「法隆寺」は，『日本書紀』に記述されている670年の火災以降に再建されたという再建説と，再建されていないという非再建説で長年議論が交わされてきた。

1939年，火災にあったとみられる若草伽藍が見つかり，再建説が定着しつつあったが，2001年，五重塔の心柱が年輪年代法により，594年に伐採されたものであることがわかった。しかし，その後，金堂や中門から670年の焼失後に伐採された木材も多く確認され，この結果，五重塔の心柱がとくに古い木材であるなどの疑問は残るが，再建説が有力となった。

7 桃山文化

教科書の要点

1 桃山文化

◎特色…大名や大商人の権力と富を背景にした豪華で壮大な文化

◎壮大な天守→**大阪城**，**姫路城**，華やかな絵→**狩野永徳**

◎茶の湯→**千利休**，芸能→**かぶき踊り**，浄瑠璃

2 南蛮文化

◎南蛮貿易でヨーロッパの文化がもたらされる→**南蛮文化**

◎天文学，医学，活版印刷術，ヨーロッパ風の風俗

---

1 桃山文化

　全国統一が進められた安土桃山時代には，仏教の影響が薄れ，権力と富を背景に新しい文化が育った。

(1) 桃山文化

> **重要** ◇特色…新興の大名や大商人の権力と富を背景にした，豪華で壮大な文化が栄えた。

(2) 壮大な城…**安土城**，**大阪城**，**姫路城**■などの城には，高くそびえる天守と巨大な石垣が築かれ，権力者の権力と富が示された。城内の書院造は，いっそう豪華になった。

思考 どうして桃山文化というの?

　豊臣秀吉が，現在の京都市伏見区に伏見城を建てた。のちにその城跡の一帯が桃山と呼ばれるようになったことから，この時期の文化を桃山文化という。

くわしく 城づくりの移り変わり

　戦国時代には攻められにくい山城が多かったが，鉄砲の伝来とともに，平地に移って邸宅を兼ねたものとなった。また，領国支配の本拠地や領主の権威を示すものとして，天守をもつ壮大なつくりになっていった。

1 姫路城（兵庫県） （ピクスタ）

2 唐獅子図屏風（狩野永徳画） （宮内庁三の丸尚蔵館）

(3) 豪華な絵画・彫刻

> ⚠ 重要
> ❶城内のふすまや屏風に，**狩野永徳**の「**唐獅子図屏風❷**」のように，金箔を使った豪華な絵（濃絵）が描かれた。

❷欄間彫刻…ふすまなどの上にある欄間には，透かし彫りなどの彫刻がほどこされた。

(4) 茶の湯

> ⚠ 重要
> ◇室町時代から大名や豪商の間で流行していた**茶の湯**を，**千利休**が**わび茶**と呼ばれる芸能として完成させた。
> 　　　→静かな茶室で茶を楽しむ

(5) 芸能…**出雲の阿国**によって**かぶき踊り❸**が始められ，人気
　　　→島根県
を集めた。また三味線❹を伴奏に語る浄瑠璃が始められ，恋
　　　→琉球（りゅうきゅう）の三線（さんしん）がもとになった
愛を題材にした小唄などがもてはやされた。

(6) 工芸…朝鮮から新しい製陶技術が伝えられ，有田焼・薩摩
　　　→朝鮮侵略で連れ帰った陶工たちによる
焼・萩焼などがつくられた。

2 南蛮文化

　南蛮貿易がさかんになると，ヨーロッパの学問・技術・品物
　→p.107
などが日本にもたらされるようになった。このような文化を
南蛮文化という。

(1) 新しい学問の伝来…キリスト教の宣教師たちによって，天
文学や医学，航海術などの新しい学問や技術が伝えられた。

(2) 絵画…南蛮人の風俗や南蛮船入港の様子を描いた**南蛮屏風**
のほか，ヨーロッパ風の絵画，宗教画などが描かれた。

(3) 印刷…活版印刷術が伝えられ，聖書などキリスト教の布教
に必要な書物のほか，『平家物語』などが，ローマ字で印刷
された。これらの出版物をキリシタン版という。

(4) 生活…商人が伝えたヨーロッパの日常生活品が生活にとけ
　　　　　　　　　　　パン・カルタなどポルトガル語が日本語になったものも多い←
こんでいき，ヨーロッパ風の衣服を身につけることが流行し
た。

> **KEY PERSON**
> （堺市博物館）
> **千利休**
> （1522～1591年）
> 　堺（大阪府）の大商人の家に生まれ，織田信長・豊臣秀吉に仕え，わび茶の作法を完成させた。のちに，秀吉の怒りにふれて切腹させられた。

❸ かぶき踊り　（京都大学附属図書館）

❹ 三味線　（彦根城博物館所蔵　画像提供：彦根城博物館 / DNPartcom）

> くわしく　**有田焼と李参平**
> 　　　　　　　　イ チャムピョン
> 　現在，日本の代表的な陶磁器である有田焼は，朝鮮侵略のときに連れてこられた陶工の李参平らが始めたものである。佐賀県有田町には，李参平をたたえる碑が建てられている。

（学研写真資料）

115

考える
Column

織田信長はどうして安土に城を築いたのだろう？

長篠の戦いの翌年から，織田信長は全国統一の本拠地として，琵琶湖のほとりに安土城を築き始めた。信長がどうして安土に城を築いたのか，考えてみよう。

押さえる 琵琶湖のほとりに築かれた安土城

安土城は，標高199mの安土山全体を城にしたもので，1576年に築城を開始し，3年後の1579年に完成。山頂には信長が住む天守や信長の家族が住む屋敷，山の中腹には家臣の屋敷がつくられた。また，周辺には城下町がつくられ，市場を**楽市・楽座**とした。そのため，城下町には全国から人が集まり，大変にぎわったという。安土城は，信長の全国統一の本拠地となったが，1582年，本能寺の変の直後に焼け落ちた。

（『安土城図』 大阪城天守閣蔵）

⬆安土城 当時は三方を湖に囲まれていた。現在の安土山の周囲は，埋め立てられ，陸地になっている。

考えよう どうして安土に城を築いたのだろう？

安土は，信長がそれまで住んでいた岐阜城よりも京都に近く，北陸地方や京都への交通の要所であり，琵琶湖で船を使えば移動が速い場所だった。当時信長は，大阪の石山本願寺や，越前（福井県）や加賀（石川県）の一向一揆とそれぞれ対立していたため，安土を押さえることで彼らが結びつくのを阻止し，さらに，越後（新潟県）の上杉謙信の進出を封じようとし，安土に城を築いたのだと考えられている。

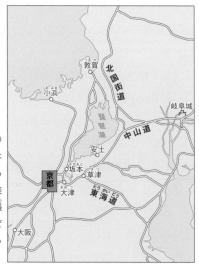

➡安土周辺の交通の様子 北国街道は北陸地方へつながる街道で，中山道は美濃（岐阜県）や尾張（愛知県），京都などへつながる街道だった。

1 中世ヨーロッパとイスラム世界 〜 3 ヨーロッパの世界進出

□(1) キリスト教の聖地エルサレムを〔　イスラム　仏教　〕勢力から奪い返すため，〔　　　〕が派遣された。

□(2) 14世紀に〔　フランス　イタリア　〕から，古代ギリシャ・ローマの文化を理想とする〔　　　〕（文芸復興）が始まった。

□(3) 1517年，〔　　　〕は免罪符の販売に抗議して，ドイツで宗教改革を始めた。のち，スイスでは〔　　　〕が宗教改革を行った。

□(4) 〔　コロンブス　マゼラン　〕の船隊は世界一周に成功した。

4 ヨーロッパ人の来航 〜 7 桃山文化

□(5) 1543年，種子島に漂着したポルトガル人が〔　　　〕を伝え，1549年，鹿児島に上陸した〔　　　〕がキリスト教を伝えた。

□(6) ポルトガル人やスペイン人との貿易は〔　　　〕貿易と呼ばれ，日本からは〔　鉄　銀　〕が大量に輸出された。

□(7) 織田信長は，〔　桶狭間　長篠　〕の戦いで鉄砲を有効に使って勝利し，〔　　　〕城を築いた。

□(8) 信長は，商工業の発展を図るため，城下では市場の税を免除し〔　　　〕の特権を廃止する〔　　　〕の政策を実施した。

□(9) 豊臣秀吉は，〔　姫路　大阪　〕城を全国統一の本拠地とした。

□(10) 秀吉は，土地と百姓を支配し，年貢を確実に徴収するため，〔　　　〕を行い，一揆を防ぐために，〔　　　〕を行った。

□(11) 秀吉の政策によって，武士と百姓の身分の区別が明確になったが，このことを〔　　　〕という。

□(12) 信長・秀吉の時代には豪華な〔　　　〕文化が栄えた。

□(13) ふすまや屏風には，〔　雪舟　狩野永徳　〕の「唐獅子図屏風」などの豪華な絵が描かれた。

□(14) 出雲の〔　　　〕によってかぶき踊りが始められた。

解答

(1) イスラム，
　　十字軍
(2) イタリア，
　　ルネサンス
(3) ルター，
　　カルバン
(4) マゼラン

(5) 鉄砲，
　　フランシスコ＝
　　ザビエル
(6) 南蛮，
　　銀
(7) 長篠，
　　安土
(8) 座，
　　楽市・楽座
(9) 大阪
(10) 検地（太閤検地），
　　刀狩
(11) 兵農分離
(12) 桃山
(13) 狩野永徳

(14) 阿国

1 江戸幕府の成立と支配のしくみ

教科書の要点

1 江戸幕府と幕藩体制
◎ **徳川家康**が**関ヶ原の戦い**で勝利→1603年，江戸に幕府を開く
◎ **幕藩体制**…幕府と藩が全国の土地と民衆を支配

2 大名・朝廷の統制
◎ **武家諸法度**で大名統制，**徳川家光**のときに**参勤交代**を制度化
→ 1年おきに江戸と領地を往復させる

1 江戸幕府と幕藩体制

豊臣秀吉の死後に勢力を伸ばし，江戸に幕府を開いた徳川家康は，徳川氏による全国支配のしくみをつくり上げた。

(1) **江戸幕府**の成立
❶**関ヶ原の戦い**…1600年，関東で勢力を伸ばした徳川家康は，豊臣政権を守ろうとする大名の**石田三成**らと関ヶ原で戦って勝利し，全国支配の実権を握った。
└→岐阜県

【重要】❷1603年，**徳川家康❶**は**征夷大将軍**になり，江戸に幕府を開いた。以後約260年間を**江戸時代**という。

❸2度の**大阪の陣**で豊臣氏を滅ぼし，全国支配の基礎を固めた。
└→1614, 1615年

(2) 経済基盤…幕府の直轄地（**幕領**）は，家臣の領地も合わせて約400万石と全国の石高の約4分の1を占めた。ほかに，
└→直接の支配地
京都・大阪・長崎などの重要都市や，**佐渡金山**・**石見銀山**などを直接支配し，貨幣鋳造権を独占した。
└→新潟県 └→島根県

(3) 幕府と大名…将軍に従い，1万石以上の領地を与えられた武士を**大名**といい，その領地と支配のしくみを**藩**という。

【重要】❶大名の区別…徳川氏一族の**親藩**，古くからの家臣である**譜代大名**，関ヶ原の戦いのころから従った**外様大名**に区別。

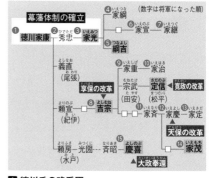

1 徳川氏の略系図

━━ KEY PERSON ━━
徳川家康

（1542〜1616年）

　三河（愛知県）の戦国大名。織田信長や豊臣秀吉と結んで強力な大名となり，のちに秀吉の命令で関東地方を治めた。秀吉の死後は最大の実力者となり，1600年の関ヶ原の戦いに勝利した。1603年には，征夷大将軍に任じられ，江戸幕府を開いた。

（臨済寺）

❷将軍を中心に幕府と藩が，全国の土地と民衆を支配するしくみを，**幕藩体制**という。 ┗→藩内の政治は大名に任された

(4) 江戸幕府のしくみ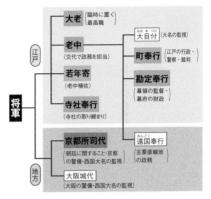…大老は臨時の最高職で，ふだんは**老中**が政務を行い，**若年寄**が補佐した。老中のもとで，**三奉行** ┗→将軍が任命 （寺社奉行・町奉行・勘定奉行）がそれぞれ政務を分担した。幕府の役職には，譜代大名や旗本が任命された。

❷ 江戸幕府のしくみ

---

2 大名・朝廷の統制

　幕府は，大名と朝廷の統制には注意を払い，とくに大名には参勤交代などを制度化した。

(1) **大名の配置**❸…外様大名は江戸から離れた地域に配置され，お互いにその動きを監視させた。

(2) 大名の統制

> **重要**
>
> ❶大名が守るべき法律として**武家諸法度**を制定。違反した大名は，藩の取りつぶし（改易）や領地替えなどの処分。
> ❷第3代将軍**徳川家光**のとき，**参勤交代**を制度化し，大名は1年おきに江戸と領地を往復することを義務づけられた。 ┗→結果として大名の財力は弱まった

(3) **朝廷の監視**…京都所司代を置いて朝廷を監視し，禁中並公家諸法度を制定して天皇や公家を統制した。

❸ 大名の配置（1664年）

凡例：
- 親藩
- 譜代大名
- 外様大名
- ● 幕府の主な直轄都市
数字は石高（単位は万石，20万石以上のみ）

用語 解説 旗本

　御家人とともに，将軍直属の1万石未満の家臣。旗本は直接将軍に会うことができたが，御家人は将軍に会うことはできなかった。18世紀前半には，旗本は約5000人，御家人は約1万7000人いたとされる。

史料 武家諸法度（寛永令）

一，文武弓馬の道にはげむこと。
一，大名は領地と江戸に交代で住み，毎年4月中に参勤せよ。
一，新しく城を築いてはならない。城の修理は奉行所に届け出ること。
一，大名は，幕府の許可なく勝手に婚姻してはならない。（一部要約）

解説　武家諸法度は，1615年に徳川家康の命令で作成され，第2代将軍徳川秀忠の名前で出されたのが最初。以後，将軍が代わるたびに出された。史料は，1635年に徳川家光が出したもの。

 暗記術 1615 広い御殿で 武家諸法度

1615年　武家諸法度が定められる

2 さまざまな身分と暮らし

教科書の要点

1 身分制度の確立 ◎支配身分の**武士**と，**百姓**・**町人**→身分は代々受け継がれる

2 武士・町人の生活 ◎武士…名字・帯刀の特権，**年貢米**で生活

◎町人…商人・職人など，税負担が比較的少ない

3 百姓などの生活 ◎百姓…触書や**五人組**で厳しく統制，村役人が村を運営

◎厳しく差別された人々…えた身分・ひにん身分

1 身分制度の確立

豊臣秀吉の太閤検地と刀狩で基礎が固まった近世社会の身分制度は，江戸時代に入るとさらに整備された。

(1) 身分の区別**2**

　❶武士…全人口の約7％にすぎないが支配身分で，主君に仕え，軍事や行政に関わる仕事を行った。

　❷百姓…大部分は農業に従事していたが，漁業・林業などに従事する者もいた。

　❸町人…商人と職人。都市**1**に住み，商業や手工業に従事した。

　❹えた身分・ひにん身分として差別された人々もいた。

(2) 身分の継承…身分は原則として代々受け継がれた。また，衣食住にも身分や家柄などで差があり，結婚も同じ身分の者同士と定められた。

（ベルリン国立アジア美術館所蔵）

1 江戸の町の様子 江戸で最もにぎわっていた日本橋近くの問屋街。たくさんの人が行きかう。

2 武士・町人の生活

武士や町人は，江戸や大名の城下町に集められた。

(1) 武士の特権…名字（姓）を名乗り，帯刀の特権をもった。

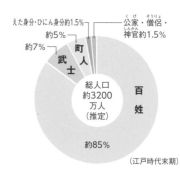

えた身分・ひにん身分約1.5%　　公家・僧侶・神官約1.5%
約5%
約7%
町人
武士
百姓
総人口約3200万人（推定）
約85%
（江戸時代末期）

2 身分別の人口の割合

(2) 武士の生活

❶**城下町**に住み，**年貢米**や俸禄米で生活し，幕府や藩の役
→給料として支給される米

職に就いて城の警備や領内の政治を行った。

❷武士の生活では，しだいに「**家**」が重んじられるようにな

り，女性の地位は男性より低かった。

(3) 町人の生活

❶幕府や藩に営業税を納め，土地や家をもつ地主・家持から

町役人を選んで，町奉行の監督のもとで自治を行った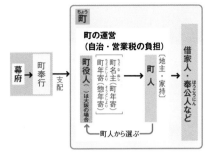。

❷町人の多くは借家人で，日雇いや行商を行い，商家に住み
→ものを売り歩く

込んだり職人の弟子になったりする者もいた。

3 町の支配のしくみ

---

3 百姓などの生活

全人口の約85％を占める百姓は村に住み，厳しい統制を受
けながら，幕府や藩の財政を支えた。

(1) 百姓の区別…自分の土地をもつ**本百姓**と，地主から土地を
借りて小作を行う**水のみ百姓**に分けられた。

(2) 村の運営…本百姓の中から，**庄屋（名主）・組頭・百姓代**
の**村役人**が選ばれて，村を治め，年貢納入に責任を負った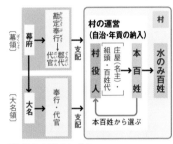。

(3) 百姓の負担**5**…**年貢**は，収穫の40％を納める四公六民や
50％を納める五公五民など重いものだった。

(4) 百姓の統制

❶幕府は，年貢を確実に取るため，触書などを出してさまざ
→幕府の規制などを人々に伝えるための文書

まな統制を行った。

❷**五人組**…農家5～6戸を1組にして，年貢の納入や犯罪
の防止に連帯責任を負わせた。

(5) 差別された人々…百姓や町人などの中には，えた身分・ひ
にん身分と呼ばれ，差別を受けた人々もいた。農業を行って
年貢を納めたほか，役人の下働きや死んだ牛馬の処理，皮革
業，芸能などで生活をした。

4 村の支配のしくみ

史料 **百姓支配の方針**

一，衣類は，麻布と木綿に限る。

一，雑穀を多く食べ，米はむやみに
食べないこと。

一，病気で耕作できない百姓がいた
ら，五人組や村全体で助け合い，
年貢が納入できるようにすること。

（一部要約）

解説　1643年，ききんに対応するため，
幕府が関東地方に出した触書で，百姓支
配の基本が示されている。

5 年貢を納める農民

貿易の振興から鎖国へ

1 朱印船貿易 　◎東南アジアへ**朱印船**派遣，各地に**日本町**

2 禁教と貿易統制 　◎キリスト教禁止→1635年に出国と帰国の禁止

3 鎖国への道 　◎**島原・天草一揆**…禁教と重税に対して一揆→**絵踏**を強化

　　　　　　　　◎**鎖国**体制…ポルトガル船の来航禁止→オランダ・中国と貿易

1 朱印船貿易

徳川家康は貿易の利益を求めて，積極的に周辺諸国との友好関係をすすめた。

(1) 朱印船貿易❶

> **重要**
> ❶家康が海外渡航許可の**朱印状**を与え，大名や豪商が<u>東南アジアへ**朱印船**❷を派遣</u>して貿易を行った。
> 　　　　└→ルソン（フィリピン）・シャム（タイ）など
>
> ❷移住した人々によって，各地に**日本町**が形成された。

(2) オランダ・イギリス…来航してきたオランダ・イギリスとは，<u>平戸</u>の商館で貿易を始め，中国産の生糸などを輸入した。
　　　└→長崎県

2 禁教と貿易統制

幕府は初め，キリスト教を黙認していたが，領主より神への信仰を重んじるキリスト教の教えは幕府の支配の妨げになると考え，禁教令を出し，貿易も統制するようになった。

(1) 禁教令…1612年に幕領でキリスト教を禁止し（禁教令），翌年には全国に広げた。第2代将軍徳川秀忠は，ヨーロッパ船の来航を平戸と長崎に限定するなど，禁教令を強化し，宣

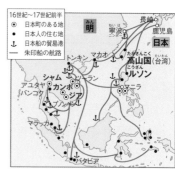

1 朱印船の航路と日本町

16世紀～17世紀前半
- ◉ 日本町のある地
- ● 日本人の住む地
- ⚓ 日本船の貿易港
- ― 朱印船の航路

（長崎歴史文化博物館）

2 朱印船

参考 **日本町の長：山田長政**

1612年ごろシャム（タイ）に渡り，貿易などで活躍した山田長政は，アユタヤの日本町の長となった。やがてシャム国王の信頼を得て高い地位に就いたが，王室の争いに巻き込まれ，毒殺された。

教師や信者を国外追放したり，処刑したりした。

(2) 朱印船貿易の終わり…1635年，第3代将軍**徳川家光**は日本人の海外渡航と帰国を禁止し，朱印船貿易も終わりを迎えた。

(3) 貿易の統制…1636年には，長崎に**出島**を築いて，ポルトガル人を集めて住まわせ，中国船の来航地を長崎に限定した。

―**KEY PERSON**―

徳川家光

（1604〜1651年）

（日光山輪王寺）

江戸幕府の第3代将軍。家康の孫。1635年に武家諸法度を改定し，参勤交代を制度化した。1641年には，鎖国を完成させた。

③ 鎖国への道

島原・天草一揆をきっかけに，幕府は禁教と貿易統制をいっそう強め，鎖国の体制を固めていった。

(1) 島原・天草一揆❸

❶ 1637年，九州の島原・天草地方の人々は，キリスト教信者への迫害や重い年貢に対して，**天草四郎**（益田時貞）を大将に一揆を起こしたが，幕府は大軍を送って鎮圧した。
（島原県←→熊本県）
（15歳の少年だったという）

❷ 一揆ののち，幕府はキリスト教信者発見のため**絵踏**を強化し，寺に人々が仏教徒であることを証明させた（宗門改）。

(2) 鎖国体制へ

重要

❶ 1639年，幕府はポルトガル船の来航を禁止した。
→第3代将軍徳川家光のとき

❷ 1641年には，平戸のオランダ商館を長崎の**出島**に移し，オランダと中国だけが長崎で貿易を許された。

❸ こうして，幕府は禁教を徹底し，貿易を統制し，外交を独占するようになった。この体制をのちに**鎖国**と呼んだ。

Column 絵踏ってどんなもの？

（ColBase）

絵踏とは，キリスト教徒を発見するために，キリストやマリアの像を踏ませ，踏まなかった者やためらった者をキリスト教徒として処罰するものである。また，このときに使うキリストやマリアの像を踏絵という。

↑踏絵

参考 イギリスとスペイン

鎖国より前，イギリスはオランダとの貿易競争に敗れて，1623年に平戸商館を閉じて日本から退去した。スペインは翌1624年に来航を禁止された。

（朝倉市秋月博物館）

❸ 島原・天草一揆

暗記術 オランダの 色よい返事で 鎖国の完成
（16 4 1）

1641年 鎖国の体制が固まる

思考 どうしてオランダ・中国だけに長崎での貿易を許したの？

オランダはプロテスタントの国，中国はキリスト教には無関係で，両国ともキリスト教を広めなかったため，貿易を許された。いっぽう，ポルトガルはカトリックの国で，キリスト教の布教を行ったため，来航を禁止された。

鎖国下の対外関係

1 四つの窓口　　◎長崎のほか，対馬藩・薩摩藩・松前藩で外交・貿易

2 長崎での貿易　　◎オランダとは長崎の**出島**で，中国とは長崎の唐人屋敷で貿易

3 朝鮮・琉球・蝦夷地との交流
◎朝鮮…対馬藩の努力で国交回復，**朝鮮通信使**
◎琉球は薩摩藩が支配，蝦夷地では松前藩がアイヌの人々と交易

1　四つの窓口

鎖国といっても，完全に国を閉ざしたわけではなかった。

(1) 開かれた窓口**1**…長崎のほか，対馬藩・薩摩藩・松前藩の
　　　　　　　　　　　　　　→長崎県　　→鹿児島県　→北海道
４つの窓口が開かれていた。

(2) 交易の形…長崎貿易は幕府の統制下で行われたが，対馬
藩・薩摩藩・松前藩では独自の外交と貿易が認められていた。

2　長崎での貿易

鎖国により，来航する船はオランダ船と中国船のみになった。

(1) 長崎貿易

重要

❶長崎では，長崎奉行の管理のもと，オランダと中国の２
か国と貿易が行われた。

❷貿易品…生糸・絹織物・砂糖・薬などが輸入され，日本か
らは銀・銅・俵物などが輸出された。
　　　キリスト教の影響を防ぐため書物の輸入は禁止←
　　→あわびなど海産物を俵につめたもの

(2) オランダとの交易…商館のある**出島2**で行われた。幕府
は商館長に海外情報をまとめた「**オランダ風説書**」を提出さ
せて，海外情報を独占した。

1 鎖国下で対外的に開かれた窓口

（長崎歴史文化博物館）

2 長崎の出島

参考　清

　17世紀前半，中国東北部の女真（満州）族が建国し，明が滅びると中国全土を統一した。

(3) 中国との交易…明が滅んだあとは清の商船が来航した。17世紀後半からは，長崎の唐人屋敷で貿易を行った。

3 朝鮮・琉球・蝦夷地との交流

鎖国下でも，朝鮮，琉球，蝦夷地との窓口が開かれていた。

(1) 朝鮮との交流
❶豊臣秀吉の朝鮮侵略で交流がとだえていた朝鮮とは，江戸時代に**対馬藩**の宗氏の努力で国交が回復した。将軍の代がわりなどには，祝いの**朝鮮通信使**が送られてきた。
❷朝鮮との貿易を認められた対馬藩は，朝鮮の釜山に倭館を設けて貿易を行い，生糸や朝鮮にんじんなどを輸入した。

(2) 琉球（沖縄県）との交流…琉球王国は，1609年に**薩摩藩**に征服された。薩摩藩は中国への朝貢貿易や中継貿易を管理して大きな利益を得た。また，国王や将軍が代わるときは，琉球から江戸に使節が送られた（**琉球使節**）。

(3) 蝦夷地（北海道）との交流
❶蝦夷地では，**アイヌ**の人々が樺太など周辺地域と交易を行っていた。蝦夷地南部を支配した**松前藩**は，幕府からアイヌの人々との交易独占を認められ，大きな利益を得た。
→米や日用品と，海産物とを交換した
❷交易の交換比率に不満をもったアイヌの人々は，1669年に**シャクシャイン**を中心に立ち上がり，松前藩と戦ったが敗れ，さらに厳しい支配を受けるようになった。

Column 出島って，どんな島？

長崎湾内につくられた扇形の人工島の**出島**は，長崎の有力な25人の町人の出資でつくられ，建造費は約4000両（約4億円）かかった。この建造費を回収するために，オランダ商館から年間約1億円の家賃をとったといわれる。

70m
190m
230m
70m
（長崎市調べ）
↑出島の大きさ

（長崎県対馬歴史民俗資料館）

❸ 朝鮮通信使 一行は300〜500人で，学者や芸術家も同行して，各地で日本人との交流が行われた。

くわしく 異国としての琉球支配

琉球は，薩摩藩に支配されたが，王国として残されて異国として扱われた。清に対して，琉球が薩摩藩に支配されていることは隠され，朝貢貿易が続けられた。そのため，人々は服装・髪形など，生活文化は変えないように命じられた。

思考 松前藩が，アイヌとの交易独占を認められたのはなぜ？

蝦夷地南部の松前藩は，耕地も少なく冷涼な気候のため米がとれず，年貢米による収入がなかった。そのため，徳川家康はアイヌとの交易権を松前氏に与えて，その利益を独占することを認め，松前藩はその収入を家臣に分け与えた。

（函館市中央図書館）

❹ オムシャ アイヌ語で「あいさつ」という意味。もともとは，交易に来た人を歓迎する儀礼だったが，やがて松前藩がアイヌの人々を支配するための儀礼となった。

深掘り
Column

大歓迎を受けた朝鮮通信使

主に将軍の就任を祝って朝鮮から来日した朝鮮通信使は，日本人に大歓迎を受けた。どうして日本人は彼らを歓迎したのか，使節はいつまで派遣されたのかなどを見てみよう。

❶ 日本人にとっての一大イベント

　朝鮮通信使は，1607年（第2代将軍徳川秀忠の時代）から1811年（第11代将軍徳川家斉の時代）まで，12回来日した。通信使一行は300人から500人にのぼる大使節団で，朝鮮の衣装を身にまとい，銅鑼を鳴らし，太鼓を打ちながら，各地を練り歩いた。**鎖国**の影響で，海外の文化を目にすることがあまりなかった江戸時代の日本人にとって，通信使の行列は一大イベントで，沿道は見物客でにぎわった。

（下関市）
↑馬関まつりの「朝鮮通信使行列再現」　山口県下関市で毎年8月に開催される馬関まつりでは，朝鮮通信使の行列が再現されている。

❷ 朝鮮通信使はどうしてとだえたのだろう？

　朝鮮通信使は，漢城（現在のソウル）から江戸までの片道約2000kmを，約半年かけて旅をした。旅の費用は，日本に入ると日本側が負担。江戸の滞在費は幕府が負担し，それ以外は各地の大名が負担をしたが，宿泊や食事，送迎，護衛など，通信使の接待にはばく大な費用がかかった。朝鮮にとっても費用の負担は重いもので，1811年に，家斉の将軍就任を祝う使節を対馬で応接したのを最後に，朝鮮通信使はとだえた。

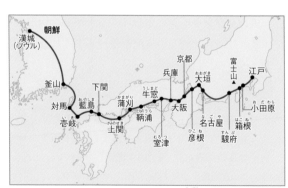
↑朝鮮通信使の主なルート　通信使一行は，釜山から大阪まで船で行き，その後上陸。行列を組んで江戸を目指した。

1 江戸幕府の成立と支配のしくみ ～ 2 さまざまな身分と暮らし

□(1) 1600 年，関ヶ原の戦いに勝利した〔　　　　〕は，1603 年に

〔　　　　〕となり，江戸幕府を開いた。

□(2) 幕府の直轄地は〔　　　　〕と呼ばれ，約 400 万石あった。

□(3) 大名は，徳川氏一族の親藩，古くからの家臣の〔　　　　〕大名，

関ヶ原の戦いのころから従った〔　　　　〕大名に分けられた。

□(4) 大老は臨時の最高職で，ふだんは〔　　　　〕が政務を行った。

□(5) 1615 年，幕府は大名を統制するために〔　　　　〕を定めた。

□(6) 第 3 代将軍徳川〔　家光　秀忠　〕のとき，大名に 1 年おき

に江戸と領地を往復させる〔　　　　〕が制度化された。

□(7) 百姓の統制のため，幕府は 5 ～ 6 戸を 1 組にして〔　　　　〕

をつくらせ，年貢納入などに連帯責任を負わせた。

3 貿易の振興から鎖国へ ～ 4 鎖国下の対外関係

□(8) 〔　南蛮　朱印船　〕貿易が行われて，東南アジア各地に

〔　　　　〕町が形成された。

□(9) 1637 年，〔　　　　〕一揆が起こると，幕府はキリスト教への取

り締まりを強め，信者発見のため〔　　　　〕を強化した。

□(10) 1639 年，幕府は〔　イギリス　ポルトガル　〕船の来航を禁

止した。

□(11) 1641 年，幕府は，オランダ商館を長崎の〔　　　　〕に移し，

〔　　　　〕の体制を固めた。

□(12) オランダと〔　　　　〕だけが長崎での貿易を許された。

□(13) 朝鮮とは，〔　薩摩藩　対馬藩　〕の宗氏の努力で国交が回復

し，将軍の代がわりには，祝いの〔　　　　〕が送られてきた。

□(14) 蝦夷地では，松前藩の支配に対してアイヌの人々の不満が高

まり，指導者〔　　　　〕を中心にして戦いが起こされた。

(1)徳川家康，
征夷大将軍

(2)幕領（幕府領）

(3)譜代，
外様

(4)老中

(5)武家諸法度

(6)家光，
参勤交代

(7)五人組

(8)朱印船，
日本

(9)島原・天草，
絵踏

(10)ポルトガル

(11)出島，
鎖国

(12)中国（清）

(13)対馬藩，
朝鮮通信使

(14)シャクシャイン

1 農業・諸産業の発達

教科書の要点

1 農業の発達

◎農業…米は経済の基礎，生産量を増やすため**新田開発**

◎農業技術の進歩…農具の発明・改良，**商品作物**の栽培

2 諸産業の発達

◎水産業…網漁業の広まり，九十九里浜でいわし漁→**干鰯**に加工

◎鉱業…採掘・精錬技術の進歩，金・銀の世界有数の産出国

1 農業の発達

　農業は幕藩体制を支える重要な産業で，幕府や藩は年貢を増やすために，新田開発に力を入れた。

（1）新田開発

❶幕府や藩は，耕地を増やすために，用水路を整備したり，荒地や沼地の開拓を進めて，**新田開発❶**に力を入れた。

❷こうしたことから，18世紀初めごろには豊臣秀吉のころに比べて，耕地面積は約2倍になった。

（2）農業技術の進歩

> ❶農具❷…土を深く耕すための**備中ぐわ**，脱穀用の**千歯こき**，もみの選別のための千石どおしや唐箕が，発明・改良され，農作業の能率を飛躍的に高めた。

❷肥料…これまでの草木灰や堆肥のほかに，干鰯や油かすなどお金で購入する肥料（金肥）も使われるようになった。
　　　　（→p.88）　（→いわしを干したもの）

（3）商品作物の栽培

❶生産力が高まって余裕ができると，農村では米以外に，商品として売ることを目的とする農作物である**商品作物**を栽培するようになった。

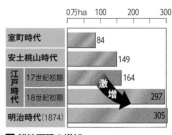

1 耕地面積の増加

	0万ha	100	200	300
室町時代	84			
安土桃山時代	149			
江戸時代 17世紀初期	164			
江戸時代 18世紀初期			297	
明治時代(1874)				305

激増

参考 新田開発の特典

　開発された新田は，一定期間は年貢を減免されるという特典が与えられたので，民間での新田開発も増えた。

備中ぐわ

千歯こき

2 発明・改良された農具

❷衣料の原料となる木綿や，明かり用の油をとる菜種は重要な商品作物で，地方の特産物となる商品も出てきた。

2 諸産業の発達

江戸時代には，農業以外にも多くの産業が発達した。

(1) 林業…都市の発展とともに建築用の木材が必要となり，林業がさかんになった。また，幕府や藩が重要な山林を直接管理したので，木曽ひのきや秋田すぎなど良質な木材が産出した。
→長野県

(2) 水産業

❶網を使った漁業が広まり，九十九里浜では地引き網❸によるいわし漁が行われ，いわしは干鰯として肥料にされた。
→千葉県

❷そのほか，紀伊や土佐の捕鯨やかつお漁，蝦夷地でのにしん漁やこんぶ漁がさかんになった。また，瀬戸内海沿岸では製塩業がさかんになった。
和歌山県 高知県

(3) 鉱業

❶佐渡金山❹，石見や生野の銀山，足尾銅山などの開発が進み，17世紀には，日本は金・銀の世界有数の産出国となった。
→新潟県　→島根県　→兵庫県　→栃木県

❷幕府は，採掘された金・銀などで貨幣をつくって流通させた。また，金・銀・銅は長崎貿易での輸出品ともなった。
→p.130

参考 農業知識の普及

17世紀末になると，進んだ農業知識や技術を記した農書が多く出版されるようになった。作物の栽培法などを研究した宮崎安貞の『農業全書』は広く読まれ，農業の発展に大きな影響を与えた。

（慶應義塾）

❸ 九十九里浜の地引き網漁

（九州大学総合研究博物館）

❹ 佐渡金山

Column 特産物ってどんなもの？

①農業の基本は米・麦で，それ以外の作物は勝手に栽培することが禁じられていた。しかし，生活が安定して日用品などの需要が高まってくると，それぞれの風土に合った，売ったり加工したりすることを目的とする農作物（**商品作物**）が，各地でつくられるようになっていった。

②幕府や各藩は，収入を増やして財政を安定させようとして，産業の育成に努め，作物栽培の制限をゆるめた。こうして，各地に**特産物**が生まれた。

綿織物	三河（愛知県）	紙	越前（福井県）
絹織物	西陣（京都府）	しょうゆ	野田・銚子（千葉県）
麻織物	越後（新潟県）	酒	伊丹・灘（兵庫県）
陶磁器	瀬戸（愛知県）有田（佐賀県）	茶	宇治（京都府）
漆器	輪島（石川県）	塩	瀬戸内海沿岸
薬	越中（富山県）	紅花	出羽（山形県）

↑代表的な特産物と生産地

2 都市の繁栄と交通路の整備

教科書の要点

1 都市の発達
◎**三都**の栄え…**江戸・大阪・京都**
◎江戸＝「**将軍のおひざもと**」，大阪＝「**天下の台所**」
◎商人は**株仲間**を結成，**両替商**の誕生

2 交通の発達
◎陸上交通…**五街道**，海上交通…**東廻り航路・西廻り航路**

1 都市の発達

産業の発達とともに，各地に都市が発展してきた。

(1) **三都**…江戸・大阪・京都は三都と呼ばれて発展した。

❶**江戸**■…「**将軍のおひざもと**」と呼ばれる政治の中心地で，18世紀初めには人口約100万人を数えた。

❷**大阪**❷…「**天下の台所**」と呼ばれる商業の中心地で，諸藩が**蔵屋敷**を置き，年貢米や特産物を売りさばいた。

❸**京都**…都が置かれた京都は，古くから文化の中心地で，西陣織や京焼などの優れた工芸品が生産された。

(2) 商人の台頭と金融の発達

❶三都や城下町では，商人が**株仲間**という同業者ごとの組合をつくり，幕府や藩に税を納める代わりに営業を独占する権利を認められ，大きな利益を得た。

❷幕府は，金座・銀座で金貨・銀貨をつくり，やがて**寛永通宝**という銅銭もつくって流通させた。東日本では主に金貨，西日本では主に銀貨が流通したので，その交換のため
　→江戸・京都に置かれた
両替商が生まれた。両替商は，やがて金貸しなどの金融業
　→江戸の三井家や大阪の鴻池 (こうのいけ) 家が有名
を営むようになり，経済力を強めた。

参考 世界有数の大都市江戸

18世紀初めごろ，フランスのパリの人口は約50万人，イギリスのロンドンの人口は約46万人であり，約100万人の江戸は世界有数の人口をかかえる都市だった。その半数は，旗本・御家人と，参勤交代で江戸にいる諸藩の武士だったとされる。

（国立歴史民俗博物館所蔵）

■ にぎわう江戸の日本橋

（大阪市立中央図書館）

❷ にぎわう大阪の安治川河口

130

② 交通の発達

参勤交代や，都市・産業の発達で，陸上交通路が整備され，また，大量物資の輸送の必要から，海上交通も発達した。

(1) 陸上交通の整備

重要 ❶五街道…江戸を起点に東海道・中山道・甲州道中（街道）・奥州道中（街道）・日光道中（街道）が整備された❸。

❷東海道や中山道には，江戸を守るために**関所**が置かれ，東海道の箱根や中山道の碓氷（うすい）など人々の通行などを監視した。また，手紙や小荷物などを運ぶ**飛脚**が行き来した。

❸宿場が整備され，大名が宿泊する本陣，庶民が宿泊する旅籠などがあった。宿場には旅の荷物を運ぶ人や馬を置くことが義務づけられた。

❹宿場町❹や，寺社の周辺の門前町が発達した。

(2) 水上交通の発達

❶南海路…江戸と大阪の間には，京都や大阪でつくられた品物を江戸に運ぶ**南海路**が開かれ，油やしょうゆなどの日用品を運ぶ**菱垣廻船**❺や，主に酒を運ぶ**樽廻船**が行き来した。

重要 ❷東北・北陸地方の年貢米などを，江戸に運ぶ**東廻り航路**と，大阪に運ぶ**西廻り航路**が開かれた。
└→北前船（きたまえぶね）が往復した

❸船が立ち寄る場所には港町ができた。

❹利根川，淀川など，各地で河川の改修が行われた。

❸ 交通の発達

(ColBase)

❹ 宿場町の様子 「東海道五十三次」品川宿

(物流博物館)

❺ 菱垣廻船

Column ## どんな貨幣があったの？

貨幣の統一を目指した幕府は，**金貨・銀貨・銭貨**をつくった。金貨は，金座で小判・一分金などがつくられ，銀貨は，銀座で丁銀・豆板銀などがつくられた。やがて，銭座で**寛永通宝**という銅銭を大量につくり，流通させた。なお，金貨・銭貨は数を計算した（**計数貨幣**）のに対し，銀貨は重さを計って価値を算定した（**秤量貨幣**）。

↑**江戸時代のいろいろな貨幣**
（資料協力：三菱UFJ銀行貨幣資料館）

幕府政治の安定と元禄文化

1 徳川綱吉と新井白石の政治

◎ **徳川綱吉**…**朱子学**を奨励，**生類憐みの令**，財政難

◎ **新井白石**…**正徳の治**で財政立て直し，長崎貿易の制限

2 元禄文化

◎ 特色…17世紀末ごろから，**上方**で町人中心の活気ある文化

◎ 人物…**井原西鶴**，**松尾芭蕉**，**近松門左衛門**，**菱川師宣**ら

1 徳川綱吉と新井白石の政治

17世紀に入ると幕府政治は安定し，幕府はそれまでの武力に基づく政治を変えた。

(1) **徳川綱吉**の政治…第5代将軍徳川綱吉は，学問や礼節を重んじ社会秩序を重視する政治（**文治政治**）を行った。

❶**朱子学の奨励**…儒学の中でも主従関係や上下関係を重んじる朱子学を奨励し，江戸の湯島に孔子をまつる聖堂を建てた。
p.28←

❷**生類憐みの令**…極端な動物愛護令で，とくに犬を大切にしたことで「**犬公方**」と呼ばれ，批判された。
└→「公方」は将軍のこと

❸**財政難**…金・銀の産出量が減少する中，経済の発展にともない出費が増えたことなどから，幕府の財政が苦しくなった。そのため質を落とした貨幣❶を大量に発行したが，かえって物価の上昇を招いた。

(2) **新井白石**の政治…綱吉の死後，18世紀初めの第6代・7代将軍は，儒学者の新井白石を重く用いた（**正徳の治**）。

❶白石は，財政立て直しのため貨幣の質を元に戻し，金・銀の海外流出を防ぐため長崎貿易を制限した。

❷儒学の考えに基づいて将軍の権威を高めるため，儀式や制度を整備し，朝鮮通信使の待遇を簡素化した。
└→身分の上下を重視

KEY PERSON

徳川綱吉

（1646～1709年）

江戸幕府の第5代将軍。極端な動物愛護令を出したほか，病人の保護や捨て子の禁止なども命じた。

（徳川美術館所蔵 ©徳川美術館イメ―ジアーカイブ／DNPartcom）

（鋳造年）

| | 0 | 1 | 2 | 3 | 4 | 5匁 |

1601年〈慶長小判〉
1695年〈元禄小判〉（徳川綱吉のとき）
1710年〈宝永小判〉
1714年〈正徳小判〉
1716年〈享保小判〉
1736年〈元文小判〉
1819年〈文政小判〉
1837年〈天保小判〉
1859年〈安政小判〉
1860年〈万延小判〉

小判1両の重さ（1匁＝3.75g）
■ 金の含有量

❶ 金貨に含まれる金の量の変化

くわしく 長崎貿易の制限

長崎でのオランダ・中国との貿易は，日本の輸入超過が続いていた。新井白石は，金・銀の海外流出を抑えるため，オランダ・中国の1年間の船の数と貿易額を制限し，日本からは海産物などの輸出を奨励した。

(ColBase)

2 江戸時代の歌舞伎の舞台

② 元禄文化

17世紀末から18世紀にかけて，上方と呼ばれる京都や大阪を中心に，経済力をつけた町人を担い手とする，明るく活気ある文化が栄えた。これを**元禄文化**という。

(1) 文学の発達

> ❶浮世草子（小説）…**井原西鶴**は武士や町人の生活をありのままに著した。
> ❷俳諧（俳句）…**松尾芭蕉**が芸術性を高めた。『**奥の細道**』が代表作である。

(2) 芸能の発達

❶**人形浄瑠璃**…**近松門左衛門**が，義理と人情に悩む男女の姿を『**曾根崎心中**』などの脚本に書き，人気を得た。
❷**歌舞伎**❷…演劇としての形を整え，上方に坂田藤十郎，江戸に市川団十郎などの名優が出て人気を得た。

(3) 絵画

❶江戸初期に俵屋宗達が，元禄期には**尾形光琳**が，大和絵の伝統をいかした新しい装飾画を描いた。
❷**浮世絵**…**菱川師宣**❸が**浮世絵**を始め，町人の生活や風俗を描いた。浮世絵は版画にもなった。

(4) 学問…徳川綱吉が儒学を奨励したこともあり，この時期は武士の間でも学問が広まった。

❶『万葉集』『源氏物語』など古典の研究も進み，のちの国学の出発点ともなった。また，日本の歴史への関心も高まり，水戸藩主の徳川光圀が『大日本史』の編さんを始めた。
→茨城県
❷実用的な学問が発達し，和算では**関孝和**が優れた研究を行った。渋川春海は，和算をもとに，日本独自の暦を作成した。

(5) 庶民の生活の変化…衣服は木綿が一般的となり，食事は1日3食が普通になった。照明の行灯に菜種油が使われ，節分，ひな祭りなどの年中行事も人々の楽しみとなった。

(ColBase)

3「見返り美人図」（菱川師宣筆）　菱川師宣の代表作。版画ではなく，筆で描いた浮世絵。華やかな着物を着た町人の女性が描かれている。

■ 参考　関孝和の和算

和算とは，日本独自の数学で，築城などの必要もあってさかんになった。関孝和は，複雑な方程式の解法や円周率の計算などを行った。これは，当時のヨーロッパの数学と比べてもおとらないものだったといわれる。

p.138←

4 享保の改革と社会の変化

教科書の要点

1 享保の改革
◎第8代将軍**徳川吉宗**による幕府の財政と支配体制の立て直し
◎政策…**公事方御定書**の制定，**目安箱**の設置

2 産業の変化と社会
◎農村工業…**問屋制家内工業**から**工場制手工業**へ
◎農村では**百姓一揆**，都市では**打ちこわし**

---

1 享保の改革

　18世紀に入り，紀伊藩主の徳川吉宗が第8代将軍となり，幕
└→和歌山県
府財政の再建と支配の強化を目指して，享保の改革を始めた。

(1) 享保の改革（1716〜1745年）

> **重要**
> ◇**徳川吉宗**は，初代将軍家康の政治を理想とし，**享保の
> 改革**を行った。

(2) 財政の立て直し
　❶**倹約令**を出して，武士に質素・倹約をすすめた。
　❷年貢米を増やすために**新田開発**を奨励し，豊作・不作に関
　　　　　　　　　　　　└→町人による新田開発を認めた
　　係なく一定の年貢を取り立てるようにした。
　❸**上げ米の制**…大名に1万石につき100石の米を幕府に納め
　　させ，その代わりに参勤交代での江戸滞在期間を1年から
　　半年に短縮した。

(3) 支配体制の立て直し

> **重要**
> ❶**公事方御定書**の制定…裁判の基準となる法律を定めた。
> ❷**目安箱**の設置…民衆の意見を聞いて政治にいかした。

　❸大岡忠相を町奉行にするなど，有能な人材を登用した。
(4) **実学の奨励**…実学を奨励し，ききんに備えて**甘藷**（さつま
　　　　　　　　└→日常生活に役立つ学問

KEY PERSON

徳川吉宗
（1684〜1751年）

（徳川記念財団）

　江戸幕府の第8代将軍。1716年から享保の改革を始め，幕府財政の再建と支配の強化を目指した。米の価格の安定に苦心したので，「米将軍」とも呼ばれる。

史料 公事方御定書

一　人を殺して盗みをした者は，引
　き回しの上に獄門

一　おいはぎをした者は獄門

一　手元にあった物を盗んだ者

・金十両以上か，金に見積もって十
　両以上は死罪

・それ以外は入墨たたき

（一部要約）

解説 獄門，死罪ともに江戸時代の死刑の一種。

参考 目安箱設置の効果

　目安箱への投書によって，貧しい人々の医療施設として小石川養生所が設けられ，貧民の救済に役立った。

いも）の栽培を普及させた。また，キリスト教に関係ない漢

→青木昆陽（あおきこんよう）に研究させた

文に翻訳された洋書の輸入を認めた。

(5) 改革の結果…財政は一時的に立ち直ったが，発展する商業
への対応ができず，米価も安定しなかった。さらに，ききん
の発生などで，打ちこわしが起こった。

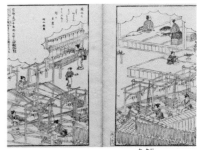

1 綿織物業の工場制手工業　尾張（愛知県）
の綿織物工場の内部が描かれている。糸巻き
をする人や機織りをする人などがいる。

2 産業の変化と社会

18世紀には，農村でも貨幣が使われるようになり，自給自
足に近かった農村が変化し始めた。そうした中で，百姓一揆・
打ちこわしが起こるようになっていった。

(1) 綿織物業・絹織物業の発達…18世紀に入ると，綿の栽培
が全国に広がり，輸入が多かった生糸も国産化が進んだ。

(2) 農村工業の発達…18世紀には問屋制家内工業が広まり，
19世紀に入ると工場制手工業へと変わっていった。

重要

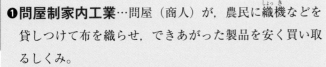

❶**問屋制家内工業**…問屋（商人）が，農民に織機などを
貸しつけて布を織らせ，できあがった製品を安く買い取
るしくみ。

❷**工場制手工業 1**…大商人や地主が工場を建てて，人を

→マニュファクチュアとも呼ぶ

雇って分業で大量の製品をつくるしくみ。

(3) 農村の変化…肥料や農具を貨幣で購入するようになると，農
村にも貨幣経済が広がった。こうした中で，
土地を手放して**小作人**になったり都市に働き
に出る者や，土地を買い集めて**地主**となる者
が現れ，農民の間で貧富の差が拡大した。

(4) **百姓一揆 2 3**と打ちこわし…生活が苦しく
なった農民は，年貢の減免や不正役人の交代
などを求めて**百姓一揆**を起こし，領主に抵
抗するようになった。都市でも，米を買い占
める商人などを襲う**打ちこわし**が起こった。

2 からかさ連判状　一揆に参加した人々
は，円形やだ円形に署名し，中心人物が
わからないようにしたといわれる。

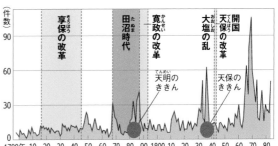

3 百姓一揆の発生件数の変化　ききんのときに，百姓一揆が多く
なっている。

田沼時代と寛政の改革

1 田沼意次の政治

　18世紀後半，老中田沼意次は，商人の豊かな経済力を利用した積極的な経済政策で，幕府の財政を立て直そうとした。

（1）**田沼意次**の政治（1767〜1786年）

> 重要
>
> ❶商工業者に**株仲間**の結成をすすめ，営業税を取る代わりに営業独占の特権を与えた。

❷長崎貿易■では，銅や俵物の輸出を拡大し，金・銀を輸入
　→p124
した。

❸江戸・大阪の町人の力を借りて印旛沼・手賀沼の干拓を行
　　　　　　　　　　　　　　　　　　　　　　└→千葉県
うなど，新田開発を進め，蝦夷地の開拓も計画した。
　　　　　　　　　　　└→北海道　└→かいたく
（2）社会の様子…田沼の積極政策は，学問・芸術にも刺激を与
えた。いっぽうで，特権を求めてわいろがさかんとなり，政
『解体新書』が著されたのは田沼の時代（→p.138）←
治が乱れた。さらに**天明のききん**などの天災が続き，各地で
　　　浅間山（あさまやま）の噴火などによる
百姓一揆や打ちこわしが起こる中，田沼は失脚した。
ひゃくしょういっき　　　　　　　　　　　　　　しっきゃく

（長崎歴史文化博物館）

■ 出島での長崎貿易

2 寛政の改革

　田沼のあとは，白河藩主だった松平定信が老中となり，享保
　　　　　　　└→福島県　└→まつだいらさだのぶ　　　きょうほう
の改革を行った徳川吉宗の政治を理想に改革を始めた。
　　　　└→とくがわよしむね

KEY PERSON

松平定信

（1758〜1829年）
（南湖神社）

　第8代将軍徳川吉宗
　　　　　　　　　　いえなり
の孫。第11代将軍徳川家斉のときに
老中となって，寛政の改革を行った。
幕府の学問所での朱子学以外の講義
の禁止，旗本・御家人の借金の帳消し
　　　　　はたもと　ごけにん
などを実施したが，十分な成果を出せ
ないまま，老中を辞職した。
　　　　　　　じしょく

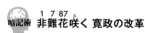

暗記術　**非難花咲く 寛政の改革**

1787年　寛政の改革が始まる

(1) 寛政の改革（1787〜1793年）

> **重要** ◇1787年，老中**松平定信**は，農村の復興と政治の引き締めを目指して，**寛政の改革**を始めた。

(2) 農村の復興…江戸に出稼ぎに来ていた農民を村に帰し，商品作物の栽培を制限して米などの生産を奨励した。また，凶作やききんに備えて米を蓄えさせた。

(3) 旗本・御家人の救済…生活に苦しむ旗本・御家人の救済として，札差■などの商人からの借金を帳消しにした。

(4) 政治・社会の引き締め

> **重要** ❶幕府の学問所では，朱子学以外の講義を禁止し，試験によって有能な人材を登用した。

❷政治批判を禁止し，出版物を厳しく取り締まった。
❸軽犯罪者の更生のため，江戸に人足寄場を設けた。
→技術を身につけさせた

(5) 改革の結果…改革の内容が厳しすぎて人々の反感を買い，十分な成果を出せず失敗した。

3 ロシアの接近

寛政の改革のころ，ロシアが日本に接近するようになった。

(1) ロシア船の来航

❶1792年，ロシアの使節**ラクスマン**が，漂流民の大黒屋光太夫らを送り届けるとともに，通商を求めて蝦夷地の根室に来航した。松平定信は，長崎に行くように伝えるとともに，沿岸の守りを強化するよう諸藩に命じた。

❷1804年には，ロシアの使節**レザノフ**が長崎に来航して交渉を求めたが，幕府は拒否した。

(2) 幕府の対応…ロシアの動きを警戒した幕府は，近藤重蔵や**間宮林蔵**らに蝦夷地や樺太（サハリン）の調査を命じ**2**，19
→樺太が島であることを確認した（間宮海峡）
世紀前半には蝦夷地を幕領として，ロシアに備えた。

用語／解説 札差

旗本や御家人が受け取る年貢米を売りさばいて，手数料をとった商人。年貢米を担保にして，高い利子で金を貸すなど金融業も行った。寛政の改革で借金を帳消しにされたため，札差は金を貸さなくなり，旗本・御家人はかえって生活が苦しくなった。

史料 寛政の改革への期待と批判

①田や沼やよごれた御世を改めて
　　　　清らにすめる白河の水
②世の中に蚊ほどうるさきものはなし
　　　　文武といふて夜もねられず
③白河の清きに魚のすみかねて
　　　　もとのにごりの田沼恋しき

解説 「白河」は白河藩主だった松平定信，「田沼」は田沼意次のこと。①での定信への期待が，②・③では失望に変わってきている。政治への風刺や批判に対しては，厳しい出版統制が行われていた。

最上徳内・近藤重蔵
1786・1798〜99・1807年

間宮林蔵 1808〜09年

2 間宮林蔵らの北方探検

新しい学問と化政文化

1 新しい学問と教育の普及

◎国学…**本居宣長**『**古事記伝**』，蘭学…杉田玄白ら『**解体新書**』
◎教育…**藩校**，庶民は**寺子屋**で「読み・書き・そろばん」

2 化政文化

◎江戸の町人を中心とした文化→地方へも広がる
◎文学…**十返舎一九**，曲亭（滝沢）**馬琴**，与謝蕪村，小林一茶
◎絵画…鈴木春信が**錦絵**。喜多川歌麿，葛飾北斎，歌川広重

---

1 新しい学問と教育の普及

教育の普及とともに，日本古来の考え方を学ぼうとする国学や，オランダ語で西洋の学問を学ぶ蘭学が広まった。

(1) 国学の発達

❶国学…日本の古典を研究して，儒学や仏教が伝わる前の日本人の考え方を明らかにしようとする学問。

❷国学❶の大成…18世紀後半，**本居宣長**が『**古事記伝**』を著し，国学を大成した。

❸影響…国学はやがて尊王論と結びつき，幕末の尊王攘夷運動に影響を与えた。
　　　　→天皇を尊ぶ考え

(2) 蘭学の発達

❶蘭学…オランダ語で西洋の学問や文化を学ぶ学問。

❷蘭学の基礎…1774年，**前野良沢・杉田玄白**らが，オランダ語の人体解剖書を翻訳して『**解体新書**』を出版した。

❸蘭学の展開…**平賀源内**は日本で最初の発電機や寒暖計をつくり，**伊能忠敬**は西洋の測量術を学んで全国の海岸線を測量して正確な日本地図をつくった**❷**。

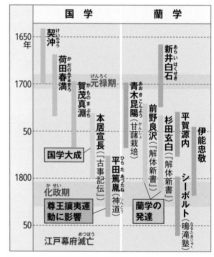

1 国学・蘭学の発達と代表的な人物

くわしく ─ 蘭学発展の基礎

第8代将軍徳川吉宗が，実学奨励のためにキリスト教に関係ない漢訳洋書の輸入を認めたことで，西洋の学問への関心が高まり，蘭学が発展した。(→p.135)

(3) 教育の普及

❶藩校…諸藩では藩校をつくり，武士やその子どもを学ばせ，人材を育成した。

❷私塾…儒学や蘭学を教える私塾が開かれ，武士だけでなく町人や百姓の入門も許された。緒方洪庵の適塾やシーボルトの鳴滝塾などが知られる。
→オランダ商館の医者

❸寺子屋…町人や百姓は，寺子屋で「**読み・書き・そろばん**」などの実用的なことを学んだ。

2 化政文化

19世紀前半の文化・文政年間のころ，江戸の町人（民衆）を中心に栄えた文化で，やがて地方にも広まっていった。

(1) 文学

❶小説…**十返舎一九**の『**東海道中膝栗毛**』や**曲亭（滝沢）馬琴**の『**南総里見八犬伝**』などが多くの人々に読まれた。
→貸本屋で借りられた

❷川柳・狂歌…幕府の政治や世相などを皮肉って詠んだ川柳・狂歌が流行した。
川柳→俳句の形式（5・7・5）
狂歌→和歌の形式（5・7・5・7・7）

❸俳諧（俳句）…**与謝蕪村**は自然の美しさを絵画的に表現し，**小林一茶**は農民の素朴な感情を詠んだ。

(2) 絵画…鈴木春信が，**錦絵**という多色刷りの版画を始めた。

【重要】◇**喜多川歌麿**は美人画，**葛飾北斎**（「**富嶽三十六景**」❸）・**歌川広重**（「**東海道五十三次**」❹）は風景画，**東洲斎写楽**は役者絵を描き，人気を得た。
→安藤広重ともいう

(3) 民衆の娯楽…**歌舞伎**は全盛期を迎え，大相撲や落語，講談を楽しむ寄席も人気を集めた。

(4) 地方への広がり…小説や錦絵などの印刷物や，各地への旅行がさかんになったことによって，江戸の文化が地方に広まった。また，地方独自の文化も栄えるようになった。

参考 藩校

250以上の藩校があったといわれ，会津藩（福島県）の日新館，水戸藩（茨城県）の弘道館，長州藩（山口県）の明倫館，熊本藩の時習館，薩摩藩（鹿児島県）の造士館などが知られる。

(ColBase)

❷ 伊能忠敬の地図 のちに日本の沿岸を測量しようとしたイギリス船が，忠敬の地図を見せられて，その正確さに驚いて測量を中止したという。

(個人蔵)

❸「富嶽三十六景」神奈川沖浪裏（葛飾北斎）

(ColBase)

❹「東海道五十三次」蒲原宿（歌川広重）

7 外国船の出現と天保の改革

教科書の要点

1 外国船の打ち払いと幕政批判
- ◎異国船打払令で外国船撃退→蛮社の獄で蘭学者を処罰
- ◎大塩の乱…元役人の**大塩平八郎**が大阪で反乱を起こす

2 天保の改革
- ◎老中**水野忠邦**…株仲間の解散，外国船にまきや水を与える
- ◎諸藩の改革…**薩摩藩・長州藩**などで成功→雄藩に成長

---

1 外国船の打ち払いと幕政批判

19世紀になると，イギリス・アメリカの船も日本に接近した**1**。

(1) イギリス船の侵入

❶ 1808年，イギリス軍艦がオランダ船を捕らえるために長崎港に侵入する事件が起こった（フェートン号事件）。

重要 **❷** 1825年，幕府は**異国船打払令**を出して，オランダ・中国（清）以外の外国船の撃退を命じた。

(2) 蘭学者による批判

❶ 1837年，漂流民を送り届け通商を求めてきたアメリカ船を，異国船打払令によって撃退した（モリソン号事件）。

❷ この事件を知った蘭学者の**渡辺崋山**や**高野長英**が，幕府の鎖国政策を批判すると，幕府は蘭学者たちを捕らえて処罰した（**蛮社の獄**）。
→蘭学を中心に学ぶ者のグループ

(3) 大塩の乱（大塩平八郎の乱）

重要 **❶** 1837年，大阪町奉行所の元役人**大塩平八郎**は，天保のききんに苦しむ人々の救済を求めて乱を起こした。

❷ 乱は1日でしずめられたが，幕府の直轄地の大阪で，元役人が起こした反乱に，幕府は大きな衝撃を受けた。

1 日本に接近する外国船

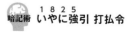

暗記術 **いやに強引 打払令**
1825

1825年　異国船打払令が出される

KEY PERSON

（大阪城天守閣）

大塩平八郎

（1793〜1837年）

元大阪町奉行所の役人で，陽明学者。天保のききんで苦しむ人々を見て，奉行所に救済を願い出たが聞き入れられず，弟子たちとともに立ち上がった（大塩の乱）。

2 天保の改革

国内外の危機に対応するため，老中水野忠邦が改革を行った。

(1) 天保の改革（1841〜1843年）

> **重要**
> ◇1841年，老中**水野忠邦**は享保の改革や寛政の改革にならい，幕府権力の回復を目指して改革を始めた。

(2) 改革の内容

> **重要**
> ❶物価上昇の原因は株仲間の営業独占にあるとして，株仲間の解散を命じ，物価の引き下げをはかった。

❷倹約令を出してぜいたくを禁じ，政治批判や風紀を乱す小説の出版を取り締まった。

❸農村の荒廃を防ぎ年貢を確保するために，江戸に出稼ぎに来ている農民を，強制的に故郷の村に帰らせた。

❹海防の強化を目指して，江戸・大阪周辺を幕領にしようとしたが（上知令），大名や旗本の反対で失敗した。

❺アヘン戦争で清がイギリスに敗れたことを知ると異国船打払令をやめ，外国船に燃料のまきや水を与えることにした。
└→ 薪水給与令（しんすいきゅうよれい）
└→ p.156

(3) 改革の失敗
…各方面からの反対もあり，改革は2年余りで失敗し，幕府権力の衰えが明らかになった。

(4) 諸藩の改革と雄藩
…天保の改革のころには，**専売制**❷の強化や有能な下級藩士の登用などで，財政立て直しに成功した藩もあった。このような藩は雄藩と呼ばれ，幕末の政治に力をもつようになった。

❶**薩摩藩**…商人からの藩の借金を事実上たな上げにし，黒砂糖❸の専売や琉球を通じた清との貿易などで利益をあげた。
└→ 鹿児島県

❷**長州藩**…借金を整理し，紙などの専売を行い，さらに下関での海運をさかんにして利益をあげた。
└→ 山口県

❸**肥前（佐賀）藩**…陶器の専売で利益をあげた。
└→ 佐賀県・長崎県

暗記術 **天保の改革　人はよい**
1 8 4 1
1841年　天保の改革が始まる

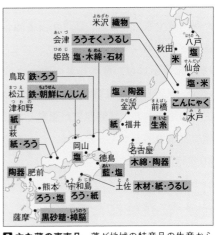

❷ **主な藩の専売品**　藩が地域の特産品の生産から販売を管理し，利益を独占した。

米沢　織物
会津　ろうそく・うるし
秋田　米
八戸　塩
姫路　塩・木綿・石材
鳥取　鉄・ろう
松江　鉄・朝鮮にんじん
津和野　紙
萩　紙
仙台　塩・米
金沢　塩・陶器
前橋　生糸
水戸　こんにゃく
福井　紙
岡山　塩
名古屋
徳島　藍・塩
土佐　木材・紙・うるし
宇和島
熊本　ろう・塩
肥前　陶器
薩摩　黒砂糖・樟脳

（九州大学附属図書館）

❸ 黒砂糖づくり

江戸時代には，世界地図をつくった人もいたの？

1821年に伊能忠敬による日本地図が完成したが，この地図は江戸幕府に提出され，明治時代になるまで世の中に出回らなかった。では，江戸時代の日本人は，どのような地図を見ていたのだろうか。

1 日本人が作成した日本地図

　江戸時代には，さまざまな地図が出版された。中でも，17世紀末に出版された「日本海山潮陸図」は，日本列島の形は正確ではないが，城や城主の名前，江戸から各地への距離などが記載され，ベストセラーになった。18世紀後半には，日本列島の形が比較的正確な「改正日本輿地路程全図」が出版され，広く利用された。**伊能忠敬**が測量して正確な日本地図をつくったのは，これから40年ほどあとのことである。

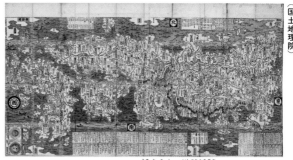

（国土地理院）

↑「日本海山潮陸図」　1691年に浮世絵師の石川流宣が作成した。

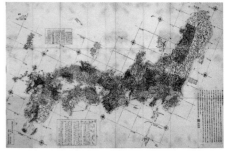

➡「改正日本輿地程全図」　1779年に地理学者の長久保赤水が作成した。

（高萩市歴史民俗資料館蔵・長久保赤水顕彰会寄贈）

2 世界地図をつくった人もいたの？

　1602年に，明でイタリア人による「坤輿万国全図」という世界地図が出版された。この地図が日本にもたらされると，これをもとにした世界地図が数多く出版された。中でも，長久保赤水が作成した「改正地球万国全図」は，何度も印刷され，世の中に広まった。江戸時代の末には，新しい世界地図がヨーロッパから伝わり，それらをもとにした世界地図が作成された。

（高萩市歴史民俗資料館蔵・個人寄贈）

↑「改正地球万国全図」　1785年に長久保赤水が作成した。

1 農業・諸産業の発達 ～ 3 幕府政治の安定と元禄文化

解答

□(1) 農具では，深く耕すための〔 千石どおし　備中ぐわ 〕や，脱穀用の〔 唐箕　千歯こき 〕などが，発明・改良された。

(1) 備中ぐわ，
千歯こき

□(2) 江戸・大阪・〔　　　〕は三都と呼ばれ，大阪は商業の中心地として「天下の〔　　　〕」と呼ばれた。

(2) 京都，
台所

□(3) 三都や城下町では，商人は〔　　　〕という同業者ごとの組合をつくり，幕府や藩に税を納める代わりに営業を独占した。

(3) 株仲間

□(4) 東北・北陸地方の年貢米を，江戸に運ぶ〔　　　〕航路や，大阪に運ぶ〔　　　〕航路が開かれた。

(4) 東廻り，
西廻り

□(5) 第5代将軍徳川綱吉のころ，上方では〔　　　〕文化が栄え，浮世草子で〔 井原西鶴　松尾芭蕉 〕が活躍した。

(5) 元禄，
井原西鶴

4 享保の改革と社会の変化 ～ 7 外国船の出現と天保の改革

□(6) 第8代将軍徳川吉宗は〔　　　〕の改革を始め，裁判の基準となる〔 御成敗式目　公事方御定書 〕を定めた。

(6) 享保，
公事方御定書

□(7) 老中〔　　　〕は寛政の改革を始め，幕府の学問所では〔　　　〕以外の学問の講義を禁止した。

(7) 松平定信，
朱子学

□(8) 本居宣長は『古事記伝』を著し，〔　　　〕を大成した。

(8) 国学

□(9) 前野良沢や〔 平賀源内　杉田玄白 〕らは，オランダ語の人体解剖書を翻訳して『〔　　　〕』を出版した。

(9) 杉田玄白，
解体新書

□(10) 19世紀前半，江戸を中心に〔　　　〕文化が栄えた。

(10) 化政

□(11) 錦絵が人々に喜ばれ，〔 東洲斎写楽　葛飾北斎 〕は「富嶽三十六景」などの作品を残した。

(11) 葛飾北斎

□(12) 1837年，ききんに苦しむ人々の救済を求めて，大阪町奉行所の元役人だった〔　　　〕が乱を起こした。

(12) 大塩平八郎

□(13) 老中〔　　　〕は天保の改革を始め，物価上昇を抑えるために〔　　　〕の解散を命じた。

(13) 水野忠邦，
株仲間

定期テスト予想問題

1節／ヨーロッパ人との出会いと全国統一

1 次の文を読んで，下線部について各問いに答えなさい。　〔4点×3，(4)は10点〕

　1543年，種子島に a □□ が伝えられ，1549年に b キリスト教が日本に伝えられたのち，ヨーロッパとの貿易が始まった。このころ，日本は戦国時代で，c 織田信長が室町幕府を滅ぼし，あとを継いだ d 豊臣秀吉が1590年に全国統一を達成した。

(1) 下線部 a の □□ に当てはまる2字を漢字で書きなさい。　〔　　　　　〕

(2) 下線部 b について，日本へのキリスト教の伝来と関係の深いできごとを，次のア～エから1つ選び，記号で答えなさい。　〔　　　〕

　ア　十字軍が派遣された。　　イ　キリスト教がローマ帝国の国教となった。

　ウ　アラビア半島でイスラム教がおこった。　　エ　ルターが宗教改革を始めた。

(3) 下線部 c について，織田信長は，安土城下では座の特権を廃止し自由な営業を認めました。この政策を何といいますか。　〔　　　　　〕

思考 (4) 下線部 d について，豊臣秀吉は，百姓や寺院から刀などの武器を取り上げましたが，この政策の主な目的は何ですか。〔　　　　　　　　　　　　　　　　　〕

2節／江戸幕府の成立と鎖国

2 右のA・Bの史料を見て，次の各問いに答えなさい。　〔5点×4〕

(1) Aは，江戸幕府が大名統制のために定めた法律です。この法律を何といいますか。〔　　　　　〕

(2) Aの下線部について，この制度を何といいますか。漢字4字で答えなさい。　〔　　　　　〕

(3) Bは，幕府の百姓支配の方針を示した触書です。これを出した目的として適当なものを，次のア～エから1つ選び，記号で答えなさい。　〔　　　〕

　ア　百姓の生活を向上させるため。　　イ　百姓から年貢を確実にとるため。

　ウ　百姓が領地から逃げないようにするため。　　エ　百姓に反乱を起こさせないため。

(4) Bとともに，幕府は農家5～6戸を1組にして，年貢納入などに連帯責任を負わせました。この制度を何といいますか。　〔　　　　　〕

> A　一　諸国の大名は，自分の領地と江戸とを交代で住むこと。
>
> B　一　衣類は麻布と木綿に限る。
> 　　一　雑穀を食べ，米はむやみに食べないこと。　（一部要約）

3 次のA～Cを読んで，あとの各問いに答えなさい。　〔4点×6，⑶は10点〕

A　老中の私は，外国船の接近などに対応し，幕府の権威回復を目指して改革を行った。

B　紀伊藩主だった私は，徳川家康の政治を理想に，幕府財政の再建を目指して改革を行った。

C　白河藩主だった私は，老中となって，農村の復興と政治の引き締めを目指して改革を行った。

⑴　A～Cの「私」とは誰ですか，次のア～エから1人ずつ選び，記号で答えなさい。

A〔　　　　〕　　B〔　　　　〕　　C〔　　　　〕

ア　水野忠邦　　イ　徳川吉宗　　ウ　田沼意次　　エ　松平定信

思考⑵　次の①～③の政策は，A～Cのどの改革で行われたものですか。当てはまるものをそれぞれ選び，A～Cの記号で答えなさい。

①　幕府の学問所では朱子学以外の学問の講義を禁止し，試験によって有能な人材を登用した。

②　大名に1万石につき100石の米を納めさせ，参勤交代での江戸滞在期間を半年にした。

③　物価上昇の原因が株仲間にあるとして，株仲間の解散を命じた。

①〔　　　　〕　　②〔　　　　〕　　③〔　　　　〕

⑶　A～Cを年代の古い順に並べなさい。　〔　　　　→　　　　→　　　　〕

4 右の地図を見て，次の各問いに答えなさい。　〔4点×6〕

⑴　商業の中心地として「天下の台所」と呼ばれた都市の名を書き，その位置を，地図中のア～エから1つ選び，記号で答えなさい。

都市名〔　　　　　　〕　　位置〔　　　　〕

⑵　地図中のAの航路を何といいますか。〔　　　　　　　　〕

⑶　地図中のBは五街道の一つですが，この街道を何といいますか。　〔　　　　　　　　〕

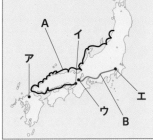

⑷　①19世紀前半に，地図中のエの都市を中心に栄えた文化を何といいますか。②また，この文化の内容として当てはまらないものを，次のア～エから1つ選び，記号で答えなさい。

①〔　　　　〕　　②〔　　　　〕

ア　風景画に優れた歌川広重が，「東海道五十三次」を描いた。

イ　松尾芭蕉が俳諧(俳句)を芸術にまで高め，多くの俳句を詠んで『奥の細道』を著した。

ウ　幕府を批判したり，世相を皮肉ったりする川柳や狂歌が流行した。

エ　曲亭(滝沢)馬琴の『南総里見八犬伝』などが多くの人に読まれた。

中学生のための 勉強・学校生活アドバイス

勉強の気分が乗らないときは？

「最近ちょっと勉強スランプかも。なんかはかどらなくて……。」

「そういうときもあるよね。『勉強に集中できてないなぁ』ってこと，私もたまにある。」

「雪乃はそういうときどうしてる？」

「**勉強グッズを買って**，気分を上げたりするかな。新しい文房具とか，参考書とか。」

「なるほど。買い物って気分転換にもなりそう。」

「これを買ったからやらなきゃ！　って頑張る気持ちにもなれるし，実際に勉強でも使えるしね。」

「俺はあまりお金は使いたくないなぁ。ほかに気分を上げる方法はないかな？」

「**場所を変えるのもいい方法**だと思いますよ。図書館に行って勉強するとか。塾に行っている人は，塾の空いている教室を使わせてもらうのもいいですね。」

「それいい。自分の部屋だと誘惑が多いから，俺も場所を変えて勉強してみようっと。」

「大人でも，カフェで仕事や読書をしている人がいますからね。そういう人は，自分が集中できる場所を探した結果，そこにいきついたのかもしれませんね。」

「なるほど。」

「そういえば，姉ちゃんが，たまにリビングで勉強してたな。」

「**長い時間ずっと自分の部屋にこもっていると気が滅入るから，家の中で場所を変えてみる**のもいいですね。」

「リビングで勉強したら，家族の目もあるし，集中できそう。」

「気分が乗らないときでも『ここなら集中できる』っていう場所を，俺も探してみます！」

4章

開国と
近代日本の歩み

1 イギリスとアメリカの革命

1 市民の成長

17〜18世紀のヨーロッパ諸国では，国王が専制政治を行っていたが，経済的に成長してきた市民階級が，国王の政治に不満をもつようになってきた。

(1) 国王による専制政治…イギリスやフランスでは，強い権力をもった国王による専制政治（**絶対王政**）が行われ，両国は国力を強めていった。

(2) 啓蒙思想の発達

❶ イギリスの**ロック**は，人間の自由と平等の権利を侵す政府に対しては抵抗権があるとし，フランスの**モンテスキュー**は『**法の精神**』の中で三権分立を唱え，フランスの**ルソー**は『**社会契約論**』の中で**人民主権**を主張した。

❷ 国王の権力の制限や，人々の政治参加を唱えた啓蒙思想の考えは，本や雑誌などを通じて広まっていった。

2 イギリスの革命

市民階級が，自由と平等を目指して絶対王政をたおした革命を**市民革命**という。イギリスでは２度の市民革命が起こった。

用語解説 絶対王政

国王が，絶対的な権力をもって治めるしくみ。「国王の権力は神から授かったもの」という，王権神授説が支えとなっていた。16世紀後半のイギリスのエリザベス１世，17世紀後半のフランスのルイ14世（下の写真）が，その代表である。

(Erich Lessing / PPS通信社)

用語解説 啓蒙思想

理性を重視し，ものごとを合理的にとらえようとする考え方。

参考 市民革命の意義

ヨーロッパやアメリカでは，17〜18世紀の，市民階級が絶対王政をたおした市民革命をきっかけにして，近代民主政治への道が開かれた。

(1) ピューリタン革命（17世紀中ごろ）

❶議会を無視して専制を続けた国王と議会との間で内戦が始まった。議会側は**クロムウェル**の指導で勝利し，国王を処刑して**共和政**を始めた。
└→ プロテスタントのピューリタン（清教徒）が多かった

❷その後，クロムウェルは議会を解散して独裁政治を行った。

(2) 名誉革命（1688〜1689年）
└→ 国王の処刑も戦乱もなく行われたのでこう呼ばれる

❶クロムウェルの死後に王政が復活したが，国王が再び専制を行ったため，議会は国王を追放し，オランダから議会を尊重する新しい国王を迎えた。

 重要

❷国王は議会の制定した**権利**(の)**章典**を認め，これによりイギリスで世界初の**立憲君主制**と**議会政治**が確立した。
└→「立憲君政」と書くこともある

---

③ アメリカの独立革命

イギリスは，18世紀前半までに北アメリカの東海岸に13の植民地をつくっていた。
└→ 圧迫を逃れてくるピューリタンが多かった

(1) 植民地への課税…フランスとの戦争で財政が苦しくなったイギリスは，植民地に新たな税を課すことにした。植民地の人々は，本国の議会に代表者を送る権利がなかったことから，「代表なくして課税なし」と主張して，反対運動を始めた。

(2) アメリカ独立戦争

 重要

❶1775年，**ワシントン**を最高司令官に**独立戦争**を始めた。

❷1776年，平等・自由・幸福の追求，圧政への抵抗権などを盛り込んだ**独立宣言**を発表した。

(3) アメリカ合衆国の成立…植民地側は，フランスなどの支援を受けて勝利をおさめ，1787年には，人民主権と三権分立を柱に，連邦制を採用した合衆国憲法を制定した。そして，
└→ 1783年に独立が認められた
└→ 州に強い自治権がある
独立に功績のあった**ワシントン**が初代大統領に選ばれ，世界で最初の大統領制によるアメリカ合衆国が成立した。

4章／開国と近代日本の歩み
1節／欧米の進出と日本の開国

史料 **権利(の)章典**

第1条 議会の同意なしに，国王が法律を制定したり，廃止したりすることはできない。

第4条 議会の同意なしに課税することはできない。（一部要約）

用語解説 **立憲君主制**

憲法に基づいて，君主（国王や皇帝）が政治を行う政治体制。

参考 **ボストン茶会事件**

イギリスの植民地政策に反発したアメリカの人々が，1773年，ボストンに入港中のイギリスの船を襲い，積んであった茶（紅茶）を海に投げ捨てた事件。これが，独立戦争のきっかけとなった。

KEY PERSON
ワシントン

（1732〜99）
植民地の大農園主で，独立戦争では最高司令官として活躍し，独立後の1789年にはアメリカの初代大統領となった。
（学研写真資料）

史料 **独立宣言**

われわれは，自明の真理として，すべての人々は平等につくられ，創造主によって一定の奪いがたい生まれながらの権利を与えられ，その中に，生命・自由および幸福の追求が含まれていることを信じる。

（一部要約）

解説 独立宣言は近代民主主義の基本となり，のちのフランス革命の人権宣言などにも大きな影響を与えた。

2 フランス革命

1 フランス革命
◎背景…国王のもとに聖職者・貴族・平民の３つの身分
◎国王が三部会を開く→平民らが**国民議会**を結成
◎1789年，**フランス革命**が起こる→**人権宣言**を発表

2 ナポレオンの時代
◎**ナポレオン**…皇帝になり，ヨーロッパの大部分を支配
◎影響…フランス革命の理念が各地に広がる

1 フランス革命

　フランスでは，啓蒙思想などの影響を受けた人々の間に，旧体制を打ち破ろうとする気運が高まり，1789年に革命が始まった。

(1) 革命前のフランス社会

❶国王のもと，第一身分（聖職者）・第二身分（貴族）・第三身分（平民）の３つの身分❶❷に分かれていた。第一・第二身分は免税などの特権をもち，第三身分が税を負担していた。

❷人口の大部分を占める平民は，重税に苦しみ，経済活動や政治に参加できず，古い社会制度への不満が高まっていた。

(2) 革命への動き

❶三部会…イギリスとの戦争やアメリカ独立戦争への援助などで，財政難に苦しむ国王（ルイ16世）は，1789年に３つの身分の代表による議会（**三部会**）を開き，第一身分と第二身分にも課税しようとした。
　　→宮廷のぜいたくな生活も要因の一つだった

❷平民議員は三部会に不満をもち，別に**国民議会**を結成した。

(3) **フランス革命**

❶国王が国民議会を弾圧すると，パリの民衆は，1789年，圧政の象徴と考えられていた**バスチーユ牢獄**❸を襲った。
　　→政治犯が収容されていた

（Bridgeman Images / PPS通信社）

聖職者
貴族
平民

❶ 革命前のフランスの３つの身分

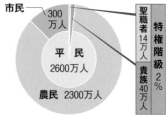

市民
300万人
平民 2600万人
農民 2300万人
聖職者14万人
貴族40万人
特権階級 2％

❷ 革命前のフランスの身分別人口割合
　全人口のうちわずか２％の特権階級が，土地の30〜40％を支配し，免税などのさまざまな特権をもっていた。大多数を占める平民（農民と市民）は，特権階級への不満が高まっていた。

こうしてフランス革命が始まった。

> **重要**
> ❷やがて国民議会は，自由・平等，国民主権，私有財産の不可侵(ふかしん)などを唱える**人権宣言**を発表した。

(4) 諸外国の干渉(かんしょう)…革命の広がりを恐(おそ)れた周辺諸国は，革命への干渉戦争を始めた。これに対して革命政府は，<u>国王を退位</u>させて1792年に**共和政**を始めた。
　　　　　　　　　　　　　←外国に協力したとして処刑された

（Bridgeman Images / PPS通信社）

❸ **バスチーユ牢獄(ろうごく)の襲撃(しゅうげき)**

> **史料　人権宣言**
>
> 第1条　人は生まれながらにして自由・平等の権利をもつ。
>
> 第3条　あらゆる主権の源は，本来国民の中にある。
>
> 第4条　自由とは，他人を害しない限り，すべてのことを行えるということである。
>
> 第11条　思想と言論の自由な発表は，人間の最も貴重な権利の一つである。　　（一部要約）

2　ナポレオンの時代

　革命後の不安定な状態の中で，軍人のナポレオンが政権を握(にぎ)り，皇帝(こうてい)となった。

(1) ナポレオンの登場

❶革命政府が，**徴兵制(ちょうへいせい)**をしくなど急進的な改革を行うと，国内でも革命に反対する動きが高まった。こうした内外の危機に，軍人の**ナポレオン**が権力を握り，革命の終結を宣言して1804年に国民投票で皇帝(こうてい)の位に就いた。

❷ナポレオン法典…ヨーロッパの大部分を軍事力で支配したナポレオン❹は，革命の成果を法律で確かなものにするために，人権宣言をふまえて**民法（ナポレオン法典）**を定めた。

❸その後，ロシア遠征(えんせい)の失敗をきっかけに諸国が立ち上がると，ナポレオンの支配は終わった。
　└→1814年，イタリアのエルバ島に流された

(2) ナポレオン退位後のヨーロッパ

❶ヨーロッパ諸国は，1814年のナポレオン退位後，ヨーロッパの再建を目的に**ウィーン会議**を開いた。この会議は，ヨーロッパをフランス革命前の状態に戻(もど)すことを基本に進められ，各国で君主が復活した。

❷革命運動は抑えられたが，フランス革命は普遍(ふへん)的な人権を主張するものだったので，その理念はヨーロッパのみならず世界中に広がった。

❹ **ナポレオンのヨーロッパ支配**

参考　ナポレオンの百日天下

　1814年に帝位(ていい)を追われ，エルバ島に流されたナポレオンは，翌1815年にパリに戻り皇帝となったが，わずか3か月で再び退位した。これを「ナポレオンの百日天下」と呼んでいる。

3 欧米諸国の発展

教科書の要点

1 国民意識の登場 ◎身分や地域を越えて「国民」としてのまとまりを求める動き

2 欧米諸国の動向 ◎フランス…2度の革命後に**普通選挙**が確立，イギリス…**政党政治**発達

◎イタリア…イタリア王国が成立，ドイツ…プロイセンの**ビスマルク**がドイツ統一（ドイツ帝国）

◎アメリカ…**南北戦争**中に**リンカン**大統領が**奴隷解放宣言**

---

1 国民意識の登場

　フランス革命のあと，ヨーロッパの人々の間には「国民」としてまとまろうとする意識がめばえてきた。

(1)「国民」としての意識…フランス革命での自由・平等，国民主権の理想は，人々の間に民族や身分，地域を越えて「国民」として一つにまとまろうとする動きを生み出した。

(2)「国民」としての一体感…19世紀に入り各国で，**義務教育**が普及するなどして，人々が同じ経験をするようになり，「国民」としての一体感が生まれた。さらに議会の開設で政治に参加できるようになったことも，一体感を強めた。

■ 19世紀のヨーロッパの情勢

（ルーブル美術館所蔵）

2 欧米諸国の動向

　19世紀には，ヨーロッパでは近代国家の建設が進められ■，アメリカ合衆国では南北戦争が起こった。

(1) フランス

❶ナポレオンの退位後に王政が復活したが，19世紀前半の2度の革命❷を経て，世界初の男子**普通選挙**が確立した。
┗→七月革命・二月革命

❷革命のあと，ナポレオン3世が大統領，ついで皇帝となっ

■ 民衆を導く自由の女神 パリ市民が王政をたおしたフランスの七月革命（1830年）を描いたもの。ウィーン会議後に復活した旧王家は，労働者や市民の自由主義運動を弾圧していたので，パリ市民は国王を追放し，新たな国王を迎えた。

Map labels: イギリス / 1830年ベルギーの独立 / 選挙法改正 / プロイセン / 1871年成立 / ベルリン / ロシア / パリ / ドイツ帝国 / プラハ / フランス / 七月革命・二月革命 / ウィーン / ブダペスト / オーストリア / スペイン / ローマ / トルコ / 1861年成立 / イタリア王国 / 1829年ギリシャの独立

■ 1848〜49年に革命・民族運動の起こったところ

⟵ ドイツ・フランスの戦争（1870〜71年）とドイツ軍の進路

たが，1870年にドイツ（プロイセン）との戦争で降状すると退位し，フランスは再び共和政に戻った。

(2) イギリス

❶ 強力な海軍力を使って世界各地に進出するなどして繁栄した。首都ロンドンは世界の経済・金融の中心となり，世界で最初の万国博覧会も開かれた。
  └→1851年

❷ 選挙法が改正され，1884年までに労働者にも広く選挙権が与えられた。**政党政治**が発達し，保守党と自由党の二大政党が交互に政治を担当するようになった。

(3) イタリア…北部をオーストリアに支配されていたイタリアでは，1861年に**イタリア王国**が成立した。
  └→1870年にはローマを併合して統一完成

(4) ドイツ…ドイツは，多くの国に分裂し，プロイセンとオーストリアが強国となっていたが，プロイセンの**ビスマルク**首相がオーストリアやフランスとの戦争に勝利し，1871年
  └→「鉄血宰相」と呼ばれた
にドイツ帝国が成立した。

(5) ロシア…ロシアは，皇帝による専制政治のもとで，18世紀半ばから，不凍港などを求め，領土拡大（**南下政策**）を進めたが，失敗に終わった。

(6) アメリカ合衆国の南北戦争

❶ 独立後のアメリカは，領土を太平洋側まで広げた❸。商工業が発展し，南部は，奴隷による綿花栽培がさかんで自由貿易
  └→主にアフリカ系の人々
を望み，北部は，工業がさかんで保護貿易を望んでいた。

重要

❷ 奴隷制などをめぐり，南部と北部の対立が深まり，1861
  └→奴隷制に反対していた
年，**南北戦争**が始まった。

❸ 南北戦争中，**リンカン**大統領が**奴隷解放宣言**を出して，1865年に北部を勝利に導いた。

❹ 南北戦争後，アメリカは再び統一を取り戻し，大量の移民を受け入れ，重工業も発達し，19世紀末には世界最大の資本主義国となった。しかし，奴隷制は廃止されたものの，奴隷とされた人々への差別は根強く残った。

参考 **中南アメリカ諸国の独立**

19世紀初め，中南アメリカでも独立の気運が高まり，アルゼンチン，メキシコなど多くの国が独立した。

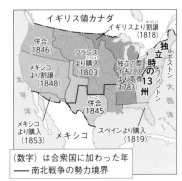

（数字）は合衆国に加わった年
── 南北戦争の勢力境界

❸ **アメリカの領土の広がり**

参考 **ストウ夫人と『アンクル＝トムの小屋』**

奴隷制をめぐって議論が激しかった1852年，ストウ夫人は『アンクル＝トムの小屋』という小説で，奴隷の悲惨な状態を描いた。この本は発売とともに大きな反響を呼び，北部の人々を中心に奴隷の解放を求める世論が高まった。

KEY PERSON

リンカン

（1809〜1865年）

（Alamy／PPS通信社）

アメリカ合衆国第16代大統領。南北戦争中の1863年に奴隷解放宣言を出して，北部を勝利に導いた。激戦地ゲティスバーグでの演説で訴えた「人民の，人民による，人民のための政治」は，民主主義の理想を示すものとして有名。

4 産業革命と資本主義

教科書の要点

1 産業革命
◎**産業革命**…機械の発明・改良で経済・社会が変化
◎18世紀後半，イギリスで綿工業から始まる

2 資本主義の発展と社会主義
◎**資本主義**…資本家が労働者を雇い，利益を目指して生産
◎労働者は**労働組合**を結成→**社会主義**の思想が生まれる

1 産業革命

いち早く市民革命を成しとげ，社会の近代化が進んでいたイギリスでは，18世紀中ごろから工場での機械による大規模な生産（工場制機械工業）が始まり，これまでの経済・社会のしくみを大きく変える産業革命が起こった。

(1) イギリスの産業革命

❶イギリスでは，東インド会社を通じて軽くて美しいインド
→ p.105
産の綿織物が大量に輸入され，多くの人々に喜ばれていた。

❷この人気を受けて，綿織物を自国でつくるために技術改良
が進められ，紡績機や織機が次々に発明・改良された**1**。
ぼうせき　　　しょっき
繊維から糸をつむぐ機械←　→糸から布を織る機械

❸18世紀後半になると，機械を動かす動力として**ワット**が**蒸
気機関**を改良し，綿織物の生産力がいっそう高まった**2**。

 重要 ❹こうして18世紀後半，イギリスの綿工業から**産業革命**
が始まった。

(2) 産業革命の進展…イギリスでは，製鉄・機械・鉱業などの
産業もさかんとなり，大量の製品を運ぶために蒸気機関車も
発明された。やがて産業革命はヨーロッパ各地に広がるが，
イギリスはほかの国を大きく上回る工業力をもち，19世紀
半ばには「**世界の工場**」と呼ばれるようになった。

年		
1710	ニューコメン…蒸気機関の実用化	
33	ケイ…飛び杼	
64	ハーグリーブズ…ジェニー紡績機	産業革命の進展
	→綿糸の生産伸びる	
69	ワット…蒸気機関の改良	
69	アークライト…水力紡績機	
85	カートライト…力織機	
	→綿織物の生産伸びる	
1800		交通機関の革命
1807	フルトン〈米〉…汽船	
14	スティーブンソン…蒸気機関車	
25	世界最初の鉄道開通	

1 機械の発明・改良

（Mary Evans / PPS通信社）

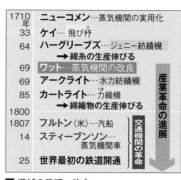

2 **イギリスの紡績工場**　蒸気機関で動く機械を使っている。

くわしく 産業革命の広がり

産業革命は，19世紀前半にはアメリカ合衆国やフランス，ドイツに，19世紀後半にはロシアや日本などに広がっていった。

2　資本主義の発展と社会主義

　産業革命によって，資本家が利益を目的に労働者を雇って生産するという資本主義という経済のしくみが生まれた。

(1) **資本主義**の成立…産業革命の結果，**資本家**が**労働者**を雇い，利益を目指して生産する経済のしくみができた。資本家は，利益の拡大を目的として自由に生産活動を行うようになった。

(2) 労働・社会問題の発生

　❶資本家は利益をあげるため，労働者を安い賃金で長時間働かせたので，労働者との間で対立が起こり，労働者は，生活を守るために団結して**労働組合**をつくった。

　❷産業が発達すると，都市に人々が集まるようになり，住宅不足や河川の汚染などの社会問題も起こった **3**。

(3) **社会主義**の思想…資本家と労働者の対立が起こると，資本主義のしくみを変えて，労働者を中心とした平等な社会をつくろうとする社会主義の思想が生まれた。社会主義の思想は，各国の労働組合と結びつきながら，**マルクス**の著作などによって世界に広まっていった。

3 ロンドンのスラム　地方からの移住者が増えて，工場で働く人々が暮らすスラムと呼ばれる住宅街ができた。

KEY PERSON

マルクス

（1818〜1883年）

（学研写真資料）

　ドイツの経済学者で，エンゲルスとともに『資本論』を著して，資本主義社会が行きづまることを説いた。また，国際的な労働運動を指導し，労働者が団結して社会主義社会を実現しようと訴えた。

Column　子どもの労働時間はどうだった？

　機械の使用で作業が単純化されると，多くの子どもたちがひどい労働条件で働かされるようになった。繊維工場での悲惨な労働条件が問題になったとき，政府に呼ばれた証人は次のように答えた。

　　問：忙しいときには，朝は何時に工場に行ったのか？

　　答：朝の3時に行き，終わるのは夜の10時から10時半くらいでした。

　　問：19時間の労働の間，休憩のためどのくらいの時間が与えられたのか？

　　答：朝食に15分，昼食に30分，そして飲み物をとるのに15分間です。

　　問：仕事に遅刻した場合はどうなるのか？

　　答：5分遅刻すると，給料を4分の1減らされました。

このののち，イギリスでは1833年に，9歳未満の労働を禁止し，労働時間を制限する工場法が制定された。

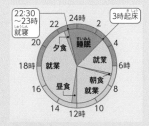

↑工場で働く子どもの1日

5　ヨーロッパのアジア侵略

教科書の要点

1 **イギリスと　アヘン戦争**
◎**三角貿易**…イギリスが清から茶・絹を輸入→清にアヘンを輸出
◎**アヘン戦争**…イギリスが清を破る→不平等な**南京条約**
◎**太平天国の乱**…清をたおそうと挙兵するも敗れる

2 **インドの植民地化**
◎**インド大反乱**…イギリス支配に反乱，鎮圧されインド帝国成立

---

1 **イギリスとアヘン戦争**

　産業革命を進めた欧米諸国は，工業製品の輸出先を求めてアジアへ進出してきたが，その先頭に立ったのはイギリスだった。

(1) イギリスの**三角貿易**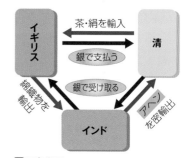

❶イギリスは，中国（清）から茶や絹などを大量に輸入していたので貿易は赤字で，代金として大量の銀が流出していた。また，清は欧米との貿易港を広州1港に限っていたので，イギリスは，清で自国の工業製品を思うように売ることができなかった。

❷銀の流出を防ぐため，イギリスは綿織物をインドに輸出して，インドで栽培した麻薬のアヘンを清に密輸した。アヘンの代金は銀で支払われたので，銀はインド経由でイギリスに流れるようになった。

(2) アヘン戦争

❶銀の流出とアヘンの健康被害などに悩む清が，アヘンを厳しく取り締まると，1840年，イギリスは戦争を起こして勝利した（**アヘン戦争**）。
　　　　　　　　　　　　没収したアヘンを焼き捨てた→

 重要

❷1842年，**南京条約**が結ばれ，イギリスは上海など5港を開かせ，香港を譲り受け，多額の賠償金を得た。

■1 三角貿易

イギリス　茶・絹を輸入　清
　銀で支払う
　銀で受け取る
綿織物を輸出　アヘンを密輸出
　　　　インド

（公益財団法人東洋文庫所蔵）

■2 アヘン戦争

参考　香港

　南京条約でイギリスが手に入れた香港は，1997年に中国に返還された。

❸翌年には，清に**関税自主権**■■がなく，イギリスの**領事裁判権**■■を認めた不平等条約が結ばれた。清はほかの欧米諸国とも同じような条約を結ばされ，清の侵略（しんりゃく）が進んだ。

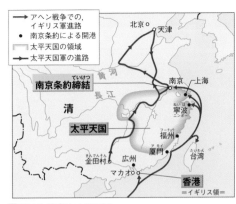

❸ アヘン戦争と太平天国

（凡例）
→ アヘン戦争での，イギリス軍進路
● 南京条約による開港
□ 太平天国の領域
→ 太平天国軍の進路

北京　天津　黄河
南京条約締結　南京　上海
清　長江
太平天国　寧波（ニンポー）
金田村　広州　福州（フーチョウ）　厦門（アモイ）　台湾
マカオ
香港
＝イギリス領＝

(3) **太平天国**

❶アヘン戦争の賠償金のための重税に苦しむ人々の間で，清に対する不満が高まっていた。こうした中で，1851年，**洪秀全**（ホンシウチュワン）が反乱を起こし，**太平天国を建国**した（**太平天国の乱**❸）。←平等な社会をつくろうとした　乱は清の各地に広がったが，外国の援助（えんじょ）などを受けた清に滅（ほろ）ぼされた。

❷太平天国の混乱の中で，イギリスとフランスは1856年に再び清を攻（せ）め，北京（ペキン）を占領して天津（テンシン）（ティエンチン）の開港やキリスト教の布教などを認めさせた。

［用語解説］ 関税自主権

輸出入される商品の税（関税率）を自国で独自に決める権利。関税自主権がないと，国内でつくられる商品より安い商品がそのまま輸入されることになり，自国の産業を守れなくなる。

［用語解説］ 領事裁判権

外国人が事件を起こしても，その国の法律では裁けず，その国にいる外国の領事が自国の法律で裁判を行う権利。

❷ インドの植民地化

アジアへ進出したイギリスは，19世紀後半にはインドを直接支配下に置いた。

(1) **イギリスの支配**❹

❶イギリスは，インド（ムガル帝国）の衰（おとろ）えをみて東インド会社を通じてインド支配を広げ，←1600年に設立　19世紀後半にはインドの大部分を支配下に置いた。

❷機械でつくられたイギリスの安い綿織物がインドに大量に流入したため，伝統的なインドの綿織物業は打撃（だげき）を受け，人々はイギリスに反感をもつようになった。

(2) **インド大反乱**

❶1857年，東インド会社に雇（やと）われていたインド人兵士が，ムガル帝国の復活をはかって反乱を起こした。←多くの人々が参加しインド全土に広がった

❷反乱を鎮圧（ちんあつ）したイギリスはムガル帝国を滅ぼし，東インド会社も廃止（はいし）し，インド全土を直接支配した。1877年には，イギリス国王を皇帝（こうてい）に，**インド帝国**が成立した。←このときはビクトリア女王

デリー
カルカッタ
インダス川
ボンベイ
マドラス

（凡例）
■ 1805年ごろのイギリスの支配地
■ 1858年ごろのイギリスの支配地
○ インド大反乱の中心地域

❹ イギリスのインド支配

6 開国と不平等条約

教科書の要点

1 開国と不平等
条約の締結

◎ **ペリー**…1853年，浦賀に来航→幕府に日本の開国を要求

◎ **日米和親条約**で開国→**日米修好通商条約**で貿易開始

2 開国の影響

◎ 貿易の開始…主な相手国はイギリス，最大の貿易港は横浜

◎ 経済の混乱…質の悪い貨幣，品不足や買い占め

1 開国と不平等条約の締結

　日本に接近する外国船が多くなる中，19世紀中ごろから，アメリカ合衆国が開国を要求するようになった。

(1) **アメリカの要求**…アメリカは，捕鯨船と貿易船の寄港地確保のため，東インド艦隊司令長官**ペリー**を派遣した。ペリーは，1853年，4隻の軍艦を率いて**浦賀**に来航し**1**，幕府に国書を渡して開国を求めた。
　　　└→幕府は翌年回答すると約束

(2) **幕府の対応**…先例を破って，朝廷に報告し，諸大名の意見を求めた。これは，朝廷や雄藩の発言力を強める結果となった。
　　　　　　　　　　　　　└→p.141

(3) **日米和親条約の締結**

> ❶1854年，ペリーが再び来航し，幕府は**日米和親条約**を結び，**下田・函館**の2港を開港した。
> 　　　└→静岡県　└→北海道

> ❷内容…2港の開港のほか，アメリカ船に燃料・食料・水を供給すること，下田にアメリカ領事を置くことを認めた。

> ❸イギリス・オランダ・ロシアとも同様の和親条約を結び，鎖国体制が崩れて開国することになった。
> 　└→択捉島（えとろふとう）以南が日本領と決められた

(4) **日米修好通商条約の締結**

❶下田に着任したアメリカ総領事の**ハリス**は，幕府に通商条約を結んで貿易を開始することを強く求めた。

（一般財団法人 黒船館）

1 黒船の来航

KEY PERSON

ペリー

（1794〜1858年）

（玉泉寺ハリス記念館）

　アメリカ合衆国東インド艦隊司令長官。1853年，4隻の軍艦を率いて浦賀に来航し，大統領の国書を差し出して，幕府に開国を求めた。1854年，再び来航し，日米和親条約を結んだ。

暗記術　1854　一夜越し 2港開いた 和親条約

1854年　日米和親条約が結ばれ開国

重要

❷1858年，大老**井伊直弼**は反対派を抑え，朝廷の許可のないまま**日米修好通商条約**を結んだ。

❸函館・新潟・神奈川・兵庫・長崎❷の5港を開いた。

❹アメリカの**領事裁判権**を認め，日本に**関税自主権**のない**不平等条約**だった。
→清がアヘン戦争後に結んだ南京条約とほぼ同じだった

❺オランダ・ロシア・イギリス・フランスとも同様の条約を結び，開港地の外国人居留地での自由な貿易が始まった。

（下田は，日米修好通商条約の締結で閉鎖）

❷ 和親条約と修好通商条約の開港地

◆くわしく　**貿易相手国はイギリスが第1位**

　日本を開国させたのはアメリカだが，貿易が始まってしばらくすると，貿易額ではイギリスが80％以上を占めて第1位で，アメリカはわずか数％でしかなかった。それは，アメリカでは1861年から南北戦争が始まり，貿易どころではなくなったからである。

2　開国の影響

　貿易が始まると，物価上昇などで人々の生活が苦しくなった。

(1)　**貿易の開始**…貿易が始まると，相手国は**イギリス**が中心となり，**横浜**港が最大の貿易港となった。毛織物・絹織物・武器などが輸入され，日本からは**生糸**や茶などが輸出された❸。

(2)　経済の混乱

❶安くて良質な綿織物・綿糸などが大量に輸入されて，国内の生産者は大きな打撃を受けた。

❷金銀の**交換**比率の**違**いから大量の金が流出し，幕府が質を落とした**貨幣**を発行したことで物価が上昇した。

❸生糸の大量輸出などから，国内で品不足や買い**占**めが起こり，人々の生活が苦しくなった。

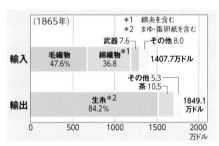

❸ 幕末の輸出入品の割合　（『日本経済史3　開港と維新』）

Column　**幕末になぜ金が海外流出した？**

　金と銀の交換比率は，日本では1：5，外国では1：15と差があった。外国人が日本に銀貨を持ち込み，日本の小判（金貨）を安く手に入れて外国に持ち出すと，3倍の銀貨に交換できたため，大量の小判が海外に流出してしまった。

　幕府は，小判の流出を防ぐため，小さくて金の割合の低い小判にして，外国の交換比率に近づけた。これで金の流出は抑えられたが，国内の物価の上昇を**招**いた。

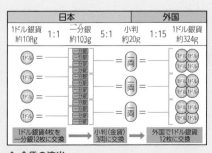

↑ 金貨の流出

江戸幕府の滅亡

1 攘夷から倒幕へ

◎ **尊王攘夷**の高まり→外国との戦いで，攘夷不可能をさとる

◎ **薩長同盟**…薩摩藩・長州藩中心に倒幕へ

2 江戸幕府の滅亡

◎ **大政奉還**…徳川慶喜が政権を朝廷に返す→江戸幕府の滅亡

◎ **王政復古の大号令**→天皇中心の政治復活を宣言

◎ **戊辰戦争**…旧幕府軍との戦いに勝利して，新政府が全国を統一

---

1 攘夷から倒幕へ

　幕府が朝廷の許可のないまま通商条約を結んだことは，天皇を尊ぶ**尊王論**と外国を追い払えという**攘夷論**を結びつけ，**尊王攘夷運動**がさかんになった。

(1) 幕府の動き

❶ **安政の大獄**…大老**井伊直弼**は，将軍のあと継ぎ問題などをめぐって幕府を批判する公家・大名や家臣を厳しく処罰し，吉田松陰らを処刑した。
　　→私塾の松下村塾（しょうかそんじゅく）で多くの人材を育てた

❷ **桜田門外の変**…弾圧に反発する元水戸藩士らは，1860年，江戸城桜田門外で井伊直弼を暗殺した。
　　→茨城県

❸ **公武合体策**…幕府は朝廷と結んで権威を取り戻そうとして（公武合体策），天皇の妹を第14代将軍の夫人に迎えた。
　　→徳川家茂

(2) 長州藩・薩摩藩の動き

❶ 尊王攘夷派が実権を握っていた長州藩では，1863年，関門海峡を通る外国船を砲撃したが，翌年に4か国の連合艦隊の砲撃を受け敗れた（**下関戦争❶**）。
　　→山口県

❷ 薩摩藩では，1863年，生麦事件の報復としてイギリス海軍から鹿児島湾を砲撃された（**薩英戦争**）。
　　→鹿児島県

❸ 薩長両藩は，戦いを通じて攘夷の不可能をさとり，長州藩

くわしく　将軍あと継ぎ問題

　第13代将軍徳川家定には子どもがなく，そのあと継ぎをめぐって，紀伊藩（和歌山県）主の徳川慶福（のちの家茂）を支持する譜代大名らと，一橋慶喜を支持する雄藩の大名らが対立していた。徳川慶福を支持する勢力に押されて大老となった井伊直弼は，日米修好通商条約締結後に，徳川慶福をあと継ぎと決め，雄藩の大名らを処罰した。

（横浜開港資料館所蔵）

❶ 下関砲台を占領する4か国の連合艦隊

参考　生麦事件

　1862年，生麦村（横浜市）で，イギリス人が，薩摩藩主の父の行列を横切ったとして，殺傷された事件。

では**木戸孝允**，薩摩藩では**西郷隆盛**や**大久保利通**らが実権を握り，西洋式軍備を整備した。

(3) 薩長同盟

重要 ❶薩摩藩と長州藩は，1866年，土佐藩出身の**坂本龍馬**ら
└→高知県
の仲立ちで**薩長同盟**を結び，倒幕のために協力することを約束した❷。

❷長州藩が方針を変えたことを知った幕府は，同年，長州藩を攻撃した。しかし薩摩藩の反対もあって失敗し，かえって幕府の無力を示すことになった。

❷ 倒幕に活躍した人々と出身地

2 江戸幕府の滅亡

倒幕への動きの中で，人々が「ええじゃないか」とはやし立てて踊る騒ぎや，「世直し」を期待する一揆や打ちこわしが各地で起こり，社会不安が広がった。

(1) 江戸幕府の滅亡

重要 ❶**大政奉還**❸…倒幕の高まりを見た第15代将軍**徳川慶喜**は，1867年，朝廷に政権を返上した。

❷朝廷は，公家の岩倉具視らが**王政復古の大号令**を出し，天皇中心の政治に戻ることを宣言した。

❸約260年間続いた江戸幕府は滅亡し，鎌倉幕府以来約700年間続いた武家政治も終わった。

(2) **戊辰戦争**❹（1868～1869年）

❶徳川慶喜への官職や領地の返上命令に不満をもった旧幕府軍は，1868年，新政府軍と戦った（**鳥羽・伏見の戦い**）。

❷この戦いに勝利した新政府軍は，西郷隆盛と幕府の勝海舟の話し合いで，江戸城を無血開城させた。

❸1869年，抵抗する旧幕府軍を函館の五稜郭の戦いで降伏させた。鳥羽・伏見の戦いからの一連の戦いを**戊辰戦争**という。

（邨田丹陵筆「大政奉還」聖徳記念絵画館）

❸ 大政奉還を諸大名に告げる徳川慶喜

くわしく **大政奉還の背景**

徳川慶喜は，倒幕派が兵を挙げる前に政権を朝廷に返し，力を温存したまま新政権でも主導権を握ろうと考えていた。しかし，王政復古の大号令が出され，実現しなかった。

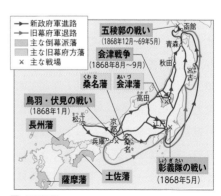

❹ 戊辰戦争

ペリーよりも前に 開国を求めたビッドル

1853年にアメリカ合衆国のペリーが浦賀に来航して江戸幕府に開国を迫ったが，実はそれより前に軍艦を率いて浦賀に来航し，開国を求めたアメリカ人がいた。

1 1度目の開国要求

ペリー来航の7年前の1846年に，アメリカ合衆国の東インド艦隊司令長官ビッドルが，2隻の軍艦を率いて浦賀（神奈川県）に来航し，日本に開国を求めた。幕府は要求を拒否し，外国との交渉は長崎でしか受けつけないと回答した。ビッドルの任務は，日本を開国させることではなく，日本に開国の意思があるかどうかを確かめることだったため，幕府から開国を拒否されたビッドルはそのまま退去した。

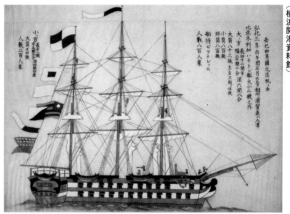

（横浜開港資料館）

⬆浦賀に来航したビッドル艦隊のコロンバス号 ビッドルは，清からアメリカへ帰る途中に浦賀に来航し，開国を求めた。

2 2度目の開国要求

1853年，日本を開国させるという任務でペリーが来航した。ペリーは任務を果たすために，日本について書かれた本を収集し，研究。その結果，武力を背景に開国を迫ったほうが効果的だと考え，高圧的な態度で交渉に臨んだといわれる。幕府が長崎へ行くように求めても従わず，軍艦を江戸湾内に侵入させて幕府をあわてさせた。こうして，ペリーは大統領の国書を幕府に受け取らせ，翌年，日米和親条約を結んだ。

⬆ペリー艦隊の航路 ペリー艦隊は，浦賀に来航する前に，琉球（沖縄県）と小笠原諸島に立ち寄った。このときペリーは，小笠原諸島を占領しようと考えていたという。

1 イギリスとアメリカの革命 ～ 5 ヨーロッパのアジア侵略

□(1) 1688年，イギリスでは〔　ピューリタン　名誉　〕革命が起こり，翌年に新しい国王が〔　　　　〕を認めた。

□(2) アメリカは，1776年に〔　　　　〕が発表され，独立戦争に勝利後，〔　リンカン　ワシントン　〕が初代大統領になった。

□(3) 1789年，パリの民衆が蜂起して〔　　　　〕革命が起こり，自由・平等，国民主権などを唱える〔　　　　〕が発表された。

□(4) 産業革命は，18世紀後半の〔　イギリス　ドイツ　〕で綿工業から始まった。

□(5) 1840年に起こった清との〔　　　　〕戦争に勝利したイギリスは，〔　　　　〕条約を結んで5港を開かせ香港を手に入れた。

(1) 名誉，
　　 権利(の)章典
(2) 独立宣言，
　　 ワシントン
(3) フランス，
　　 人権宣言
(4) イギリス
(5) アヘン，
　　 南京(ナンキン)

6 開国と不平等条約 ～ 7 江戸幕府の滅亡

□(6) 1854年，江戸幕府はアメリカのペリーと〔　　　　〕条約を結んで，函館・〔　　　　〕の2港を開港した。

□(7) 大老〔　　　　〕は，1858年に〔　　　　〕条約を結んだが，領事裁判権を認め，〔　　　　〕自主権のない不平等条約だった。

□(8) 〔　安政　慶応　〕の大獄で反対派を処罰した井伊直弼は，〔　　　　〕の変で，元水戸藩士らに暗殺された。

□(9) 1866年，薩摩藩と長州藩は〔　吉田松陰　坂本龍馬　〕らの仲立ちで，倒幕のために〔　　　　〕を結んだ。

□(10) 第15代将軍徳川〔　家定　慶喜　〕は，政権を朝廷に返した。これを〔　　　　〕という。

□(11) (10)のあと，朝廷は，〔　　　　〕の大号令を出して，天皇中心の政治に戻ることを宣言した。

□(12) 鳥羽・伏見の戦いで始まった，約1年半にわたる新政府軍と旧幕府軍の戦いを〔　　　　〕という。

(6) 日米和親，
　　 下田(しもだ)
(7) 井伊直弼(いいなおすけ)，
　　 日米修好通商，
　　 関税
(8) 安政，
　　 桜田門外(さくらだもんがい)
(9) 坂本龍馬，
　　 薩長同盟(さっちょう)
(10) 慶喜，
　　 大政奉還(たいせいほうかん)
(11) 王政復古
(12) 戊辰戦争(ぼしん)

1 新政府の成立

1 明治維新
◎**五箇条の御誓文**（1868年）…新政府の政治の基本方針
◎人々には五榜の掲示で一揆やキリスト教の禁止

2 中央集権国家へ
◎**版籍奉還**（1869年）…藩主に土地と人民を天皇に返させる
◎**廃藩置県**（1871年）…藩を廃止，府・県を設置→中央集権国家へ
◎身分制度の廃止…皇族以外はすべて平等，「**解放令**」

1 明治維新

　江戸幕府に代わって成立した明治新政府は，日本を近代国家にするために，欧米諸国を手本にさまざまな改革を実施した。この政治・経済・社会の変革を**明治維新**と呼ぶ。

(1) 五箇条の御誓文

> **重要**
>
> ❶1868年3月，新政府は，天皇が神に誓う形で，新しい政治の基本方針である**五箇条の御誓文**を出した。
> ❷内容…世論の尊重，国民の一致協力，旧制度を改革すること，知識を世界に求めることなどが述べられている。

(2) 五榜の掲示…五箇条の御誓文が出された翌日，5枚の高札を出して，人々が守るべきことを示した。しかし，内容は，一揆やキリスト教の禁止など，江戸幕府の方針を引き継いだもので，1873年までに撤去された。

(3) 新しい政治の始まり
❶東京遷都❶…新政府は，1868年7月に江戸を東京と改め，翌年首都を東京に移した。
❷改元…1868年9月，元号（年号）を慶応から**明治**と改めた。
　これ以降，天皇一代に一つの元号の「一世一元の制」を採用←
❸人々は，新しい政治を「御一新」と呼んで期待した。

史料 五箇条の御誓文

一，広ク会議ヲ興シ万機（重要な国務）公論ニ決スベシ
一，上下心ヲ一ニシテ盛ニ経綸（政策）ヲ行フベシ
一，官武一途庶民ニ至ル迄　各其志ヲ遂ケ人心ヲシテ倦マサラシメンコトヲ要ス
一，旧来ノ陋習（悪習，ここでは攘夷のこと）ヲ破リ　天地ノ公道ニ基クベシ
一，智識ヲ世界ニ求メ　大ニ皇基ヲ振起スベシ

（個人蔵）

❶ 江戸城に入る明治天皇一行

2 中央集権国家へ

　明治新政府 は，近代的な中央集権国家をつくるために，版籍奉還，ついで廃藩置県を行った。

(1) 版籍奉還

❶新政府が発足しても，これまでの藩は残り，藩主が土地（版）と人民（籍）を支配していた。

❷1869年，新政府は藩主に働きかけて，土地と人
　<small>→大久保利通（おおくぼとしみち）ら</small>
　民を政府に返させたが，旧藩主にそのまま藩の政治を担当させた。

(2) 廃藩置県

❶版籍奉還では改革の効果はなく，新政府は少ない直接の支配
　地から厳しく年貢を取り立てたので各地で一揆が起こった。
　<small>→版籍奉還では年貢は旧藩主に納められた</small>

重要
❷内容…1871年，新政府は藩を廃止して府・県を置き，中
　　　　　　　　　　　　　　　　　　　<small>→東京・大阪・京都</small>
　央から**府知事・県令**を派遣して治めさせた。

❸結果…天皇を中心とする中央集権国家の基礎が確立し，
　年貢はすべて国の収入となった。

(3) 藩閥政府…新政府の実権は薩摩・長州・土佐・肥前の4藩
　　　　　　　　　　　　　　<small>鹿児島県・山口県・高知県・佐賀県←</small>
　出身者と少数の公家が握り，のちに**藩閥政府**と呼ばれた。

(4) 身分制度の廃止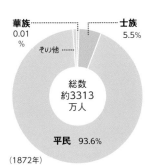

❶新政府は江戸時代の身分制度を廃止し，天皇の一族を**皇族**，
　元の公家・大名を**華族**，武士を**士族**，百姓・町人を**平民**とし，
　皇族以外はすべて平等とした。

❷平民も名字を名のり，職業・居
　住の自由や，華族や士族との結
　婚も認められた。

❸1871年には「**解放令**」（「賤称
　廃止令」）が出され，えた身分・
　ひにん身分の呼び名を廃止し，
　身分や職業は平民と同じとした。

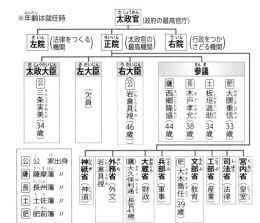

2 明治新政府のしくみ（1871年）

KEY PERSON

大久保利通

（1830〜1878年）

　薩摩藩出身。倒幕の
指導者。明治新政府の中心人物として，版籍奉還や廃藩置県などを行った。また，地租改正や殖産興業政策を推し進めて，中央集権国家の確立に努力した。

暗記術 藩とは言わない 県という　**1871**

1871年　廃藩置県が行われる

華族
0.01
%
そり他
士族 5.5%

総数
約3313
万人

平民 93.6%

（1872年）

3 華族・士族・平民の割合

くわしく 続く差別

　それまでえた身分・ひにん身分とされ不当な扱いを受けてきた人々は，1871年の「解放令」で身分・職業とも平民と同じとされた。しかし，就職・結婚などで差別は残り，現在もなお，差別解消へのさまざまな努力が続けられている。

2 維新の三大改革

1 近代国家を目指して　◎欧米のような近代国家を目指して，国力をつけるため改革

2 3つの改革
◎**学制**…近代的な学校制度の基本を定める
◎**徴兵令**…満20歳になった男子に兵役の義務
◎**地租改正**…**地券**の発行→**地価**の3％を土地の所有者が現金で納める→政府の収入が安定

1 近代国家を目指して

明治新政府は，欧米諸国にならった近代的な国家体制を目指して，さらに改革を進める必要があった。

(1) **富国強兵**…欧米諸国に対抗できる近代国家になるため，経済を発展させて国力をつけ（富国），軍隊を強くすること（強兵）を目指した。

(2) 富国強兵政策の中心…改革を担う人材を育てるための教育制度の整備，強力な軍隊づくり，改革の財源を確保するための税制の改革を進めた。

2 3つの改革

政府は，学制，兵制，税制の改革を進めていった。

(1) 学制の公布

重要
❶1872年，政府は**学制**を公布し，小学校から大学校までの近代的な学校制度の基本を定めた。

❷小学校教育が重視され，満6歳以上のすべての男女に小学校教育を受けさせることが義務となった。

史料 **学事奨励に関する被仰出書**

　人々が自分で生計を立て，家業をさかんにして生活していくのに必要なものは，身を修め，知識を広め，技術を伸ばすことである。そのためには学問をしなければならない。…これからは，一般の人々は，必ず村に学校に行かない家がなく，家には，学校に行かない人がいないようにしたい。　　　　（一部要約）

解説　学制の序文にあるもので，人々の教育の必要性を説いている。

（国宝旧開智学校）

❶ 旧開智学校（長野県松本市）
　1876年，地元の人々の寄付などでつくられた。和風と洋風が合わさった様式で近代教育の始まりを象徴するものとして，2019年に国宝に指定された。

❸しかし，授業料が家庭の負担だったため，最初は就学率が低かった。

❹1877年には東京大学がつくられるなど高等教育機関も整えられ，外国人教師を招くとともに留学生を派遣して，欧米の新しい知識などの導入に努めた。

(2) 徴兵令

❶「強兵」のためには，これまでの武士中心の兵力ではなく，国民を兵とする全国統一の軍隊をつくる必要があった。

重要
❷1873年，政府は**徴兵令**を出し，満20歳となった男子に，士族・平民の区別なく兵役の義務を負わせた。

❸しかし，最初は多くの兵役免除規定があって，実際兵役に就いたのは，免除規定に当てはまらない農家の二男・三男たちが多かった。そのため働き手が取られるとして，各地で徴兵反対一揆が起こった。

❹いっぽう士族は，1876年に廃刀令で帯刀が禁じられ，与えられていた俸禄（手当）の支給も廃止されるなど，これまでの特権がなくなり，徴兵令への反対も強かった。

(3) 地租改正…新政府は江戸時代の年貢を受け継いでいて，国家財政を安定させることは大きな課題であった。

❶1873年から，政府は次のような内容で**地租改正**を始めた。

重要
・土地の価格（**地価**）を決め，所有者に**地券**❷を発行する。
・税（**地租**）は，収穫高ではなく地価を基準にかける。
・税率は地価の３％で，土地の所有者が現金で納める。
　　　　　　　　　　　　　└→地主

❷政府の税収入は安定し，財政の基礎が固まった❸。しかし，地租は江戸時代の年貢収入より減らないよう定められたので，税の負担は変わらず重かった。そのため各地で地租反対一揆が起こり，政府は1877年に地租を2.5％に引き下げた。

❸いっぽう地主は，これまで通り小作料を米などの現物でとったので，米が値上がりすると大きな利益を得た。

参考　外国人教師

「お雇い外国人」とも呼ばれ，さまざまな分野で日本の近代化に貢献した。動物学者で大森貝塚を発見したモースや，札幌農学校（現在の北海道大学）を離れるときに「少年よ大志をいだけ」の言葉を残したクラークなどが知られている。

（学研写真資料）

❷ 地券

思考　どうして地租改正を行ったの？

政府の収入の多くは，江戸時代の年貢を受けついだ地租で，地租改正前は，収穫高に応じて徴収し，地域によって税率も違っていた。そのため，政府の収入が年によって変動し，不安定だった。このため政府は，地租改正で財源を安定させようとした。

（『日本経済統計総観』）

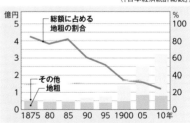

❸ 国家収入に占める地租の割合の変化

政府の収入に占める地租の割合は，1875年には８割を超えていた。新しい税の創設などにより，地租の割合は徐々に低下していくが，明治時代の中ごろまでは地租が税収の半分以上を占め，明治政府の財政を支えた。

3 殖産興業と文明開化

教科書の要点

1 殖産興業
◎近代産業の育成…**富岡製糸場**など**官営模範工場**の設立
◎交通→**鉄道**の開通，通信→電信，**郵便制度**

2 文明開化
◎**文明開化**…衣食住の洋風化，太陰暦から**太陽暦**へ，1日24時間制
◎新しい思想…**福沢諭吉『学問のすゝめ』**，**中江兆民**がルソーの思想を紹介

1 殖産興業

「富国」の実現を目指した政府は，欧米の機械や技術を取り入れて，近代産業の育成に乗り出した（**殖産興業**）。

(1) 官営模範工場の設立
❶政府は，幕府や藩の鉱山や造船所などを引き継いで経営し，新たに官営工場を各地につくった。

> **重要**
> ❷輸出の中心である生糸の増産・品質向上のために，**官営模範工場**の**富岡製糸場**❶をつくった。

(2) 貨幣制度の確立…1871年，新しい貨幣制度を定め，**円・銭・厘**の貨幣をつくり，貨幣の統一を図った。

(3) 交通の整備
❶鉄道…1872年に新橋・横浜間に**鉄道**が開通した。その後，←イギリスの資金と技術を導入した 大阪・神戸間など，主要な都市を結ぶ鉄道が開通し，1889年には東海道線が全線開通した。
❷海運業…沿岸で蒸気船の運航が始まった。

(4) 通信機関の整備…1869年に東京・横浜間に電信が開通し，1871年には前島密によって，飛脚に代わる近代的な**郵便制度**が整えられた。

(個人蔵)

❶富岡製糸場（群馬県） フランスの最新機械を導入して生糸の生産をした。フランス人技師の指導で新しい技術を学んだ女性（工女）は，全国にその技術を伝えていった。現在，富岡製糸場と関連遺産群は世界文化遺産に登録されている。

KEY PERSON
渋沢栄一
（1840〜1931年）
（国立国会図書館）
大蔵省（現在の財務省）の役人のとき富岡製糸場の設立に関わり，役人を辞めてからは第一国立銀行や大阪紡績会社など約500社の企業の設立に関わり，日本資本主義の発展に力を尽くした。

2 文明開化

欧米の文化もさかんに取り入れられ，都市を中心に生活が大きく変わり始めた。これを**文明開化**といい，横浜・神戸など開港地から広まっていった。

(1) 生活の変化**2** **3**…都市では，れんがづくりの洋風建物がつくられ，道路には馬車や人力車が走り，ガス灯がともされた。マゲを切って断髪にして洋服を着る人が増え，食事では牛肉を食べる習慣が広がり，パン・牛乳も売られるようになった。

(2) 太陽暦の採用…1873年には，太陰暦に代わって**太陽暦**が
　　　　　　　　　　　　　　　　　　　　　　　　　　→p.27
採用され，1日24時間制や1週間7日制も取り入れられた。
　　　　　　　　　　　　　　→日曜日は休日とされた

(3) 文明開化の広がり…こうした新しい生活の変化は，役所や学校などを通じてしだいに広まり，農村でも少しずつ人々の生活は変化していった。

(4) 新しい思想…自由・平等などの新しい思想も紹介された。

> **重要**
> ❶ **福沢諭吉**が『学問のす**ゝ**め』を著し，人は生まれながらに平等であることや，学問の重要性などを説いた。
> ❷ **中江兆民**は，ルソーの『社会契約論』を翻訳して，人権の尊重を説き，のちの自由民権運動に影響を与えた。
> 　　　　　　　　　　　　　　　　　　　　→p.174

(5) 新聞・雑誌の発行…活版印刷の普及で日刊新聞・雑誌が発
　　　　　　　　　　　1870年，最初の日刊新聞「横浜毎日新聞」が発行←
行され，知識の普及に大きな役割を果たした。

くわしく 「ザンギリ頭をたたいてみれば…」

西洋風に短くした髪型をザンギリ頭といい，1871年，政府が国民にマゲを切ってもよいという散髪脱刀令を出すと，少しずつ広まった。当時の人々は，「ザンギリ頭をたたいてみれば，文明開化の音がする」と歌い，ザンギリ頭は文明開化のシンボルとされた。

←ザンギリ頭

KEY PERSON

福沢諭吉

（1834～1901年）

（国立国会図書館）

豊前（大分県）中津藩出身。初めは蘭学を学んだが，開港後の横浜で英語の必要性に気づき，英語を学んだ。幕府の使節に従って欧米に渡って見聞を広めた。『西洋事情』や，「天は人の上に人をつくらず，人の下に人をつくらず」で始まる『学問のすゝめ』を著して，西洋の近代思想を紹介した。また，慶応義塾を創設した。

（個人蔵）

2 明治時代中ごろの銀座通り　車道には馬車や人力車が走り，歩道には，洋服を着た人が傘を差して歩き，ガス灯がみられる。

（静岡県立中央図書館）

3 新旧の戦い　欧米の文化の流入で変化した世の中を風刺した絵。

近代的な国際関係

1 国際関係の変化と岩倉使節団
◎ 欧米諸国との条約に基づく近代的な国際関係を目指した
◎ 岩倉使節団…不平等条約の改正交渉は失敗→欧米視察

2 清・朝鮮との関係
◎ 清…1871年に対等な内容の日清修好条規
◎ 朝鮮…江華島事件をきっかけに，1876年に日朝修好条規

---

1 国際関係の変化と岩倉使節団

　欧米諸国との対等な関係を築くため，日本は不平等条約の改正を目指して岩倉使節団を欧米に派遣した。

(1) 国際関係の変化

❶ 東アジアでは，これまで中国の皇帝に朝貢して，その代わりに支配者として認められるという関係が基本となっていた。これに対して，19世紀に東アジアへ進出してきた欧米諸国は，条約に基づく近代的な国際関係を求めてきた。

❷ 日本は，幕末の不平等条約を改正して欧米諸国と対等な関係を築こうとするいっぽう，朝鮮などには不平等な条約を押しつけようとしていた。

(2) 岩倉使節団

❶ 目的…幕末に結んだ不平等条約の改正は，明治新政府の大きな課題だった。1871年，政府は不平等条約の改正交渉を主な目的に，**岩倉具視**を全権大使に，**大久保利通・木戸孝允**らが参加した**岩倉使節団**を欧米に派遣した。

❷ 結果…不平等条約の改正については，法整備がされていないなど，日本の近代化が不十分として応じてもらえなかった。そのため，使節団は欧米の政治や産業などの視察に重点を移して，欧米諸国を回って帰国した。

(山口蓬春筆「岩倉大使欧米派遣」聖徳記念絵画館)

1 欧米に向けて出発する岩倉使節団
奥に見える大きな船に乗り込み，アメリカに向かった。

参考　女子留学生

　岩倉使節団には40人以上の留学生も同行したが，その中には7歳〜14歳までの5人の女子留学生もいた。いずれもアメリカ人家庭に寄宿し，勉強して帰国した。当時7歳と最年少だった津田梅子は，その後ももう一度アメリカに渡り，帰国後の1900年には女子英学塾（現在の津田塾大学）を創立し，女子教育の発展に力を尽くした。

❸意義…欧米諸国の議会や，官庁・学校などの近代的な施設を視察した使節団は，国力充実の必要性を感じて帰国した。この経験は，のちの改革に大きな影響を与えた。

2 清・朝鮮との関係

開国和親の方針をとっていた新政府は，中国（清）・朝鮮とも国交を開こうと努力し，両国と条約を結ぶことに成功した。

(1) 清との関係

❶日清修好条規…1871年，日本は清に使節を送り，**日清修好条規**を結んで国交を開いた。これは，日本が外国と結んだ最初の対等な条約だった。

❷台湾出兵…同じ1871年，台湾に漂着した琉球の人々が殺される事件が起こり，清がその責任を取らなかったので，1874年，日本は軍隊を台湾に派遣した（**台湾出兵**）。この事件は，清が賠償金を支払うことで解決した。
 └→沖縄県

(2) 朝鮮との関係

❶征韓論…朝鮮とも国交を開こうとしたが，鎖国政策をとる朝鮮は応じなかった。政府内では，**西郷隆盛・板垣退助**らを中心に，武力を用いても朝鮮を開国させようとする意見（**征韓論**）が強くなり，西郷隆盛を朝鮮に派遣することが決まった。

❷政府の分裂…しかし，1873年に欧米の視察から帰国した**大久保利通**らは，国力の充実が先だとして征韓論に反対し，派遣は中止された❷。主張が受け入れられなかった西郷と板垣は，辞職して政府を去った。

❸日朝修好条規…1875年，日本の軍艦が朝鮮半島の江華島付近を無断で測量して圧力をかけ，砲撃を受ける事件が起こった（**江華島事件**）。日本は，この事件を口実に，翌1876年，**日朝修好条規**を結び朝鮮を開国させた。条約は，日本だけが領事裁判権をもつなど，幕末に日本が欧米諸国と結ばされた不平等条約と同じような内容だった。

4章／開国と近代日本の歩み

2節／明治維新

史料 **日清修好条規（1871年）**

第1条　大日本国と大清国は友好を深め，互いの領土を尊重する。

第8条　開港地には，それぞれの国の役人を置き，自国商人の取り締まりを行う。財産や産業に関する事件の裁判は，自国の法律で裁く。

（一部要約）

解説　外国との初めての対等条約で，第8条で領事裁判権を認めあった。

（学研写真資料）

❷ 朝鮮をめぐる政府内の対立

史料 **日朝修好条規（1876年）**

第1条　朝鮮国は自主の国で，日本国と平等の権利をもっている。

第10条　日本国の人民が，開港場で朝鮮人に関する事件を起こしたときは，すべて日本の領事が裁判を行う。

第11条　両国は，別に通商規定を定め，両国の商人の便を図る。

（一部要約）

解説　日本は，第10条で領事裁判権を認めさせ，第11条の通商規定で関税免除の特権を得た。

国境と領土の画定

1 国境の画定
◎ロシアとは，**樺太・千島交換条約**で千島列島を日本領に
◎**小笠原諸島**，**尖閣諸島**，**竹島**が日本領に編入

2 北海道の開拓と沖縄県の設置
◎蝦夷地→**北海道**と改称，**開拓使**設置で開拓，**屯田兵**，アイヌの人々に同化政策
◎琉球→1879年，軍事力を背景に**沖縄県**設置（**琉球処分**）

---

1 国境の画定

　あいまいだった近隣諸国との国境を画定することは，近代国家を目指す新政府にとって重要な課題だった **1 2**。

(1) ロシアとの関係

　❶幕末の日露和親条約では，千島列島については，択捉島以南を日本領，得撫島以北をロシア領とし，樺太（サハリン）は国境を設けず両国人の雑居地とした。

❷樺太・千島交換条約…1875年，**樺太・千島交換条約**を結び，樺太をロシア領，千島列島の全島を日本領と決めることで，両国の国境を画定した。

(2) 小笠原諸島・尖閣諸島・竹島

　❶小笠原諸島…ほとんど無人島だったが，幕末に欧米の人々
　└→16世紀末に小笠原貞頼（さだより）が発見したといわれる
が移住を始めたことから，1876年に日本が領有を宣言した。これが国際的に認められ，日本領と画定した。

❷尖閣諸島と竹島…八重山諸島北方の**尖閣諸島**は1895年に沖縄県に，日本海に浮かぶ**竹島**は1905年に島根県に，それぞれ編入された。

1871	日清修好条規を結ぶ
1872	琉球藩を置く
1875	樺太・千島交換条約を結ぶ 江華島事件が起こる
1876	日朝修好条規を結ぶ 小笠原諸島の領有を宣言し各国に通告
1879	沖縄県を置く（琉球処分）
1895	尖閣諸島を沖縄県に編入
1905	竹島を島根県に編入

1 国境と領土の決定

2 明治時代初期の日本の領土

2　北海道の開拓と沖縄県の設置

明治政府は，ロシアと国境を接する蝦夷地を北海道と改称して開拓を進め，日清両国と関係をもつ琉球を沖縄県として日本領に編入した。

(1) 北海道の開拓

❶ 1869年，政府は蝦夷地を**北海道**と改称して，**開拓使**という役所を設けて，農地の開拓や鉄道・道路の建設などの事業にあたった。開拓の中心は，各地から移住してきた農民と兵士を兼ねた**屯田兵❸**で，労働力が不足すると囚人なども動員された。やがて札幌農学校が設けられ，アメリカの大農場制度などが導入された。
→現在の北海道大学

❷ アイヌの人々…開拓が進むとともに，先住民である**アイヌの人々**は土地や漁場を奪われて生活が苦しくなった。また，アイヌの人々を日本国民にする同化政策📖が行われ，アイヌの伝統的な風習や文化などが否定された。

❸ 1899年には，アイヌの人々の保護を名目に「北海道旧土人保護法」を制定して，農地を与えたりして農業の奨励などを行ったが，アイヌの人々の生活は向上しなかった。

(2) 沖縄県の設置

❶ 琉球王国は，江戸時代に薩摩藩の支配下に置かれ，清にも朝貢して，日本と清両国と関係をもっていた。新政府は，琉球を日本領としようと考え，1872年に琉球王国を**琉球藩**として国王尚泰を琉球藩主とした。

❷ 台湾出兵で琉球の領有権が認められたと考えた日本は，琉
→p.171
球藩が清と外交関係をもつことを禁止し，1879年，武力を背景に琉球の人々の反対を抑え，琉球藩を廃止して**沖縄県**を置いた（**琉球処分**）。
→国王の尚泰は東京へ移住させられた

❸ 琉球処分によって日本に編入されたあとも，土地制度や税制はしばらく旧制度のまま残されたが，やがて同化政策が進められた。

参考　松浦武四郎と北海道

松浦武四郎は，幕末に蝦夷地や樺太を調査した探検家で，アイヌの人々と親しく交流し，松前藩の支配で生活に苦しむアイヌの人々の生活を明らかにした。明治時代になり，蝦夷地を改称するときに，武四郎が提案した「北加伊道」が採用されて「北海道」となった。

(高村真夫筆「北海道開拓を進める屯田兵」聖徳記念絵画館)

❸ 北海道の開拓を進める屯田兵

用語解説　同化政策

ある国や民族が，支配する地域に対して，自分の国や民族の生活様式に合わせさせようとする政策のこと。明治政府はアイヌや琉球の人々に，日本語の教育を行ったり，日本風の名前をつけるように指導した。

発展　アイヌ民族と文化

2020年に，アイヌ文化の復興・発展を目的とする国の施設として，北海道白老町に国立アイヌ民族博物館や国立民族共生公園などの施設からなるウポポイ（民族共生象徴空間）がつくられた。

自由民権運動

1 自由民権運動と士族の反乱

◎ **自由民権運動**…国会開設，国民の政治参加を求める
◎ **民撰議院設立の建白書**の提出が口火となった
◎ **西南戦争**…**西郷隆盛**が中心，最後の武力反抗

2 自由民権運動の高まり

◎ **国会期成同盟**の結成→政府が国会開設の約束
◎ 政党の結成…**板垣退助＝自由党**，**大隈重信＝立憲改進党**

---

1 自由民権運動と士族の反乱

薩摩藩・長州藩中心の**藩閥政府**に対して，征韓論で政府を去っていた板垣退助らは，議会の開設を求める運動を起こした。同じころ，特権を奪われ不満をもつ士族は反乱を起こした。

(1) 自由民権運動の始まり

❶西郷隆盛や板垣退助らが去ったあとの政府は，**大久保利通**
└→p.171
が中心となって政治を進めていた。

❷1874年，**板垣退助**らは**民撰議院設立の建白書**を提出し，大久保らの専制政治を批判し，議会の開設を求めた。これが，国民の政治に参加する権利の確立を目指す**自由民権運動**❶の始まりとなった。

❸板垣は，故郷の高知に戻り，**立志社**を結成して運動を進めた。

(2) 士族の反乱…改革で特権を奪われた士族たちも，大久保らの政治に不満をもち，西日本を中心に反乱を起こした❷。

❶**西南戦争**…1877年，鹿児島の不平士族が，**西郷隆盛**を中心に**西南戦争**を起こしたが，徴兵制による近代的軍備を整えた新政府軍に敗れた。

❷以後，政府批判は言論によって行われるようになった。

(東京大学法学部附属明治新聞雑誌文庫)

❶ 自由民権運動の演説会

・主な士族の反乱地

秋月の乱 1876年
萩の乱 1876年
佐賀の乱 1874年
神風連の乱 1876年
西南戦争 1877年
西郷隆盛ら

若松　水沢
新発田　山形
長岡　二本松
松代　白河
萩
佐賀　秋月
熊本
鹿児島

❷ 主な士族の反乱

2 自由民権運動の高まり

自由民権運動が高まり，政府が国会開設を約束すると，政党が結成された。しかし，激化事件などで運動は衰えた。

(1) 自由民権運動の高まり

❶ 士族中心だった自由民権運動は，1878年に地方制度の改革によって府や県に議会が設けられると，議員となった地主（豪農）や商工業者も参加するようになった。

❷ 1880年，代表者が大阪に集まり，**国会期成同盟**を結成して，政府に国会開設の請願書を提出した。

❸ 1881年には，政府が北海道の開拓使の施設などを安く払い下げようとする事件が起こり，民権派は政府を激しく攻撃した。
　　└→政府と関係の深い商人に売り渡そうとした

(2) 国会開設の約束…政府では，国会の早期開設を主張する**大隈重信**と，反対派の伊藤博文らの意見が対立していた。伊藤博文らは，大隈重信を民権派と関係しているとして政府から追放し，1890年までに国会を開くことを約束した（国会開設の勅諭）。

(3) 政党の結成…民権派は，国会開設に備えて政党を結成した。

> ❶ 1881年，**板垣退助**を党首に**自由党**が結成された。
> 　　　　　　フランスの人権思想を唱える
> ❷ 1882年，**大隈重信**を党首に**立憲改進党**が結成された。
> 　　　　　　イギリスの議会政治を手本

(4) 憲法の草案…民間では，植木枝盛が起草した「東洋大日本国国憲按」や青年たちによる「五日市憲法」など，憲法の草案（私擬憲法）がさかんに作成された。

(5) 民権運動の衰え…1880年代には，不景気による生活苦などから，東日本各地で民権派が関係する激化事件が起こった。

❶ 埼玉県秩父地方では，農民たちが困民党をつくり，借金の延納などを求めて高利貸しなどを襲った（**秩父事件**）。

❷ こうした激化事件や政府の弾圧もあり，自由党は解党し，立憲改進党も勢いを失い，自由民権運動は衰えていった。
　　└→大隈重信が党を抜けた

KEY PERSON

板垣退助

（1837〜1919年）

　土佐藩（高知県）出身。新政府の要職に就いたが，征韓論を退けられて政府を去り，すぐに自由民権運動を展開し，自由党を結成した。

（国立国会図書館）

KEY PERSON

大隈重信

（1838〜1922年）

　佐賀藩出身。1881年，政府から追放され，翌年，立憲改進党を結成した。1898年，板垣退助と日本で最初の政党内閣である隈板内閣を組織した。東京専門学校（現在の早稲田大学）を創設した。

（国立国会図書館）

史料 五日市憲法

45条　日本国民は，各自の権利・自由を達成することができ，ほかからこれを妨害してはならない。国は，法律をもってこれを保護しなければならない。

112条　政府が，国民の自由・平等の権利を侵害したり，憲法を守らなかったときは，国会はこれに反対し，そのような法律・命令の公布を拒否できる。　（部分要約）

[解説]　東京近郊の五日市の住民が，学習活動の中で作成したもの。

用語解説 激化事件

1880年代に主に東日本で起こった，自由民権派が関係した暴動事件の総称。不景気を背景に，民権派や農民たちが実力で政府と対決しようとして起こしたもの。福島事件，加波山事件，秩父事件，大阪事件などが有名。

7 立憲制国家の成立

教科書の要点

1 立憲制国家の成立
- ◎**伊藤博文**がドイツなどの憲法を参考に憲法草案作成
- ◎**内閣制度**の創設，初代の内閣総理大臣に伊藤博文
- ◎1889年，天皇主権の**大日本帝国憲法**発布

2 帝国議会の開設
- ◎選挙権…直接国税を15円以上納める満25歳以上の男子
- ◎**帝国議会**…**衆議院**と**貴族院**の二院制

1 立憲制国家の成立

　国会開設を約束した政府は，国会開設とその根本となる憲法制定のための準備を進めた。

(1) 憲法制定の準備…政府は，伊藤博文らをヨーロッパに派遣して，君主権の強いドイツ（プロイセン）やオーストリアの憲法を学ばせ，憲法制定の準備を進めた。

(2) 政治制度の整備
- ❶華族令…これまでの華族に加えて明治維新の功労者も華族
  → 元の公家や大名
  とし，やがてできる貴族院の母体にしようとした。
- ❷内閣制度…これまでの太政官制を廃止して**内閣制度**を創設し，**伊藤博文**が初代の**内閣総理大臣**（首相）となった。
- ❸枢密院…憲法草案は，枢密院で非公開で審議された。
  → 重要問題について天皇の質問に答える機関

(3) 大日本帝国憲法

> **重要**
> ❶1889年2月11日，明治天皇が国民に与えるという形で，**大日本帝国憲法**が発布された。
> ❷特色…天皇が国の元首として（天皇主権），統治権，陸海軍の統帥権など，多くの権限をもった。
> ❸帝国議会は，**貴族院**と**衆議院**の二院制だった。

KEY PERSON

伊藤博文
（1841〜1909年）

（国立国会図書館）

長州藩（山口県）出身。大久保利通が暗殺されたあと，政府の中心となり，大日本帝国憲法制定に尽力した。初代の内閣総理大臣となり，枢密院議長や韓国統監などを務めた。韓国の独立運動家安重根に暗殺された。

暗記術 1 88 9 **いち早く 憲法発布**

1889年　大日本帝国憲法発布

史料 大日本帝国憲法

第1条　大日本帝国ハ万世一系ノ天皇之ヲ統治ス

第3条　天皇ハ神聖ニシテ侵スヘカラス

第4条　天皇ハ国ノ元首ニシテ統治権ヲ総攬シ…（以下略）

第11条　天皇ハ陸海軍ヲ統帥ス

（一部）

176

❹天皇のもとに内閣・議会・裁判所があって，すべて天皇の統治を助ける機関とされた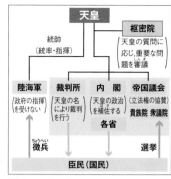。

❺国民は，天皇の「**臣民**」とされ，法律の範囲内で言論・出版などの自由が認められた。
　└→君主に従う国民

❻大日本帝国憲法の発布によって，日本は，憲法と議会を備えたアジアで最初の近代的な立憲制国家となった。

(4) 法律などの整備

❶民法・商法などが制定され，地方制度も改正された。民法
　　　　　　　　　　　　　　　└→県府知事は政府が任命するようになった
では，「家」制度が重視され，**戸主**の権限が強く認められ，
　　　　　　　　　　　└→一家の長
男性に比べ女性の地位は低いものとされた。

❷1890年，**教育勅語**が発布され，忠君愛国などの学校教育
の基本方針が示された。

2 帝国議会の開設

　1890年には第1回衆議院議員選挙が行われ，自由民権運動の流れをくむ政党（民党）の議員が多く当選した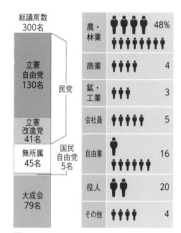。

(1) 選挙権資格

◇直接国税を15円以上納める満25歳以上の男子。有権者は
　　└→地租と所得税
全人口の約1.1%（約45万人）にすぎなかったが，国民の政治参加への道が開かれた。

(2) 二院制…**帝国議会**は貴族院と衆議院の二院制だった。両院は，ほぼ同じ権限をもっていた。

❶**貴族院**…皇族・華族，天皇が任命した者，多額納税者などの議員で構成。

❷**衆議院**…国民の選挙で選ばれた300名の議員で構成。

(3) 初期の議会…衆議院では，自由民権運動の流れをくむ政党である民党が多数の議席を占めた。地租の軽減や軍事費削減などを求める民党と，富国強兵策を進めようとする政府は，たびたび衝突した。

1 大日本帝国憲法下での国のしくみ

2 第1回衆議院議員選挙の結果
左は勢力分布，右は職業。

（山口県立山口博物館）

3 第1回帝国議会

深掘り
Column

民間の憲法草案は大日本帝国憲法にいかされたの？

大日本帝国憲法が制定される前に，民間でも憲法草案（私擬憲法）が数多くつくられた。これらの憲法草案が大日本帝国憲法の制定にいかされたのか，見てみよう。

1 さまざまな憲法草案

1880年，大阪で**国会期成同盟**が結成。この同盟で，各地で**憲法草案**を作成し，1年後に持ち寄ることが決まると，民間でも憲法草案がさかんにつくられた。憲法草案は，政党の党員や一般の知識人などが，それぞれの理想をもって考え，内容もさまざまだった。その中で，立志社の植木枝盛がつくった「東洋大日本国国憲按」や，小学校の先生だった千葉卓三郎らがつくった「五日市憲法」などが有名である。

（あきる野市中央図書館蔵）

⬆**五日市憲法**「国民はそれぞれの権利・自由を達成しなければならない，その権利・自由の達成を他から妨害してはならず，国の法律はそれを保護しなければならない」と定められている。

2 民間の憲法草案は，大日本帝国憲法にいかされたの？

1881年に，政府が1890年までに国会を開くことを約束すると，自由民権運動が高まり，憲法草案の作成が活発化した。やがて，政府は政府に反対する人々を取り締まるため，憲法草案の作成を禁止し，民間の憲法草案を参考にすることなく，ドイツの憲法を手本にして，憲法草案の作成を進めていた。そのため，民間でつくられた憲法草案が**大日本帝国憲法**に直接反映されることはなかった。

名称	作成した人・団体	作成年
私擬憲法案	交詢社	1881年
東洋大日本国国憲按	植木枝盛	〃
五日市憲法	千葉卓三郎ら	〃
日本憲法見込案	立志社	〃

⬆**主な憲法草案**

現在，50以上の民間の憲法草案が見つかっているんだよ。

1 新政府の成立 ～ 3 殖産興業と文明開化

□(1) 新政府は，1868年の〔　　　〕で政治の基本方針を示した。

(1) 五箇条の御誓文

□(2) 1871年，新政府は〔　　　〕を行い，中央から〔　藩主　府知事〕・県令を派遣した。

(2) 廃藩置県，

　　府知事

□(3) 富国強兵の方針に基づいて，1873年に〔　　　〕が出され，満〔　20　25　〕歳となった男子に兵役の義務が課された。

(3) 徴兵令，

　　20

□(4) 1873年，政府は財政安定のため，〔　　　〕を行い，土地の所有者に，地価の〔　　　〕％を〔　米　現金〕で納めさせた。

(4) 地租改正，

　　3，

　　現金

□(5) 政府は富岡製糸場などの〔　　　〕をつくり，外国の技術の導入に努めた。

(5) 官営模範工場

□(6) 欧米の自由・平等などの思想が紹介され，〔　　　〕は『学問のすゝめ』を著して，人間の平等などをわかりやすく説いた。

(6) 福沢諭吉

4 近代的な国際関係 ～ 7 立憲制国家の成立

□(7) 1871年，〔　岩倉具視　西郷隆盛〕を全権大使に，不平等条約の改正を目指して使節団が欧米に派遣された。

(7) 岩倉具視

□(8) 樺太・千島交換条約で，〔　　　〕の全島が日本領となった。

(8) 千島列島

□(9) 1879年，政府は琉球藩を廃止して〔　　　〕を置いた。

(9) 沖縄県

□(10) 1874年，板垣退助らは，議会開設を求める〔　　　〕を提出し，これが〔　　　〕運動の始まりとなった。

(10) 民撰議院設立(の)

　　建白書，

　　自由民権

□(11) 国会開設が約束されると，板垣退助は〔　　　〕を結成し，〔　　　〕は立憲改進党を結成して，国会開設に備えた。

(11) 自由党，

　　大隈重信

□(12) 内閣制度が整い，〔　　　〕が初代内閣総理大臣となった。

(12) 伊藤博文

□(13) 1889年に発布された〔　　　〕憲法では，主権は〔　　　〕にあった。

(13) 大日本帝国，

　　天皇

□(14) 1890年の衆議院議員選挙では，選挙権は直接国税を〔　　　〕円以上納める満〔　　　〕歳以上の男子に与えられた。

(14) 15，

　　25

1 欧米列強の侵略と条約改正

教科書の要点

1 帝国主義と東アジア情勢
◎欧米列強が経済力と軍事力を背景に海外進出（**帝国主義**）
◎東アジア…朝鮮をめぐって日本と清が勢力争い

2 条約の改正
◎1894年，**陸奥宗光**のとき，**領事裁判権**の撤廃に成功
◎1911年，**小村寿太郎**のとき，**関税自主権**の完全回復に成功

1 帝国主義と東アジア情勢

19世紀後半，資本主義が急速に発展した欧米諸国は列強と呼ばれ，資源や市場を求めてアジアやアフリカなどへ進出した。

(1) 帝国主義…列強は，軍事力を背景に次々と植民地支配を広げていき，世界の広い範囲は列強によって分割されていった**1**。このような動きを**帝国主義**という。

(2) アフリカの分割**2**…1869年のスエズ運河の開通**3**は，イギリスをはじめとする列強のアフリカへの関心を高め，20世紀初めまでに，エチオピアとリベリアを除くアフリカは列強に支配されてしまった。

（TPG Images / PPS通信社）

2 アフリカをまたぐ巨人 イギリスのケープ植民地（現在の南アフリカ共和国）の首相セシル＝ローズが描かれている。

イギリスとその植民地
フランスとその植民地
ドイツとその植民地
オランダとその植民地
アメリカの植民地
その他の列強と植民地

オランダ王国／イギリス王国／オーストリア・ハンガリー帝国／ロシア帝国／シベリア鉄道／フランス／スペイン王国／イタリア王国／オスマン帝国／清／ポルトガル王国／インド／韓国／日本／エチオピア／タイ／リベリア／ケープ植民地

1 列強の世界分割（1904年）

（Mary Evans / PPS通信社）

3 スエズ運河の開通 地中海と紅海を結び，ヨーロッパからアジアへの航海が，アフリカ南端の喜望峰回りに比べて2か月近く短縮された。

(3) アジアへの進出…スエズ運河を買収したイギリスは，イ
ンドやビルマなどを植民地とし，フランスはベトナムなどを植
　　　　　└→現在のミャンマー
民地とした。東南アジアで独立を保ったのはタイだけだっ
た。

(4) 朝鮮の様子…朝鮮では清が勢力を強めていた。日本は，列
　　　　└ちょうせん
強の東アジア進出に対し，朝鮮への進出の動きを強めた。
　　└→ロシアはシベリア鉄道を建設していた

（味燈書屋）

4 鹿鳴館の舞踏会

2 条約の改正

　江戸幕府が欧米諸国と結んだ修好通商条約は，相手国に領事
　└えど
裁判権を認め，日本に関税自主権がないなど不平等条約で，そ
の改正は明治政府の大きな課題だった。

(1) 条約改正への主な動き **6**
　❶岩倉使節団のあと，1878年にアメリカとの間で関税自主
　　└いわくら
　権の回復に合意したが，イギリスの反対で実現しなかった。
　❷外務大臣の**井上馨**は，**鹿鳴館**で舞踏会**4**を開くなど**欧化**
　　　　　└いのうえかおる　└ろくめいかん　└ぶとうかい　　　　　└おうか
　政策を進めた。井上や，ついで外務大臣となった**大隈重**
　└せいさく　　　　　　　　　　　　　　　　　　　　　└おおくましげ
　信は，領事裁判権を撤廃し，裁判に外国人裁判官を参加さ
　└のぶ
　せることを示したが，国内の反対で失敗した。

(2) 改正を求める世論…1886年，**ノルマントン号事件5**で，
　　　　　　　└せろん　└よろん
　イギリス人船長を日本側で裁けなかったことをきっかけに，
　不平等条約の改正を求める世論が高まった。

(3) 領事裁判権の撤廃
　❶条約改正に消極的だったイギリスは，南下するロシアに対
　　　　　　　　　　　　　　　　　　　　　　　　　　└たい
　抗するためにも日本との交渉に応じるようになった。
　└こう　　　　　　　└こうしょう

⚠️重要 ❷日清戦争直前の1894年，外務大臣**陸奥宗光**が，イギリ
　　　　　　　　　　　　　　　　　　　└むつむねみつ
　スとの間で**領事裁判権**の撤廃に成功した。
　　　　　　　　　　└→1899年までにほかの国とも成功した

(4) 関税自主権の回復…日露戦争後の1911年，外務大臣**小村**
　　　　　　　　　└にちろ　　　　　　　　　　　　　　　└こむら
　寿太郎が，アメリカとの間で**関税自主権**の完全回復に成功し
　└じゅたろう
　た。続いて各国との改正にも成功した。
　　　　　　└→一部は1894年に回復していた

（美術同人社）

5 ノルマントン号事件の風刺画　イギリス船
　　　　　　　　　　　　　　　　└ふうし
ノルマントン号が沈没し，イギリス人は全員
　　　　　　└ちんぼつ
助かったが，日本人乗客全員が水死した。し
かし，イギリス領事裁判所は，イギリス人の
船長に軽い罰を与えただけだった。
　　　　　　└ばつ└あた

🎓暗記術 **1 8 9 4**
いや苦しかった 条約改正

1894年　領事裁判権の撤廃に成功

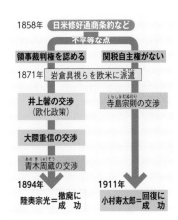

6 条約改正の経過

2 日清戦争

1 日清戦争

朝鮮に勢力を広げようとした日本は，朝鮮を属国と考える清と対立を深めていた。

(1) 朝鮮の情勢…1894年，朝鮮半島南部で，民間信仰をもとにした宗教（東学）を信仰する団体が，腐敗役人の追放や外国勢力の排除を求め，蜂起した（**甲午農民戦争**）。

(2) 日清戦争 2
❶朝鮮が清に援軍を求めると，対抗して日本も兵を送ったため，両軍が衝突し，1894年7月に**日清戦争**となった。
❷近代的な軍備を整えた日本は優勢に戦いを進め，およそ8か月後に日本の勝利で終わった。

(3) 下関条約の締結
❶1895年4月，下関で講和会議が開かれ**下関条約**が結ばれた。
　　　→山口県　　　　　　　→日本の代表は伊藤博文と陸奥宗光

重要
❷下関条約の主な内容 3
・清は，朝鮮の独立を認める。
・清は，**遼東半島**・台湾・澎湖諸島を日本に譲る。
　　　　　リアオトン　　　　　　　ポンフー
・清は，賠償金として2億両を支払う。
　　　　　ばいしょうきん　　→約3億1000万円

（川崎市市民ミュージアム）

1 日清戦争直前の情勢の風刺画 日本と清がつろうとしている魚（朝鮮）を，ロシアが横取りしようとしている。

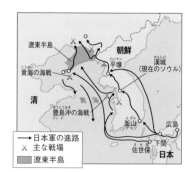

2 日清戦争の戦場 主な戦場は朝鮮半島で，後半には，遼東半島など清の領土で戦われた。

182

（4）日清戦争の結果

❶1896年には，下関条約に基づいて，日本に領事裁判権などを認めた不平等な日清通商航海条約が結ばれた。

❷台湾…台湾を領有した日本は，**台湾総督府**（たいわんそうとくふ）を設置し，住民の反対を押し切って植民地支配を進めた。

❸朝鮮…中国中心の東アジアの関係が崩（くず）れ，朝鮮は清からの独立を宣言し，1897年に国号を**大韓帝国**（だいかんていこく）（韓国（かんこく））と改めた。

3 下関条約の主な内容

2 進む中国侵略

「眠（ねむ）れる獅子（しし）」と恐（おそ）れられていた清が日本に敗れると，欧米（おうべい）列強は競って中国に進出した。

（1）**三国干渉**（さんごくかんしょう）（1895年）

 重要

❶日本の大陸進出を警戒（けいかい）したロシアは，フランス・ドイツを誘（さそ）い，遼東半島を清に返還（へんかん）するよう求めてきた。

❷対抗（たいこう）する力のなかった日本はこれを受け入れたが，国民の間にはロシアへの不満が強まった。

（2）列強の中国分割

❶清の弱体化を知った欧米列強は競って中国に進出し，港湾（こうわん）や重要都市の租借権（そしゃくけん），鉄道敷設権（ふせつけん）や鉱山開発権などの利権
　→期限つきで領土を借り受けて実際に支配する権利
を手に入れ，それぞれの支配圏を築いていった。

❷ロシアの進出…満州（まんしゅう）（中国東北部）進出をねらうロシアは，日本が返還した遼東半島の旅順（りょじゅん）・大連（だいれん）を租借地とした。
　　　　　　　リュイシュン　ターリエン

（3）日清戦争後の日本

❶清からの賠償金を使って，ロシアに対抗するための軍備拡張や国力充実（じゅうじつ）のための工業化が進められた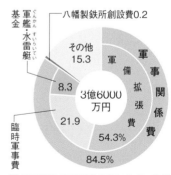。

❷藩閥（はんばつ）政府も予算の成立などで政党の協力が必要となり，政
　→p.165
党の力が強まってきた。1898年には，日本で最初の政党内閣である**大隈重信内閣**（おおくましげのぶ）が成立した。藩閥の伊藤博文（いとうひろぶみ）も政
　　　　　　　　　　　　　→内務大臣は板垣退助
党の必要性を感じ，1900年に**立憲政友会**（りっけんせいゆうかい）を結成した。

4 列強に分割された中国

5 日清戦争の賠償金の使いみち　賠償（ばいしょう）金の多くは軍備の拡張に使われ，一部は八幡（はた）製鉄所の建設に使われた（総額の3億6000万円は，遼東半島の返還料を含む）。

3 日露戦争

> 教科書の要点

1 日露戦争

◎ **義和団事件**…中国で起こった義和団の蜂起→列強が出兵し鎮圧

◎ **日英同盟**…日本とイギリスがロシアの南下に備える

◎ **日露戦争**…韓国・満州をめぐる日本とロシアの対立

2 ポーツマス条約

◎ 日本は，韓国での優越権，旅順・大連の租借権などを得る

◎ 賠償金が取れないことに国民の不満→**日比谷焼き打ち事件**

1 日露戦争

中国では，列強の侵略に対して外国勢力を排除しようとする義和団が蜂起し，これをきっかけに日本とロシアの対立が激しくなった。

(1) 義和団事件

❶ 日清戦争で敗れた清では，1899年に，外国勢力を排除しようとする**義和団**が，「扶清滅洋」を唱えて蜂起した。義和
　　→清を扶（たす）けて外国勢力を滅ぼす
団は中国北部に広がり，翌1900年に北京の外国公使館を包囲すると，清も義和団に同調して列強に宣戦布告した。

❷ この義和団事件に対して列強8か国は連合軍を組織し，日本もその一員として出兵し，事件を鎮圧した。
　　　　　　　　　　　　　　→列強は清から多額の賠償金を得た

(2) 日英同盟の成立

❶ 事件後もロシアは満州（中国東北部）に兵をとどめ，韓国を勢力範囲に置こうとする日本と対立した。イギリスも，清にもつ利権を確保しようと，ロシアと対立していた。

❷ ロシアに共通の利害をもつ日本とイギリスは，ロシアに対抗するため，1902年に**日英同盟**を結んだ❶。

重要

(3) 高まる開戦論…ロシアとの戦争の危機がせまる中，社会主

参考 **イギリスかロシアか**

ロシアとの対立が厳しくなると，政府内では意見の違いが起こった。一つは，イギリスと結んでロシアとの開戦に備えようという意見，もう一つは，軍事的にも経済的にもまだ戦える力が備わっていないから，しばらくはロシアと妥協しようとする意見であった。

（美術同人社）

❶ 日英同盟の風刺画 ロシアの南下政策に対して，日本と共通の利害関係をもつイギリスは，日英同盟を結び，日本にロシアが焼いている火中の栗を拾わせようとした（危険なことを日本に押しつけようとした）。

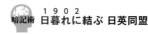

暗記術 **1 9 0 2 日暮れに結ぶ 日英同盟**

1902年　日英同盟が結ばれる

義者の**幸徳秋水**やキリスト教徒の**内村鑑三**は戦争に反対したが、ほとんどの新聞・雑誌は開戦論を展開していた。

(4) 日露戦争の開始…1904年、**日露戦争**が始まった。日本は苦戦しながらも勝利を重ねたが、戦費の不足②などに苦しみ、ロシアでも革命運動が起こり、両国とも戦争を続けることが困難になってきた。

> └→戦費は日清戦争の8倍にもなっていた

2 ポーツマス条約

両国の戦争継続困難を見て両国に講和をすすめたアメリカの仲介で、ポーツマス条約が結ばれた。

(1) 講和のすすめ…1905年、日本海海戦で日本がロシアの艦隊に勝利したことをきっかけに、アメリカ大統領の仲介で講和を進めることになった。

> └→大統領はセオドア＝ローズベルト

(2) 1905年、アメリカのポーツマスで講和会議が開かれ、次のような内容の**ポーツマス条約**が結ばれた③。

> **重要**
> ❶ロシアは韓国における日本の優越権を認める。
> ❷旅順・大連の租借権や長春以南の鉄道の利権を日本に譲る。
> ❸北緯50度以南の樺太（サハリン）を日本に譲る。

(3) 国民の反応…講和条約で賠償金が得られないことを知ると、戦争による重税に苦しんできた国民は政府を攻撃し、各地で講和反対の声が高まった。東京では、交番や新聞社を襲う暴動にまで発展した（**日比谷焼き打ち事件**）。

(4) 日露戦争の影響

❶ロシアに勝利したことで日本国民には、大国意識やアジア諸国に対しての優越感が生まれた。

❷アジアの小国日本が大国ロシアを破ったことで、欧米列強の植民地支配にあるインドやベトナムなどに希望を与えた。

> **史料** 君死にたまふことなかれ
>
> ああをとうとよ君を泣く
> 君死にたまふことなかれ
> 末に生まれし君なれば
> 親のなさけはまさりしも
> 親は刃をにぎらせて
> 人を殺せとをしへしや
> 人を殺して死ねよとて
> 二十四までをそだてしや　（一部）

> **解説** 歌人の与謝野晶子が日露戦争で出征した弟の身を案じて、1904年に雑誌「明星」に発表した詩。

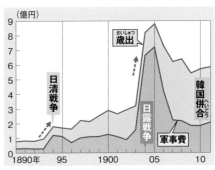

② 日本の軍事費の増大

③ ポーツマス条約で得た日本の利権

4 韓国と中国

教科書の要点

1 韓国併合と満鉄

◎ **韓国併合**（1910年）…抵抗運動を抑えて日本の植民地に

◎ 日本の満州への勢力拡大…**南満州鉄道株式会社**（**満鉄**）を設立

2 中華民国の成立

◎ **辛亥革命**（1911〜12年）…**孫文**中心に革命運動を進める

◎ 1912年，**中華民国**成立…アジアで最初の共和国

---

1 韓国併合と満鉄

日露戦争に勝利した日本は国際的地位を高めた。やがて大陸への進出を進め，1910年には韓国を併合した。

(1) **韓国の保護国化**
　→p.183

❶ ポーツマス条約で韓国における優越権を得た日本は，1905年に韓国の外交権を奪って保護国とした。そして，漢城に**韓国統監府**を設置して，**伊藤博文**が初代統監に就任した。

❷ 1907年には韓国皇帝を退位させて内政の実権を握り，軍隊を解散させた。韓国では日本に対する抵抗運動が広がり，元兵士たちも人々とともに立ち上がった（義兵運動）。これは，日本の軍隊によって鎮圧されたが，日本の植民地支配に対する抵抗運動はその後も続けられた。

❸ 1909年には，初代韓国統監の伊藤博文が，運動家の安重根に暗殺される事件も起こった。

(2) **韓国併合**

重要

❶ 1910年，日本は韓国を併合し，韓国を「朝鮮」に，首都の漢城を「京城」に改称した。**朝鮮総督府**❶を設置して軍人が総督となり，武力を背景に植民地支配を推し進めた。植民地支配は，1945年まで続いた。

史料 **韓国併合を歌った二つの短歌**

◇**初代朝鮮総督の寺内正毅の歌**

小早川 加藤 小西が世にあらば
今宵の月をいかに見るらむ

（小早川・加藤・小西は豊臣秀吉の朝鮮侵略に参加した大名たち）

◇**歌人の石川啄木の歌**

地図の上 朝鮮国に黒々と
墨をぬりつつ秋風を聴く

解説 寺内正毅は，韓国併合に成功した喜びを歌い，石川啄木は，消滅させられた朝鮮国の悲哀を歌っている。

（朝日新聞社 / PPS通信社）

❶ 朝鮮総督府

❷学校では，朝鮮の歴史を教えることは制限され，日本語や日本の歴史を教えて，日本人に同化させる教育が行われた**2**。
→ p.173

❸土地調査事業が行われ，その結果，多くの農民が土地を失い，小作人になったり満州や日本へ移住したりした。

（3）満鉄の設立

❶満州南部を勢力範囲にした日本は，旅順に関東都督府を設置して支配を進めた。
のちに関東庁と軍事担当の関東軍に分かれた←

❷1906年には，半官半民の**南満州鉄道株式会社**（**満鉄**）を設立し，鉄道を中心に炭鉱や製鉄所を経営して満州での利権を独占した。

（朝日新聞社 / PPS通信社）
2 日本語で授業を受ける朝鮮の子どもたち

KEY PERSON

孫 文
（1866〜1925年）
（学研写真資料）

中国の革命家。列強の侵略と清の腐敗に対し，清朝をたおそうとする運動を起こし，三民主義を唱えて辛亥革命を指導した。「中国革命の父」などと呼ばれる。

2　中華民国の成立

中国では日清戦争後に，清朝をたおして漢民族を独立させ，近代国家をつくろうとする革命運動が広がった。

（1）辛亥革命の始まり

❶三民主義…革命運動の中心は**孫文**で，**三民主義**を唱えて革命運動を進め，東京に中国同盟会を結成した。

❷1911年，武昌で軍隊が反乱を起こすと，革命運動が全国に広がり，多くの省が清からの独立を宣言した。
→ 現在の武漢（ぶかん）

（2）中華民国の成立

重要

❶1912年，**孫文**が臨時大総統となり，南京を首都にアジア初の共和国である**中華民国**が成立した。

❷孫文は，清の実力者袁世凱と結んで清朝をたおし，ついで大総統の地位を袁世凱に譲った。

❸1911年の武昌での反乱から始まり，清をたおして中華民国を建てた革命を，**辛亥革命3**という。

❹袁世凱は，首都を北京に移して独裁政治を行った。その後，中国では各地の軍閥が，それぞれの勢力範囲を支配するようになった。
→ 地方を支配した兵の集団

くわしく　三民主義

孫文が唱えた革命運動の指導理論で，民族主義・民権主義・民生主義からなる。
民族主義とは，満州人の清をたおして漢民族の独立を達成しようというもの，民権主義とは，政治の民主化の実現，民生主義とは，人々の生活の安定のこと。三民主義は中国国民党の指導理念となり，その後の中国に大きな影響を与えた。

袁世凱が首都を北京に移す　1912年3月
北京
武昌
南京
辛亥革命が始まる　1911年10月
中華民国が成立　1912年1月
3 辛亥革命の動き

5 日本の産業革命

教科書の要点

1 日本の産業革命
◎1880年代後半…せんい工業など軽工業中心の**産業革命**
◎日露戦争前後…**八幡製鉄所**がつくられ重工業中心の産業革命

2 社会問題の発生
◎労働組合の結成…労働条件改善を求めて**労働争議**
◎公害問題…**足尾銅山鉱毒事件**，**田中正造**の活動

---

1 日本の産業革命

　政府は，民間への官営模範工場の払い下げを進め，やがて，日本でも産業革命が始まった。

(1) **官営模範工場の払い下げ**…1880年ごろから，政府は民間産業育成のために，政府と関係の深い三井や三菱など民間（資本家）に，官営模範工場を払い下げる方針をとった**1**。

(2) **軽工業の発展**

> **重要**
> ❶1880年代後半から，紡績・製糸の**せんい工業**が急速に発展し，軽工業中心の産業革命が始まった。

❷紡績業では，大工場が次々につくられ，綿糸の朝鮮や中国への輸出が伸びて，日清戦争後には輸出量が輸入量を上回った**2**。製糸業では，アメリカ向けに生糸の輸出が増え，日露戦争後には世界最大の輸出国となった。
（→綿から綿糸をつくる）
（→繭から生糸をつくる）

❸技術革新が進み，綿織物業では，豊田佐吉が国産の力織機を発明し，大量生産が行われるようになった。

(3) **重工業の発展**

> **重要**
> ❶1901年，日清戦争の賠償金を使って建設された官営の**八幡製鉄所3**が操業を始め，重工業中心の産業革命が進んだ。

	事業所	払い下げ年	のちの所属
鉱山	院内銀山	1884	古河
	阿仁銅山	1885	古河
	三池炭鉱	1888	三井
	幌内炭鉱	1889	三井
	佐渡金山	1896	三菱
	生野銀山	1896	三菱
造船	兵庫造船所	1887	川崎
	長崎造船所	1887	三菱
せんい	新町紡績所	1887	三井
	富岡製糸場	1893	三井
その他	深川セメント	1884	浅野
	札幌麦酒醸造所	1886	大倉

1 主な払い下げ工場・鉱山など

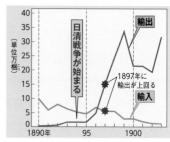

2 綿糸の輸出入量の変化

❷動力源に電力が使われるようになって，製鉄・造船・車両・機械などの重工業が急速に発展した❹。

(4) 交通網の発達…原料・製品などの輸送のため，交通網の整備も進んだ。すでに東海道線は<u>全線開通</u>しており，1901年には青森から<u>下関</u>までが鉄道でつながれた。政府は，軍事上
→1889年
→山口県
の必要などから，1906年には主要な民営鉄道を国有化した。

(5) 財閥の成長…産業革命が進む中で，政府の保護を受けた三井・三菱・住友・安田などの資本家は，さまざまな産業に進出して，日本の経済を支配する**財閥**に成長していった。

② 社会問題の発生

産業革命の進展とともに，社会問題も発生してきた。

(1) 労働問題

❶紡績・製糸業で働く女子や鉱山で働く男子は，<u>低賃金・長時間労働</u>の厳しい条件で働いていた。

❷日清戦争後には，労働者は労働組合を結成し，労働条件の改善を求めて**労働争議**を起こすようになった。

(2) 政府の対策…政府は1911年，12歳未満の就業禁止，労働時間の制限，女子の深夜業廃止などを内容とする工場法を制定して，<u>労働条件の改善を図った</u>。
→資本家の反対で実施は1916年に延期された

(3) 足尾銅山鉱毒事件…産業が発展するいっぽう，公害問題も発生した。**足尾銅山**から流れ出る鉱毒が，渡良瀬川流域に被
→栃木県
害をもたらし，衆議院議員の**田中正造**は銅山の操業停止などを求めて活動した。

(4) 農民問題…土地を手放して小作人となる農民がいるいっぽう，経済力をつけ資本家となる地主もいた。こうした中で，小作料をめぐって**小作争議**が起こるようになった。

(5) 社会主義運動…社会主義思想が広がり，1901年には<u>社会民主党</u>が結成された。1910年には，**幸徳秋水**ら社会主義者
→最初の社会主義政党
が，天皇暗殺を計画したとして処罰された（**大逆事件**）。

❸ 官営八幡製鉄所 現在の福岡県北九州市に，ドイツの技術を導入してつくられた。原料の石炭は近くの筑豊炭田のものを使用し，鉄鉱石は中国の鉱山から船で運んだ。鉄の需要の大半を供給するようになり，日本の重化学工業の発展に大きな役割を果たした。

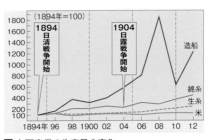

❹ 主要産業の生産量の変化

参考 足尾銅山鉱毒事件への政府の対応

政府は銅山の操業停止はせず，谷中村を廃村にして遊水池を設け，洪水の時に鉱毒を含む水があふれ出ないようにした。

くわしく 大逆事件

1910年，幸徳秋水ら26名の社会主義者らが，明治天皇の暗殺をくわだてたとして起訴され，幸徳秋水ら12名が死刑になった。現在では事件そのものが政府によるでっちあげとされるが，この事件ののち，日本の社会主義運動は急速に衰えていった。

6 近代文化の形成

教科書の要点

1 近代の芸術と文学
◎芸術…岡倉天心，**横山大観**，**黒田清輝**
◎文学…正岡子規，島崎藤村，**樋口一葉**，**森鷗外**，**夏目漱石**

2 教育の普及と科学の発達
◎教育の普及…国民教育の基礎が固まる，義務教育期間の延長
◎科学の発達…**北里柴三郎**，**野口英世**，長岡半太郎

---

1 近代の芸術と文学

（ColBase）

1 無我（横山大観）

　欧米の芸術がもたらされるいっぽう，日本の伝統美も見直されるようになった。文学では，欧米の新しい傾向を取り入れながら，出版・教育の普及とともに人々に広く読まれた。

（1）芸術の発展

❶日本美術の復興…アメリカ人の**フェノロサ**は，日本の伝統美術を見直し，**岡倉天心**と協力して，その復興に力を尽くした。そして，東京美術学校（現在の東京芸術大学）を設立した。

❷日本画…岡倉天心は日本画の革新にも努めた。**横山大観**❶や狩野芳崖が優れた作品を創作した。

❸洋画…高橋由一が写実的な作品を残し，**黒田清輝**❷はフランスの印象派の明るい画風を紹介した。

❹彫刻…伝統的な木彫りに西洋の技法を取り入れた**高村光雲**や，ロダンに学んだ荻原守衛が活躍した。

❺音楽…西洋音楽が小学唱歌などに取り入れられて広まり，**滝廉太郎**が「荒城の月」や「花」などを作曲した。

（東京国立博物館所蔵　提供：東京文化財研究所）

2 湖畔（黒田清輝）

（2）近代文学の発展

❶写実主義の文学…**坪内逍遙**は現実をありのままに表現すべきと写実主義を提唱し，**二葉亭四迷**は文章を口語体で表す言文一致体で小説を書いた。**正岡子規**は，俳

└→話し言葉

句や短歌の革新運動を進めた。

❷ ロマン主義の文学…日清戦争のころに日本で主流となった文学の傾向で，個人の感情を重視した。**島崎藤村**は詩集『若菜集』，**与謝野晶子**は歌集『みだれ髪』，**樋口一葉**は小説『たけくらべ』を発表した。

❸ 自然主義の文学…日露戦争のころに主流となった文学の傾向で，人間や社会のみにくい面もありのまま描こうとした。国木田独歩・**島崎藤村**・**石川啄木**（『一握の砂』）らが活躍した。

❹ そのほかの文学…**森鷗外**は『舞姫』・『阿部一族』を，**夏目漱石**は『吾輩は猫である』・『坊っちゃん』を著し，それぞれ独自の作風を示した。

② 教育の普及と科学の発達

学制に続いて学校令が出されて教育制度が整備され，国民の教育水準は急速に高まった。

(1) 教育の普及

❶ 義務教育❸…1886年に学校令を出して学校制度を整え，義務教育を4年間とした。1907年に義務教育は6年間に延長され，小学校の就学率は97％に達した。教科書は国定とされた。
└→ 国の統制が強化された

❷ 高等教育機関…明治時代中ごろから終わりごろにかけて，中等・高等教育が拡充され，実業学校・専門学校，女子の教育機関も整ってきた。

❸ 私立学校…民間では，福沢諭吉が慶応義塾を，新島襄が同志社英学校（同志社大学）を，大隈重信が東京専門学校（早稲田大学）を創設した。

(2) 科学の発達❹…医学の分野では**北里柴三郎**や**野口英世**が世界的な研究を行った。化学では高峰譲吉や鈴木梅太郎が，物理学では**長岡半太郎**らが世界的な業績を残した。

参考　文語体と口語体

明治時代になって，文章を口語体（話し言葉）で書こうとする動きがおこった。その違いを，文学作品で見てみよう。

＊森鷗外『舞姫』（文語体）

石炭をば早や積み果てつ。中等室の卓のほとりはいと静にて，熾熱燈の光の晴れがましきも徒なり。…

＊夏目漱石『吾輩は猫である』（口語体）

吾輩は猫である。名前はまだ無い。どこで生まれたか，頓と見当がつかぬ。何でも，薄暗いじめじめした所でニャーニャー泣いて居た事丈は記憶している。…

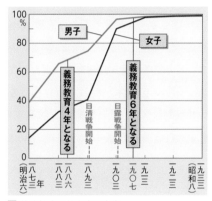

❸ 義務教育の就学率の変化

	人　物	業　績
医	北里柴三郎	破傷風の血清療法発見
学	志賀潔	赤痢菌の発見
	野口英世	黄熱病の研究
化	高峰譲吉	タカジアスターゼの創製
学	鈴木梅太郎	ビタミンB_1の創製
物	大森房吉	地震計の発明
理	木村栄	地球の緯度変化の研究
学	長岡半太郎	原子模型の研究

❹ 代表的な科学者とその業績

深掘り Column

田中正造は農民を救うためにどうしたのだろう？

栃木県の足尾銅山は，明治時代の中ごろに国内の銅生産量の3割近くを産出するいっぽうで，公害問題を引き起こしていた。公害問題を解決するために，田中正造が何をしたのかを見てみよう。

① どんな被害が出たの？

明治時代，足尾銅山は国内一の銅の産出量をほこっていた。しかし，1880年代に入ると，工場から出された鉱毒が渡良瀬川に流れ込んで，魚が死滅したり，流域の土壌を汚染し，住民が井戸水を飲めば下痢をするなどの健康被害が続出した。また，工場の煙で周辺の山の木が枯れてはげ山になるという被害も出た。この**足尾銅山鉱毒事件**は，日本の公害問題の第一号といわれている。

② 田中正造はどうしたの？

栃木県選出の衆議院議員だった**田中正造**は，国会でこの問題を取り上げ，政府が操業停止命令を出すべきだと訴えた。しかし，工業の発達を優先する政府は，十分な対策をとらず，その後田中が何度国会で訴えても問題は解決しなかった。そこで，田中は議員を辞職し，天皇に命がけで直訴しようとしたが，失敗。しかし，この事件がきっかけで鉱毒問題が世の中に知れ渡って世論が盛り上がり，政府が調査に乗り出した。

（国立国会図書館）

⬆明治時代中ごろの足尾銅山

⬅枯れた畑　洪水で鉱毒を含んだ水が畑に入り，麦が枯れている。

（佐野市郷土博物館）

（国立国会図書館）

⬆田中正造

足尾銅山は植林が行われ，今は森がよみがえりつつあるよ。

1 欧米列強の侵略と条約改正 ～ 3 日露戦争

□(1) 1894年，外務大臣〔　陸奥宗光　小村寿太郎　〕は，イギリスとの間で〔　　　〕の撤廃に成功した。

(1)陸奥宗光，
領事裁判権

□(2) 朝鮮で起こった〔　　　〕をきっかけに，日清戦争が始まった。

(2)甲午農民戦争

□(3) 日清戦争後に結ばれた〔　　　〕条約で，清は遼東半島・〔　　　〕・澎湖諸島を日本に譲り渡した。

(3)下関，
台湾

□(4) 〔　ロシア　イギリス　〕・フランス・ドイツが，日本に遼東半島を清に返還するよう求めた。これを〔　　　〕という。

(4)ロシア，
三国干渉

□(5) 1902年，日本は〔　　　〕と同盟を結び，ロシアに対抗した。

(5)イギリス

□(6) 日露戦争後の〔　　　〕条約で，ロシアは韓国における日本の優越権を認め，北緯50度以南の〔　　　〕を日本に譲った。

(6)ポーツマス，
樺太（サハリン）

4 韓国と中国 ～ 6 近代文化の形成

□(7) 1910年，日本は〔　　　〕を併合して植民地とした。

(7)韓国（大韓帝国）

□(8) 1911年，中国で〔　　　〕革命が起こり，翌年に〔　孫文　袁世凱　〕を臨時大総統として中華民国が成立した。

(8)辛亥，
孫文

□(9) 政府は，〔　日清戦争　日露戦争　〕の賠償金を使って，北九州に〔　　　〕を設立し，重工業中心の産業革命が進んだ。

(9)日清戦争，
八幡製鉄所

□(10) 政府の保護を受けた資本家は，やがて〔　　　〕と呼ばれて日本の経済を支配するようになった。

(10)財閥

□(11) 〔　足尾　石見　〕銅山鉱毒事件では，〔　田中正造　板垣退助　〕が銅山の操業停止などを求めて活動した。

(11)足尾，
田中正造

□(12) フェノロサと〔　　　〕は，日本美術の復興に努めた。

(12)岡倉天心

□(13) 〔　森鷗外　夏目漱石　〕は，『吾輩は猫である』などの小説で独自の作風を示した。

(13)夏目漱石

□(14) 〔　北里柴三郎　志賀潔　〕は破傷風の血清療法を発見し，〔　　　〕は黄熱病の研究で，世界的な業績を残した。

(14)北里柴三郎，
野口英世

定期テスト予想問題

時間	40分
解答	p.277

得点

／100

1節／欧米の進出と日本の開国

1 右の年表を見て，次の各問いに答えなさい。　【5点×5】

1688年	名誉革命が起こる……A
1776	アメリカ独立宣言……B
1789	フランス革命が起こる…C
1840	アヘン戦争が起こる…D

(1) Aについて，この革命後に議会が制定した，議会の権利などを確認した法律は何ですか。　〔　　　　　〕

(2) Bについて，独立後に，アメリカの初代大統領となった人物は誰ですか。　〔　　　　　〕

(3) Cについて，①・②に答えなさい。

　① この革命で，国民議会が発表した宣言を何といいますか。　〔　　　　　〕

　思考 ② この革命が起こったころの，日本の様子として当てはまるものを，次の**ア**～**エ**から1つ選び，記号で答えなさい。　〔　　　　　〕

　　ア 参勤交代が制度化された。　　**イ** 井原西鶴が浮世草子と呼ばれる小説を書いた。

　　ウ ポルトガル船の来航を禁止した。　　**エ** 松平定信が寛政の改革を行った。

(4) Dについて，1842年に結ばれたこの戦争の講和条約を何といいますか。　〔　　　　　〕

1節／欧米の進出と日本の開国

2 次の文を読んで，あとの各問いに答えなさい。　【5点×4，⑵は10点】

　1854年，アメリカの求めで a 開国した日本は，1858年には b 日米修好通商条約を結び，c 貿易が始まった。こののち尊王攘夷運動がさかんになったが，やがて攘夷の不可能をさとった d 薩摩藩と長州藩は，幕府への対決姿勢を強めた。こうした中，e 将軍徳川慶喜は政権を朝廷に返し，江戸幕府は滅んだ。

(1) 下線部aについて，このとき開港した2港を地図中の**A**～**D**から選び，正しい組み合わせを，次の**ア**～**エ**から1つ選び，記号で答えなさい。〔　　　　　〕

　ア AとC　　**イ** BとC

　ウ BとD　　**エ** CとD

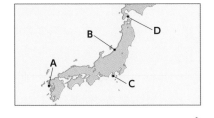

(2) 下線部bについて，この条約は日本にとって不平等なものでした。貿易に関することで不平等な内容は，どのようなことですか，簡潔に答えなさい。　〔　　　　　〕

(3) 下線部cについて，最大の貿易相手となった国を，次から1つ選び，記号で答えなさい。〔　　　　　〕

　ア オランダ　　**イ** アメリカ　　**ウ** フランス　　**エ** イギリス

(4) 下線部 d について，両藩は幕府をたおすために，土佐藩出身の坂本龍馬の仲介である同盟を結びました。この同盟を何といいますか。　　　　　〔　　　　　　　〕

(5) 下線部 e について，このことを漢字 4 字で何といいますか。　　　　　〔　　　　　　　〕

2節／明治維新～ 3節／日清・日露戦争と日本の産業革命

3 右の年表を見て，次の各問いに答えなさい。　　　　【5点×9】

(1) A の 2 年前の1869年，大名に土地と人民を政府に返させました。この政策を何といいますか。
〔　　　　　　　〕

(2) B について述べた，次の文の①・②に当てはまる数字と語句を答えなさい。
「課税基準を収穫高から地価に変えるもので，税率は地価の　①　%とし，土地の所有者に　②　で納めさせた。」
①〔　　　　　　　〕
②〔　　　　　　　〕

1871年	廃藩置県が行われる…………A
	↑ ア ↓
1873	地租改正が実施される………B
	↑ イ ↓
1877	西南戦争が起こる…………C
	↑ ウ ↓
1889	大日本帝国憲法が出される
1894	日清戦争が起こる…………D
1904	日露戦争が起こる…………E

(3) C の戦争を起こした中心人物は誰ですか。　　　　　〔　　　　　　　〕

(4) D について，次の①・②に答えなさい。
① 日清戦争のきっかけとなったできごとを，次のア～エから 1 つ選び，記号で答えなさい。
ア 太平天国の乱　　イ 辛亥革命　　ウ 甲午農民戦争　　エ 義和団事件　〔　　　　〕
② 講和条約が結ばれた直後，ロシアがドイツ・フランスを誘って日本が獲得した遼東半島を清に返還するよう求めてきました。このことを何といいますか。　〔　　　　　　　〕

(5) E について，次の①・②に答えなさい。
① 日露戦争が始まる 2 年前に，日本は，清での利権を確保しようとするある国と同盟を結びました。同盟を結んだ相手国の国名を答えなさい。　　　　〔　　　　　　　〕

思考② 日露戦争後のできごととして誤っているものを，次から 1 つ選び，記号で答えなさい。
〔　　　　　　　〕
ア 韓国を併合して日本の植民地とした。　　イ 八幡製鉄所が操業を開始した。
ウ 関税自主権の完全回復に成功した。　　エ 南満州鉄道株式会社（満鉄）が設立された。

(6) 国会開設を求める民撰議院設立の建白書が出されたのは，年表中のア～ウのいつの時期ですか。1 つ選び，記号で答えなさい。　　　　　〔　　　　　　　〕

中学生のための
勉強・学校生活アドバイス

「やればできる」は最強の合言葉！

「成績が伸びる人には，心のもち方に特長があるんですよ。なんだかわかりますか？」

「心のもち方ですか？　うーん……。」

「成績が伸びる人は，『自分はやればできる』という自信が根底にあるんですよ。君たちにもあるから大丈夫ですよ。」

「たしかにあります。俺，やればできる子なんで。」

「根拠のない自信ね。」

「根拠のない自信でもいいんですよ。まずは自分の可能性を信じることが大事です。」

「そうですよね！」

「逆に成績が伸びるまでに苦労するのは『どうせできない，無理』と思ってしまう人。そうやって心を閉じてしまっていると，なかなか成績は上がらないんです。」

「自分で自分にブレーキをかけちゃってる感じですね。」

「勉強してもうまくいかないことが多くて，イヤになっちゃったのかも。」

「そうかもしれないですね。そういう人は，まずは小さい成功体験を積んでいって，『自分もやればできるかも』と思えるようになってほしいですね。」

「勉強をするうえではメンタルがとても大事なんですね。」

「もちろんちゃんと勉強を〝やる〟のも大事ですよ。自分の可能性を信じたうえでちゃんと行動すれば，結果は絶対についてきます。」

よし！

5章

二度の世界大戦と
日本

1 第一次世界大戦

1 第一次世界大戦

◎ **ドイツ**中心の**三国同盟**と，**イギリス**中心の**三国協商**が対立

◎ **バルカン半島**は民族・列強の対立→ヨーロッパの火薬庫

◎ きっかけ…**サラエボ事件**→**第一次世界大戦**開戦→**総力戦**に

2 日本の参戦

◎ 日本の参戦…**日英同盟**を理由に参戦する

◎ 利権拡大を目指し，中国に**二十一か条の要求**→反日運動

1 第一次世界大戦

　19世紀末のヨーロッパは，強国となったドイツ中心の三国同盟と，植民地支配を広げていたイギリス中心の三国協商が，アジア・アフリカでの植民地拡大をめぐって対立していた。

(1) 三国同盟と三国協商 ❶

❶ 三国同盟…1882年，**ドイツ**は**オーストリア・イタリア**とともに**三国同盟**を結んだ。

❷ 三国協商…1907年，**イギリス**は**フランス・ロシア**と**三国協商**を成立させ，三国同盟と激しく対立した。

(2) バルカン半島…スラブ民族の独立運動が起こっていた。
　　　└→オスマン帝国（トルコ）の支配が弱まったため
南下政策を進めるために独立運動を支援するロシアと，独立運動を抑えて，ドイツの援助でこの地域を支配下に置こ　└→スラブ民族が中心
うとするオーストリアが対立して争いが絶えず，「**ヨーロ　　　　　　　　　└→ドイツと同じゲルマン民族が中心
ッパの火薬庫**」と呼ばれていた。

(3) 第一次世界大戦 ❷

❶ 開戦…1914年，バルカン半島のサラエボでオーストリア皇位継承者夫妻がセルビア人に暗殺されると（**サラエ　　　　　　　　　　　└→スラブ系の民族
ボ事件**），オーストリアはセルビアに宣戦した。

❷ 各国は，ドイツを中心とする**同盟国**と，イギリスを中心

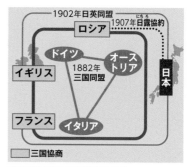

1 三国同盟と三国協商の対立

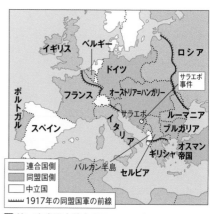

2 第一次世界大戦中のヨーロッパ

とする**協商国（連合国）**に分かれて，**第一次世界大戦**が始
まった。三国同盟だったイタリアは，連合国側で参戦した。
　　　　　　領土問題でオーストリアと対立したため←
❸第一次世界大戦の特徴…ざんごう戦❸で機関銃などが大量
　　　　　　　とくちょう
に使用され，戦車・飛行機・潜水艦・毒ガスなどの新兵器
　　　　　　　　　　　　せんすいかん
❹が登場し，死傷者が増大した。また，国力のすべてを戦
争に動員する**総力戦**となった。
　　　　　→植民地の人々も戦後の自治などを約束に動員された
（4）戦争の終結
❶1917年，ドイツが無差別に船舶を攻撃するようになると，
　　　　　　　　　せんぱく　こうげき
中立を保っていたアメリカが連合国側で参戦した。
❷アメリカの参戦で連合国側が有利になり，翌1918年にド
イツは降伏し，第一次世界大戦は終わった。
　　こうふく

(Russian Look／アフロ)

❸ ざんごうで戦う兵士　長い溝を掘り，敵の
　　　　　　　　　　　　　　みぞ　ほ
攻撃を防いだり，機関銃で攻撃したりした。

戦車

(Bridgeman Images／PPS通信社)

飛行機

(TopFoto／アフロ)

❹ 第一次世界大戦の新兵器

2　日本の参戦

　第一次世界大戦に参戦した日本は，これを好機として中国で
の利権拡大を目指して，中国に新たな要求を突きつけた。
　　　　　　　　　　　　　　　　　　　　　　　つ
（1）第一次世界大戦への参戦
❶参戦…日本は，イギリスとの**日英同盟**を理由にドイツに宣
　　　　　　　　　　　　　にちえい
戦布告し，連合国側で参戦した。
❷日本の動き…中国に出兵して，中国におけるドイツの拠点
　　　　　　　　　　　　　　　　　　　　　　　きょてん
である山東半島の青島や，太平洋にあるドイツ領の南洋諸
　　さんとう　　　チンタオ
　　シャントン
島を占領した。
（2）中国への侵略

重要
❶欧米諸国のアジアへの影響力が弱まっているのをみた日
本は，中国での利権を広げようと考え，1915年，中国に
二十一か条の要求を示し，大部分を認めさせた。
❷二十一か条の要求の主な内容…山東省のドイツ利権を日本
が引き継ぐこと，旅順・大連の租借期限の延長など。
　　　つ　　　　りょじゅん　だいれん　そしゃく
　　　　　　　　リュイシュン　ターリエン
（3）中国の反発…二十一か条の要求は中国の主権を侵すものだ
　　　　　　　　　　　　　　　　　　　　　おか
として人々は反発し，激しい反日運動を起こした。
　　　　　　　　　　　はげ

史料　**二十一か条の要求**

一，中国政府は，山東省におけるドイ
　　ツの利権を日本に譲る。
　　　　　　　　　　　ゆず
一，旅順や大連の租借期限，南満州
　　　　　　　　　　　　　まんしゅう
　　鉄道の利権の期限を，さらに
　　99か年ずつ延長する。
一，南満州，東部内モンゴルでの鉱
　　山採掘権を日本国民に与える。
　　さいくつ
一，中国の中央政府に，政治・経
　　　　　　　　　　　　　　けい
　　済・軍事の顧問として有能な日
　　ざい　　　こもん
　　本人を招くこと。　（一部要約）

解説　日本は，日本人顧問の採用を除
く大部分を強引に認めさせた。

ロシア革命

1 ロシア革命
◎1917年，**レーニン**らの指導で**ロシア革命**が起こる
◎**シベリア出兵**…イギリス，アメリカ，日本などが革命に干渉

2 ソ連の成立
◎1922年，**ソビエト社会主義共和国連邦（ソ連）**が成立
◎政治…**スターリン**が独裁→反対派を追放・処刑
◎経済政策…**五か年計画**を進める→農業国の集団化と重工業化

1 ロシア革命

　第一次世界大戦に参戦したロシアでは，物資の不足などから人々の生活が苦しくなり，労働者を中心とした革命が起こり，世界で最初の社会主義の政府が生まれた。

（1）ロシア革命

❶ロシアでは，日露戦争に敗れたあとも皇帝の専制政治が続き，第一次世界大戦が長引くと食料不足などで人々の生活が苦しくなり，皇帝への不満が高まっていた。

❷1917年3月，労働者が「パン・自由・平和」を求めてストライキを起こすと，兵士も反乱を起こし，各地に労働者と兵士の代表会議（**ソビエト**）が設けられた。その結果，皇帝は退位して，議会が臨時政府をつくった。

❸臨時政府が戦争を続けたため，1917年11月，**レーニン❶**らは臨時政府をたおし，ソビエトを中心とする世界で最初の**社会主義の政府**をつくった（**ロシア革命**）。

（2）ドイツとの講和…ソビエト政府は，交戦国に無併合・無賠償・**民族自決**を原則とする講和を呼びかけたが受け入れられ→干渉なく自分たちのことを決めること
ず，1918年にドイツと単独で講和を結び，戦争から離脱した。

❶ 演説するレーニン （アフロ）

暗記術 **1917**
得意な顔でロシアの革命
1917年　ロシア革命が起こる

KEY PERSON
レーニン
（1870〜1924年）
（時事通信フォト）

　ロシアの革命家。帝政がたおれると亡命先のスイスから帰国し，ロシア革命を指導した。世界最初の社会主義政府であるソビエト政府をつくり，社会主義国家の建設に力を尽くした。

(3) 諸外国の干渉

❶革命への干渉…ロシアが第一次世界大戦から離脱すると，社会主義が自国へおよぶのを恐れたイギリス・アメリカ・日本などは革命に干渉するため，シベリアに軍を送った（**シベリア出兵**）❷。

❷日本のシベリア出兵…日本は，他国よりも多い7万人を超える兵を送った❸。大戦が終わると諸外国は兵を引き揚げたが，日本は1922年まで軍隊をとどめ国際的に批判された。

❷ シベリア出兵

2 ソ連の成立

レーニンは，新しい経済政策を取り入れて経済を復興させ，やがてソビエト社会主義共和国連邦が成立した。

(1) 国内の動き

❶革命を指導した政党は，**共産主義**の実現をかかげ，**共産党**と名を改め，他国に結成された共産党を指導した。しかし，ソ連以外では社会主義革命は成功しなかった。

❷新しい経済政策…ソ連は内外の危機に対処するため厳しい政策を行ったので，経済が混乱した。これを切り抜けるため，レーニンはある程度の自由な経済活動を認めたので，経済はしだいに回復した。

❸ソ連の成立…この干渉戦争に勝利し，国内の危機を乗り切った革命政府は，1922年，**ソビエト社会主義共和国連邦（ソ連）**を成立させた。

(2) スターリンの政治

❶レーニンの死後に指導者となった**スターリン**は，社会主義国家の基礎を固めたが，その過程で反対派を追放するなど独裁的な政治を行った。

❷五か年計画…1928年からは**五か年計画**を始め，農業の集団化と重工業化を強行し，農業・工業が発達した。

❸ シベリア出兵でウラジオストクを行進する日本軍

くわしく ── 共産主義

労働者を中心とした平等な社会を目指す**社会主義**（→p.155）をさらに進め，労働者や資本家といった階級もなくして，あらゆる面で平等にしようとする考え方を共産主義という。ソ連では，共産主義を目指すため，工場や銀行を国有化したり，計画経済を行ったりした。

3 国際協調の時代

教科書の要点

1 ベルサイユ条約と国際協調

◎ パリ講和会議…**ベルサイユ条約**を結ぶ→ドイツに対する制裁

◎ **国際連盟**設立…1920年，アメリカ大統領**ウィルソン**の提案

◎ **民族自決**の考えにもとづいて多くの民族国家が誕生

◎ **ワシントン会議**…軍備の縮小などを決定

2 民主主義の拡大

◎ ドイツ…**ワイマール憲法**で20歳以上の男女の普通選挙

---

1 ベルサイユ条約と国際協調

第一次世界大戦の結果，ベルサイユ条約が結ばれ，民族自決と国際協調を基本とする新しい国際秩序がつくられた。

(1) パリ講和会議

❶第一次世界大戦が終わった翌年の1919年，パリで連合国とドイツの講和会議が開かれ，<u>ベルサイユ条約</u>が調印された。
→ベルサイユ宮殿で結ばれた

❷条約の内容…ドイツに報復的なものとなり，<u>ドイツは領土の一部とすべての植民地を失い，多額の賠償金や軍備縮小を課された。</u>

❸日本はドイツの中国での利権を引き継ぎ，ドイツ領南洋諸島の<u>委任統治権</u>を得た。
←敗戦国の領土を戦勝国が支配したり保護したりする権利

(2) 東ヨーロッパ諸国の独立

❶会議では，アメリカのウィルソン大統領が**民族自決の原則**を唱えたことで，ドイツやオーストリアの支配下にあった東ヨーロッパの多くの民族が独立し，新しい国家ができた。

❷いっぽう，アジアやアフリカの民族自決は認められず，植民地支配が続いた。

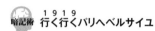

暗記術 1 9 1 9
行く行くパリへベルサイユ

1919年　ベルサイユ条約が結ばれる

参考 ドイツの領土縮小

ドイツは，植民地のほか，鉄鉱石・石炭などの地下資源に恵まれたライン川下流のアルザス・ロレーヌ地方など，領土の6分の1を失った。

凡例
- 大戦後のドイツ領
- ドイツとオーストリアの旧国境
- 大戦後の新国境
- 敗戦国が譲った地域
- ロシアの失地
- 新独立国

1 第一次世界大戦後のヨーロッパの独立国

(3) 国際連盟の設立

❶ 1920年，**ウィルソン**大統領の提案で，**世界平和と国際協調を目的に**，**国際連盟**が設立された。
→本部はスイスのジュネーブ

❷ イギリス・フランス・イタリア・日本の4か国が常任理事国となり，アメリカは議会の反対で加盟しなかった。

❸ 国際紛争の解決手段は経済的制裁に限られ，武力制裁はできなかったため，国際連盟の影響力は弱かった。

(4) 国際協調の動き

❶ **ワシントン会議**…1921〜22年，アメリカの呼びかけで軍縮問題などを話し合うために開かれ，次のことが決められた。

・ワシントン海軍軍縮条約が結ばれ，海軍の主力艦の保有量を制限した❷。

・中国の主権尊重と門戸開放を約束し，日本は山東省での利権を返還した。
→港湾や市場を外国が自由に行き来すること

・太平洋地域の現状維持を確認し，日英同盟は解消された。

❷ その後も，パリ不戦条約や，補助艦の保有を制限したロンドン海軍軍縮条約などが結ばれ，国際協調が進んだ。
→1928年　　　　　　1930年←

2 民主主義の拡大

総力戦を戦ったヨーロッパ諸国では民主主義が発達し，戦場にならなかったアメリカは世界の政治・経済の中心となった。

(1) ヨーロッパ諸国の動き

❶ イギリスでは，1918年に女性にも参政権があたえられ，1924年には初の労働党内閣が成立した。
→30歳以上の女性

❷ ドイツ…共和国となり，1919年，男女普通選挙などを認めた当時世界で最も民主的な**ワイマール憲法**を制定した。
→国民主権のほか人間らしく生きる社会権も認めた

(2) アメリカの発展…イギリスに代わって世界の経済の中心となり，自動車や家庭電気製品などの大量生産・大量消費に支えられて，1920年代に繁栄した❸。

 国際連盟

アメリカが国際連盟に加盟しなかったこと，日本が常任理事国だったこと，この2点を押さえておこう。

参考　新渡戸稲造

（国立国会図書館）

明治〜昭和前期の教育者で，国際連盟設立に伴い事務次長に選ばれて，国際平和のために力を尽くした。英文で『武士道』を著し，日本人の考え方を世界に紹介した。

主力艦の保有量の比率（ワシントン会議）

アメリカ	🚢🚢🚢🚢🚢	5
イギリス	🚢🚢🚢🚢🚢	5
日　本	🚢🚢🚢	3
フランス	🚢🚢	1.67
イタリア	🚢🚢	1.67

補助艦の保有量の比率（ロンドン海軍軍縮条約）

アメリカ	🚢🚢🚢🚢🚢🚢🚢🚢🚢🚢	10
イギリス	🚢🚢🚢🚢🚢🚢🚢🚢🚢🚢	10
日　本	🚢🚢🚢🚢🚢🚢🚢	7

❷ 軍縮会議で制限された主力艦と補助艦の保有量

❸ 自動車の普及（アメリカ）　（Getty Images）

アジアの民族運動

1 中国の動き

◎ 日本の**二十一か条の要求**→反日運動→**五・四運動**
◎ **中国国民党**が成立→1927年，**国民政府**を樹立

2 朝鮮とインドの動き

◎ **三・一独立運動**が起こる→朝鮮総督府が武力で鎮圧
◎ **ガンディー**…インドで**非暴力・不服従**の抵抗を指導

---

1 中国の動き

民族自決の考え方がアジアにも影響を与え，中国では第一次世界大戦中に，日本と結ばされた二十一か条の要求の取り消しを求める運動が起こった。

(1) **侵される中国の主権**

❶ パリの講和会議で，中国は二十一か条の要求の取り消しと，列強がもつ山東省の利権返還を求めた。

❷ しかし，この要求は無視され，山東省の旧ドイツの権益は日本が引き継ぐことが決められた。

(2) **五・四運動**

❶ きっかけ…1919年5月4日，北京で講和反対の学生集会が開かれ，これをきっかけに大規模な反日運動が起こった。

❷ 運動の広がり…運動は，中国全土に広がり，日本製品の不買運動から帝国主義へ反対する運動となっていった。このため，中国政府もベルサイユ条約の調印を拒否した。

1 五・四運動 (CPC Photo)

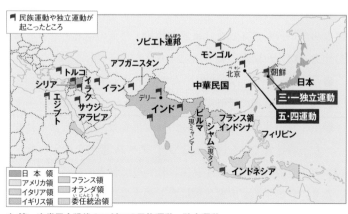

■ 民族運動や独立運動が起こったところ

ソビエト連邦　モンゴル
アフガニスタン　北京　朝鮮
トルコ　イラク　イラン　中華民国　日本
シリア　デリー　三・一独立運動
エジプト　サウジ　五・四運動
アラビア　インド
ビルマ　フランス領
（現ミャンマー）　インドシナ
シャム（現タイ）　フィリピン
インドネシア

日本領　フランス領
アメリカ領　オランダ領
イタリア領　委任統治領
イギリス領

↑ 第一次世界大戦後のアジアの民族運動・独立運動

❸山東省での利権は，ワシントン会議で中国に返還されたが，その後も日本製品の不買運動は続いた。

(3) 国民政府の成立

❶五・四運動をきっかけに，孫文（→p.187）らは1919年，**中国国民党**を結成した。1921年には**中国共産党**も結成され，両党は協力して国内の統一を目指し，イギリスや日本などの帝国主義勢力に抵抗した。

❷孫文の死後，中国国民党の**蔣介石**は，各地の**軍閥**をたおして中国の統一をすすめ，1927年にはそれまで協力していた中国共産党を弾圧して，南京に**国民政府**を樹立した。

2 朝鮮とインドの動き

民族自決の考え方に影響を受けて，日本の植民地の朝鮮や，イギリスの植民地のインドでも独立運動が起こった。

(1) 朝鮮の三・一独立運動

❶始まり…1919年3月1日，京城（現在のソウル）で日本からの独立を求める独立宣言が発表され，人々が「独立万歳」をさけんで行進を行った❷。この独立運動は，朝鮮各地に広がった（**三・一独立運動**）❸。

❷鎮圧とその後の動き…朝鮮総督府は，警察や軍隊を動員して武力で独立運動を鎮圧した。その後，日本政府は，朝鮮の人々に集会や出版における自由を一部認めるなど支配政策をゆるめたが，独立運動は続いた。
　　　　　　　　　　　　　　軍人による警察制度も廃止した←

(2) インドの民族運動

❶インドは，第一次世界大戦に協力すれば，終戦後に自治を認めるというイギリスとの約束で，多くの兵士を戦場に送り，多額の戦費を負担した。

❷イギリスは，約束を守らず，民族運動を抑えようとした。そのため，**ガンディー**の指導で，**非暴力・不服従**の抵抗運動が高まり，完全な自治を求める運動が進められた。

✍くわしく━ 軍閥

　清の末期から，私的な軍隊を養成し，外国勢力と結んで勢いを伸ばした地方の有力者を軍閥といい，中国の各地に分立していた（→p.187）。

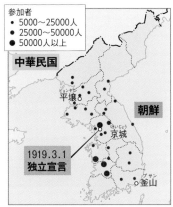

参加者
・ 5000～25000人
● 25000～50000人
● 50000人以上

中華民国
平壌
朝鮮
京城
1919.3.1
独立宣言
釜山

❷ **三・一独立運動の広がり**　京城は，韓国併合後に日本が漢城を改称した都市。

❸ **三・一独立運動でデモ行進する人々**
（毎日新聞社）

━KEY PERSON━

ガンディー

（1869～1948年）

（時事通信フォト）

　インドの独立運動の指導者。イギリスに対する，非暴力・不服従の抵抗運動を指導した。イギリス製の綿製品を使わないなどの方針が人々の支持を受け，独立運動を発展させた。

教科書の要点

1 護憲運動と大正デモクラシー
◎第一次**護憲運動**…立憲政治を守る動き→藩閥の内閣をたおす
◎**吉野作造**が**民本主義**，美濃部達吉は天皇機関説を主張

2 大戦景気と米騒動
◎大戦中に輸出が伸び**好景気**に，**成金**の出現，**財閥**の発展
◎**米騒動**…米価の急上昇→安売りを求める運動が全国へ
◎**原敬**内閣成立…日本で最初の**本格的な政党内閣**

1 護憲運動と大正デモクラシー

日露戦争のころから，日本の政治は，藩閥・官僚勢力と政党勢力が交互に政権を担当してきた。

（1）第一次護憲運動

❶1912年，立憲政友会の内閣が陸軍の反対でたおれ，藩閥の**桂太郎**内閣が成立し，議会を無視する態度をとった。

❷**第一次護憲運動** ■…**尾崎行雄**らは，藩閥中心の専制政治を批判し，憲法に基づく政治を守る運動を起こした。民衆は運動を支持し，桂内閣はたおれ，政党は力を強めた。

（2）大正デモクラシーの思想

重要

❶政治学者の**吉野作造**は**民本主義**を唱え，民意に基づいた政治を行うために普通選挙による政党中心の議会政治の実現を説いた。

❷大正時代にさかんになった民主主義を求める風潮を，**大正デモクラシー**という。

❸憲法学者の美濃部達吉は，主権は国家にあり，天皇は憲法に従って国を統治する最高機関と主張し（**天皇機関説**），政党内閣制を理論的に支えた。

■帝国議会の議事堂を取り囲む民衆
（朝日新聞社）

史料 吉野作造の民本主義

…民主主義といえば，「国家の主権は人民にある」という学説と混同されやすく，平民主義といえば，貴族を敵にして平民に味方するという意味に誤解されやすい。われわれが政治の根底とするのは，君主政か共和政かは関係なく，政治の上で一般民衆を重んじて，その間に貴賤上下の別を設けないということである。したがって民本主義というのが，いちばんよい用語だと思う。（一部）

解説 民本主義は天皇主権のもとでの民主主義を主張したもので，現在の国民主権のもとでの民主主義とは異なる。

2 大戦景気と米騒動

　第一次世界大戦で日本経済は好景気（**大戦景気**）となったが，物価上昇などで人々の生活は苦しくなってきた。

（1）大戦景気

❶貿易の伸び…連合国への軍需品の輸出やアメリカへの工業製品の輸出が急激に伸びた 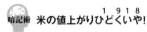。これにより日本は，これまでの輸入超過国から輸出超過国になった 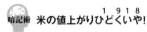。

❷工業の発達…欧米からの輸入が途絶えたことで，製鉄や船舶・機械などのほか，薬品・染料などの化学工業（→ドイツから輸入していた）もさかんになり，**重化学工業**が発達した。これによって，日本は工業国としての基礎が築かれた。

❸成金と財閥…好景気の中で，**成金**と呼ばれる大金持ちが多く生まれた。いっぽう，三井・三菱・住友などの**財閥**はさらに力を強め，日本経済を支配していった。（→p.189）

（2）米騒動

❶背景…好景気で物価が上昇して，人々の生活が苦しくなった。さらに，**シベリア出兵を見こした**商人たちの米の買い占めから，米価が急上昇した 。

❷経緯…1918年，富山県で米の安売りを求める騒動（→現在の魚津町の漁村から始まった）が起こると，騒動は全国に広がった（**米騒動**）。寺内正毅内閣が軍隊を出して鎮圧した。

（3）政党内閣の成立

重要

❶米騒動の責任をとって寺内内閣が退陣すると，1918年，**立憲政友会**の**原敬**が初めての**本格的な政党内閣**を組織した。

❷原敬内閣…陸軍・海軍・外務大臣以外の大臣は，すべて立憲政友会の党員が占めた。

❸原敬の政治…華族でない原は「平民宰相」と呼ばれて期待を集めたが，普通選挙には消極的だった。

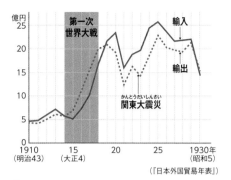

2 第一次世界大戦前後の貿易額の変化　大戦中は輸出額が輸入額を上回った。

暗記術　米の値上がりひどくいや！
1918

1918年　米騒動が起こる

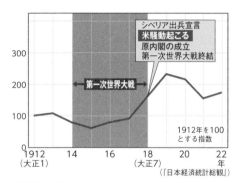

3 米価の変動

4 米騒動

（徳川美術館所蔵 ©徳川美術館
イメージアーカイブ／DNPartcom）

社会運動と普通選挙

1 社会運動の高まり

◎ 第一次世界大戦後の不景気→**労働争議**・**小作争議**が活発になる

◎ 解放運動の進展…**全国水平社**・北海道アイヌ協会の結成

◎ 女性運動の展開…**平塚らいてう**らが**青鞜社**，**新婦人協会**

2 政党政治の展開

◎ 第二次**護憲運動**…政党政治の復活，普通選挙を求める運動

◎ 1925年，**普通選挙法**，**治安維持法**の成立

1 社会運動の高まり

第一次世界大戦が終わると，日本は不景気となり，労働運動や農民運動などの社会運動が活発になってきた。

(1) **労働運動の高まり**…労働者が増えるとともに，ロシア革命などの影響を受けて各地でストライキなどの**労働争議**が起こるようになった**1**。1920年には日本で最初の**メーデー**が行われ，翌年には労働者の全国組織として **日本労働総同盟**がつくられた。
  └→ 5月1日（第1回は5月2日）に行われる国際的な労働者祭

(2) **農民運動の高まり**…農村では小作料の引き下げなどを求める**小作争議**が起こった。1922年には，全国組織として日本農民組合が結成され，農民の地位向上を目指した。

(3) **社会主義運動**…社会主義運動は大逆事件の後も弾圧が続いていたが，ロシア革命などの影響でしだいに活発になってきた。1920年には日本社会主義同盟が結成され，1922年には**日本共産党**がひそかに結成された。
  └→p.189

(4) 差別からの解放を求めて

　❶被差別部落の人々…部落差別に苦しむ人々は自らの手による差別からの解放を目指す運動（部落解放運動）を進めた。1922年には，京都で**全国水平社**が結成され，運動は
  └→ 社会的・経済的に差別を受けてきた

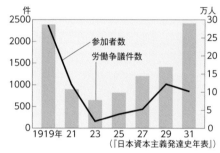

1 労働争議件数と参加者数の変化

（『日本資本主義発達史年表』）

史料　水平社宣言

　全国に散在する部落の人々よ，団結せよ。われわれが人間を尊敬することによって，自らを解放しようとする運動を起こしたのは当然である。われわれは，心から人生の熱と光を求めているのである。

　人の世に熱あれ，人間に光あれ。

（一部）

全国に広がっていった。

❷**アイヌの人々**…1930年に北海道アイヌ協会を設立し，
社会的地位の向上を訴える運動を進めた。

(5) **女性運動**…女性差別からの解放を目指す運動もさかんに
なり，**平塚らいてう**は，1911年に**青鞜社**を結成して女
性の解放を目指す運動を始めた。1920年には，市川房枝
らとともに**新婦人協会**を設立して，女性の政治活動の自
由・女子高等教育の拡充などを求めて運動を進めた❷。

市川房枝

平塚らいてう

❷ 新婦人協会の人々　　　　　　　　　　（共同通信社）

5章／二度の世界大戦と日本

1節／第一次世界大戦と日本

2 政党政治の展開

原内閣のあと，軍人・官僚出身の非政党内閣が続いたが，再
び護憲運動が高まり，政党内閣が復活した。

(1) **第二次護憲運動**

❶1924年，多くの閣僚を貴族院から選出した内閣ができる
と，各政党は第二次護憲運動を起こした。

❷1924年の総選挙で，護憲運動を進めた政党が多数を占め，
憲政会党首の**加藤高明**を首相とする内閣が成立した。

(2) **普通選挙法の成立**…加藤内閣のもとで成立した。

❶1925年，**普通選挙法**が成立し，**満25歳以上
のすべての男子**に選挙権が与えられた。

❷納税額の制限がなくなり，有権者はこれまでの約
4倍になった。しかし，女性には引き続き選挙権
は与えられなかった❸。

(3) **治安維持法の成立**

❶制定…1925年，普通選挙法の成立に先立って，
治安維持法が制定された。

❷内容…天皇制を変えようとしたり，私有財産制を
否認したりする人々を取り締まるものだったが，
のちに社会運動全体の取り締まりに用いられた。

史料 **青鞜社の宣言**

元始，女性は実に太陽であった。
真正の人であった。今，女性は月で
ある。他によって生き，他の光によ
って輝く，病人のような蒼白い顔の
月である。ここに『青鞜』は初声を
あげた。　　　　　　　（一部）

解説　1911年，平塚らいてうが文芸誌
「青鞜」創刊号に寄せた文章。青鞜社は，
女性差別からの解放を目指す文芸団体。

暗記術 **行くぞニコニコ普通選挙**

1925年　普通選挙法が成立

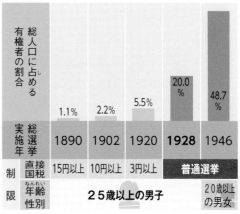

	1890	1902	1920	**1928**	1946
総人口に占める有権者の割合	1.1%	2.2%	5.5%	20.0%	48.7%
実施年 総選挙	1890	1902	1920	**1928**	1946
制限 直接国税	15円以上	10円以上	3円以上	普通選挙	
年齢性別	25歳以上の男子				20歳以上の男女

❸ 有権者数の増加　　　　　　　　　　（総務省資料ほか）

新しい文化と生活

1 教育の普及と大衆文化

◎ 教育の普及…**義務教育**の普及，高等教育機関の増加

◎ 新聞・雑誌・書籍…100万部を超える新聞，1冊1円の円本

◎ 新聞・**ラジオ放送**の普及，西洋風の生活様式の流行

2 新しい思想や文化

◎ 哲学…**西田幾多郎**が東洋と西洋の哲学を融合→『**善の研究**』

◎ 文学…志賀直哉（**白樺派**），**芥川龍之介**，プロレタリア文学

1 教育の普及と大衆文化

　大正時代から昭和時代の初めには，教育の水準が高まる中，大衆文化が生まれた。また，生活習慣の欧米化が進んだ。

(1) 教育の普及

　大正時代の初めには**義務教育**がほぼ行きわたり，高等学校や大学・専門学校の数も増えた。また，中学校や高等女学校への進学率も高まった。
　　└→ 現在の高等学校にあたる
　　　　　　└→ 小学校の就学率は98%

(2) 大衆文化の発展 ■

　教育の普及により，都市のサラリーマンなど一般大衆に向けた大衆文化が発展した。

❶活字の広がり…新聞・雑誌・書籍などの活字文化が広がり，1日の発行部数が100万部を超える新聞も現れた。また，1冊1円の文学全集（円本）や低価格の文庫本などが大量に発行され，文学や思想を広めるのに役立った。西洋風の童謡や童話も広まり，子ども向けの雑誌も発行された。
　　　　　　　　　　　　　　└→「赤い鳥」が代表的

❷情報…1925年には**ラジオ放送**が始まり **■**，新聞と並ぶ情報源となった。**映画**では，これまでの無声映画に代わって発声映画（トーキー）が広まった。
　　　　└→ 活動写真といわれていた

■ 浅草六区　東京を代表する大衆娯楽街で，多くの劇場や映画館が立ち並び，人々でにぎわった。

（朝日新聞社）

■ 家庭に普及したラジオ

（毎日新聞社）

❸娯楽…野球・テニスなどのスポーツや，蓄音機やレコードでの音楽鑑賞などを楽しむようになった。

(3) 都市の生活

産業の発達とともに，都市では農村から移住してきた工場労働者や，役所や会社に勤めるサラリーマンが増えてきた。

❶住まいと食…ガス・水道・電気などが普及し，欧米風のつくりを取り入れた「**文化住宅**」もみられるようになり，カレーライス・トンカツ・コロッケなどの洋食が広まった。

❷女性の社会進出…バスガール・電話交換手・タイピストなど働く女性が増え，女性の社会進出が進んだ。

❸服装…洋服を着る人が増えた。

❹1923年の**関東大震災**の後には，東京や横浜などの都市で地震に強い鉄筋コンクリートの公共建築が増えた。

（毎日新聞社）
❸ バスガール

（毎日新聞社）
❹ タイピスト

2 新しい思想や文化

欧米の学問・思想の影響を受けるいっぽう，日本独自の思想も生まれた。文学にも新しい傾向が表れ，これまでの自然主義
└→p.191
の文学は衰え，多様な作品が生まれた❺。

(1) 学問…哲学では，東洋と西洋の哲学を融合しようと『**善の研究**』を著した**西田幾多郎**，各地の伝承などを記録し民俗学を提唱した柳田国男，民衆の道具に美を見いだし民芸運動を始めた柳宗悦など，独創的な研究者が現れた。

(2) 文学…人道主義を唱えた武者小路実篤・**志賀直哉**らの**白樺派**や，谷崎潤一郎や**芥川龍之介**が優れた作品を発表した。また，社会主義運動の高まりとともに，労働者や農民の生活を描く，**小林多喜二**らの**プロレタリア文学**も生まれた。

(3) 美術…洋画では岸田劉生，竹久夢二らが活躍した。

(4) 音楽…山田耕筰が日本で初めての職業オーケストラをつくり，邦楽（箏曲）では宮城道雄が活躍した。
└→箏（こと）を主な楽器とする音楽

くわしく─関東大震災

1923年9月1日，東京・横浜を中心にマグニチュード7.9の大地震が襲った。この混乱の中で，「朝鮮人が暴動を起こす」という根拠のないうわさによって多くの朝鮮人・中国人や社会主義者たちが殺されるなどの事件が起こった。壊滅状態となった都市の復興は，後藤新平らを中心に進められ，道路を広くするなど計画的な街づくりが行われた。

	作家	代表的な作品
白樺派	武者小路実篤 志賀直哉	『友情』『愛と死』 『暗夜行路』『小僧の神様』
耽美派	永井荷風 谷崎潤一郎	『ふらんす物語』 『痴人の愛』
新現実派	芥川龍之介 菊池 寛	『芋粥』『羅生門』 『父帰る』『恩讐の彼方に』
プロレタリア文学	小林多喜二 徳永 直	『蟹工船』 『太陽のない街』

❺ 大正から昭和初期の主な文学者と作品

普通選挙法と治安維持法

深掘り Column

ほぼ同時に制定された普通選挙法と治安維持法。この二つの法律はどうして同時につくられたのかを，政府の立場を考えながら見てみよう。

1 普通選挙って何？

普通選挙とは，一定の年齢に達したすべての人に選挙権が与えられる選挙制度のこと。1890年に衆議院議員の第1回総選挙が実施されたが，この選挙で投票できた人は，直接国税を15円以上納める満25歳以上の男性に限られた。このように，納税額などによって選挙権を制限する制度を**制限選挙**という。大正時代には人々の間に民主主義が広まり，普通選挙を求める運動が高まった。

（毎日新聞社）

↑1920年に開かれた普通選挙を求める集会

2 普通選挙法ができて，どう変わったのだろう？

1925年，**普通選挙法**が制定され，満25歳以上のすべての男性に選挙権を与える男子普通選挙が実現した。それまでは，直接国税3円以上という納税額の制限があったが，この制限が撤廃された。これにより，有権者数は約1240万人になり，p.209のグラフのようにそれまでの4倍近くに増加した。しかし，女性には選挙権が与えられず，その後，女性の参政権を求める運動が高まったが，やがて戦争が始まり，運動は勢いを失っていった。

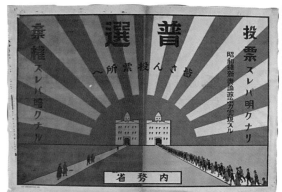

（法政大学大原社会問題研究所）

↑第1回普通選挙（1928年）のポスター 「投票すれば世の中が明るくなり，棄権すれば世の中が暗くなる」という内容が書かれている。

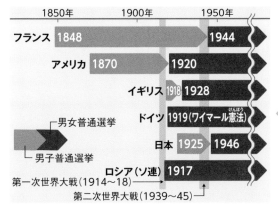

日本はフランスよりも80年近く遅（おく）れて，男子普通選挙が実現したんだね。

←主な国の普通選挙が実現した年　世界で最初に男子普通選挙が実現したのはフランスで，ペリーが浦賀（うらが）に来航する5年前のことだった。

③ 治安維持法はどうして同時に制定されたのだろう？

治安維持法とは，共産（社会）主義運動を取り締（し）まるための法律で，政府は普通選挙法制定の直前に制定した。この二つの法律は「アメとムチ」の関係で，政府は普通選挙法を制定することで，治安維持法への国民の反発を抑えようとしていたともいわれている。

●**改正された治安維持法**

1928年に第1回男子普通選挙が実施（じっし）されると，社会主義運動や労働運動を行っている人が8人当選した。これに衝撃（しょうげき）を受けた政府は，治安維持法を改正し，最高刑を死刑にまで引き上げて取り締まりを強化した。

●**戦争中の治安維持法**

太平洋戦争が始まると，治安維持法は政府の方針や戦争に反対するだけで人々を取り締まれるものに変わった。そのため，人々は逮捕（たいほ）されることを恐（おそ）れ，戦争反対の声が抑え込まれた。治安維持法は，1945年の敗戦後，**GHQ（ジーエイチキュー）（連合国軍最高司令官総司令部）**の指令によって廃止（はいし）された。

（毎日新聞社）

↑**治安維持法反対集会**　治安維持法が準備されていることが伝えられると，社会主義者や労働組合が反対運動に立ち上がった。

【史料】　**治安維持法の内容**（要約）

（1925年制定時の第1条）

　国の体制を変えようとしたり，私有財産制度を否定したりすることを目的として結社を組織し，または，その事情を知ってこれに加入した者は，10年以下の懲役（ちょうえき）または禁錮（きんこ）に処する。

（1928年改定時の第1条）

　国の体制を変えることを目的として結社を組織した者や結社の役員，指導者の任務についた者は，死刑または無期，もしくは5年以上の懲役または禁錮に処し……。

見る
Column

大正時代のサラリーマン

第一次世界大戦によって日本の重化学工業がめざましく発達すると，都市にはサラリーマンと呼ばれる勤め人が急増した。

1 サラリーマンって何？

　大正時代には，都市に多くの会社が誕生し，役所や会社に勤める男性の**サラリーマン**が増えた。当時のサラリーマンは，工場や商店で働く人と区別され，一般に学歴が高く，高額な給料をもらった労働者を指していた。当時の日本の産業は農業などの第一次産業が中心で，サラリーマンは庶民にとってあこがれの職業だった。そして，上着とズボンを組み合わせた洋服が，サラリーマンの仕事着として定着した。

（新宿区立新宿歴史博物館）

名刺　印鑑　万年筆　胃腸薬　弁当箱　マッチ・たばこ・ライター

⬆大正時代のサラリーマンのかばんとポケットの中身
洋服はとても高価だった。

2 サラリーマンがあこがれた文化住宅

　文化住宅とは，和風住宅に洋間を取り入れた近代的な家で，マイホームを夢見るサラリーマンのあこがれの的だった。大正時代になると，郊外の住宅地に洋風住宅が数多く建てられ，そうした住宅にあこがれた人々が，「せめて一部屋だけでも」と，和風住宅に洋間をつけたのが文化住宅だった。

➡復元された文化住宅　洋間は板じきの6畳で，書斎や応接間として使われた。玄関の奥には，4.5畳と8畳の畳じきの部屋があった。
※写真は1928（昭和3）年ごろの文化住宅。

（新宿区立新宿歴史博物館）

洋間

⬆洋間の室内

玄関

出窓

和風住宅

勝手口

（新宿区立新宿歴史博物館）

1 第一次世界大戦 ～ 4 アジアの民族運動

□(1) 第一次世界大戦前のヨーロッパは，ドイツを中心とする〔　　　〕とイギリスを中心とする〔　　　〕が対立していた。

(1) 三国同盟，
三国協商

□(2) 列強の対立に，民族の独立運動などがからんで，〔　　　〕半島は「ヨーロッパの火薬庫」と呼ばれていた。

(2) バルカン

□(3) 日本は〔　　　〕を理由に第一次世界大戦に参戦し，大戦中の 1915 年，中国に〔　　　〕を示して大部分を認めさせた。

(3) 日英同盟，
二十一か条の要求

□(4) 1917 年，ロシアでは〔　　　〕の指導で，労働者や兵士らが世界で初めての〔　資本主義　社会主義　〕政府をつくった。

(4) レーニン，
社会主義

□(5) 日本は，ロシア革命に干渉するため〔　　　〕出兵を行った。

(5) シベリア

□(6) 1919 年，朝鮮では〔　三・一独立運動　五・四運動　〕が起こり，中国では〔　三・一独立運動　五・四運動　〕が起こった。

(6) 三・一独立運動，
五・四運動

5 大正デモクラシーと政党内閣 ～ 7 新しい文化と生活

□(7) 1912 年，〔　桂太郎　尾崎行雄　〕らは，藩閥政府を批判して，立憲政治を守ろうと第一次〔　　　〕を起こした。

(7) 尾崎行雄，
護憲運動

□(8) 政治学者の〔　　　〕は，〔　民本主義　社会主義　〕を唱え普通選挙による議会政治の実現を説いた。

(8) 吉野作造，
民本主義

□(9) 1918 年，富山県から起こった米の安売りを求める運動は全国に広がった。これを〔　　　〕と呼ぶ。

(9) 米騒動

□(10) 1918 年，立憲政友会総裁の〔　伊藤博文　原敬　〕は，初めて本格的な政党内閣を組織した。

(10) 原敬

□(11) 差別を受けてきた人々は，自らの手で差別からの解放運動を進めようと，1922 年に〔　　　〕を結成した。

(11) 全国水平社

□(12) 1925 年，普通選挙法が成立し，満〔　20　25　〕歳以上のすべての男子に選挙権が与えられた。

(12) 25

1 世界恐慌とブロック経済

教科書の要点

1 世界恐慌
◎大戦後の世界経済…アメリカを中心に回復
◎**世界恐慌**…1929年，**アメリカで株価暴落**→世界中に広がる

2 各国の恐慌対策
◎アメリカ…**ニューディール**政策を実施，国民の購買力を高める
◎イギリス・フランス…**ブロック経済**を進める
◎イタリア・ドイツでは**ファシズム**が台頭し独裁政治

1 世界恐慌

　第一次世界大戦後，世界経済は，アメリカを中心に順調に回復していたが，1929年，アメリカで恐慌が始まると，たちまち世界中に不景気が広まった。

(1) アメリカの経済

❶繁栄…第一次世界大戦後，各国に資金を提供し，世界経済の中心となったアメリカは，自動車が大量生産され家庭電化製品が普及するなど，生活も豊かになった。

❷停滞…各国の生産が回復し，インドや中国でも工業が発達してくると，アメリカ製品はしだいに売れなくなり，生産過剰となってきた。

(2) 世界恐慌

【重要】
❶1929年10月，ニューヨークの株式市場で**株価が大暴落**すると，多くの銀行が倒産して**恐慌**となった■。

❷アメリカは急速に不景気となり，多くの会社が倒産し，農産物価格も急落して，街には失業者があふれた。

❸この不景気は，アメリカから，ヨーロッパをはじめ資金を借りていた多くの国に広がり，**世界恐慌**となった■。

（Ullstein bild／アフロ）

■ 株価が暴落した1929年10月24日のニューヨークのウォール街
　株式取引所があるウォール街に集まる人々。24日は木曜日だったので，「暗黒の木曜日」と呼ばれる。

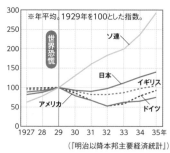

（『明治以降本邦主要経済統計』）

■ 1929年前後の主な国の鉱工業生産指数

② 各国の恐慌対策

　恐慌を乗り切るため，各国はさまざまな経済政策を行ったが，イタリアやドイツなどではファシズムが台頭してきた。

（1）アメリカの恐慌対策

重要
❶ローズベルト大統領は，1933年から政府が経済を統制する**ニューディール（新規巻き直し）政策**を始めた。

❷農業・工業の生産を調整し，**公共事業**をおこして失業者を
　　　　　　　　　　　　　　　└→テネシー川のダムなど
救済し，労働者を保護し賃金の引き上げなどを行った**❸**。

❸結果…恐慌はほぼ乗り切ったが，自国の産業を優先させたため，アメリカへの輸出に頼る国には打撃となった。

（2）イギリス・フランスの恐慌対策

重要
❶イギリス・フランスは，本国と植民地や関係深い国・地域との間だけで貿易をさかんにする**ブロック経済**を行った。

❷イギリスはオーストラリアやインドとの貿易を拡大した**❹**。

（3）ファシズムの台頭…ヨーロッパでは，民主主義を否定する**ファシズム**■と呼ばれる政治体制が台頭してきた。

❶イタリア…1922年にファシスト党の**ムッソリーニ**が首相となって独裁政治を行っていた。世界恐慌の影響で経済が行きづまると対外戦争に訴えるようになり，エチオピアを侵略し，1936年には併合した。

❷ドイツ…経済が混乱する中，**ナチス**を率いる**ヒトラー**
　　　　　　　└国民社会主義ドイツ労働者党の略
が1933年に首相となり独裁政治を始めた。同年，国際
　　　民主的なワイマール憲法を停止した←┘
連盟を脱退し，ベルサイユ条約を破棄して再軍備を宣言して全体主義国家となっていった。

（4）恐慌の影響とソ連…各国が自国優先の政策を行ったことで国際協調の体制がゆらいできた。いっぽう五か年計画を進めていたソ連は，世界恐慌の影響を受けず成長を続けた。

くわしく　恐慌とは？

　資本主義経済のもとでは，好景気と不景気が交互に繰り返されるが，好景気から不景気への変動が急激に起こり，経済が大混乱する状況を恐慌という。一般的には，生産過剰（品物が増えるのに，買う人が少なかったりするため，品物が余る状態）が原因となる。

（学研写真資料）

❸ ニューディール政策で建設されたダム

凡例
■ イギリスの経済圏
■ アメリカの経済圏
■ フランスの経済圏
■ ドイツの経済圏
■ 日本の経済圏

（『タイムズ世界歴史地図』ほか）

❹ 世界のブロック化（1929～1939年）

用語解説　ファシズム

　個人の利益よりも**国家の利益を優先**させて，民主主義や基本的人権を認めない独裁的な政治体制で，対外的には経済危機を切り抜けるため侵略戦争を行う。全体主義とほぼ同じ意味である。

2 　昭和恐慌と政党内閣の危機

教科書の要点

1 **日本の不景気** ◎ 関東大震災後の混乱で**金融恐慌**→多くの銀行が休業
◎ 世界恐慌の影響で**昭和恐慌**…農村で「身売り」や「欠食児童」

2 **協調外交の
行きづまり** ◎ 中国では国民政府が利権回復を唱える→関東軍が**張作霖爆殺**
◎ 浜口内閣の協調外交…一部の軍人や国家主義者が批判

1 　日本の不景気

　第一次世界大戦が終わると日本は不景気となり，さらに世界
恐慌の影響が及ぶと昭和恐慌となった。不景気と社会不安が増
す中で，政党や財閥への批判が高まっていった。

(1) 政党政治の展開

❶ 1924年に加藤高明内閣が成立してから，憲政会（のちの
立憲民政党）と立憲政友会がほぼ交互に政権を担当してい
た。この慣例は「**憲政の常道**」と呼ばれ，1932年に立憲
政友会総裁の犬養毅首相が暗殺される（**五・一五事件**）ま
で約8年間続いた。
→p.221

❷ 1928年には，1925年に成立した普通選挙法による初めて
の衆議院議員選挙**1**が行われ，労働者や農民が支持する社
会主義政党から8名が当選した。

❸ 政党政治は世界恐慌などの影響による経済問題や，中国で
の利権に関する外交問題などで困難に直面し，しだいに行
きづまってきた。

(2) 金融恐慌

❶ 第一次世界大戦後の日本は，ヨーロッパ諸国の経済が回復
して輸出が減り，不景気になっていた。1923年に**関東大震
災**が起こると，日本の経済はさらに大きな打撃を受けた。
→p.211

（朝日新聞社）

1 初めての男子普通選挙の投票所
　立憲政友会と立憲民政党が9割以上の議席
を獲得した。

金融恐慌では，みんながお
金をおろして紙幣が足りな
くなって，裏が白いお札が
発行されたよ。

❷1927年，国会で一部銀行の経営状態が悪いと伝えられると，人々は預金を引き出そうと銀行に殺到し，銀行の休業や企業の倒産があいついだ（**金融恐慌**）。

(3) **昭和恐慌**…1930年には**世界恐慌**が日本にも及び，以後数年間，昭和恐慌と呼ばれる不景気のどん底に落ち込んだ。

❶都市…多くの会社が倒産し，生産も縮小されて都市には失業者があふれ，学校を卒業しても就職できない人々が増えた。

❷農村…1930年は大豊作で，米やまゆの値段が大暴落し生活が苦しくなっていたが，翌年には東北・北海道地方が大凶作にみまわれ，農村の苦しみは深刻になった❷❸。こうした中で，借金のための女性の「身売り」や，学校に弁当を持って行けない「欠食児童」が社会問題となった。
　　→「豊作貧乏（びんぼう）」といわれた

❸影響…労働争議・小作争議が激しくなり，政党内閣や経済を支配している財閥への批判が高まった。

世界恐慌でアメリカへの生糸の輸出が減ったことも農家を苦しめたんだ。

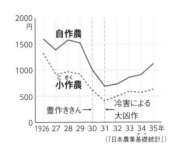

❷ 農家の収入の変化

（『日本農業基礎統計』）

② 協調外交の行きづまり

ワシントン会議以降，日本政府はアメリカなどとの武力的な対立を避け，協調外交を方針としていた。

(1) 中国の様子…**蒋介石**の国民政府は，共産党と内戦を行ういっぽう，日本がもつ満州の利権を取り戻す動きを強めた。現地の日本軍である関東軍は危機感をいだき，満州を直接支配しようとして，1928年に満州の軍閥だった**張作霖**を鉄道ごと爆殺した。
　　チャンチェシー　→p.205
　　チャンツォリン

(2) 浜口内閣と協調外交
❶立憲民政党の浜口雄幸内閣は，中国を統一した国民政府と関係改善を図るいっぽう，1930年には補助艦を制限する**ロンドン海軍軍縮条約**を結び，協調外交を進めた。
　　りっけんみんせいとう　→1929年に成立
　　→p.203

❷これに対し一部の軍人や**国家主義者**たちは，天皇の権限の侵害であるとして，浜口首相を批判した。浜口首相は狙撃されて重傷を負い，辞任に追い込まれた❹。
　　しんがい　→国民の権利よりも国家の利益を優先させる人々　そげき

❸ 東北地方の大凶作　子どもが大根をかじっている。

❹ 東京駅で狙撃された浜口首相　（毎日新聞社）

満州事変と軍部の台頭

1 満州事変

◎ **満州事変**…南満州鉄道の線路爆破→**満州国**の建国を宣言

◎ 国際連盟は満州国を否認→日本は国際連盟を脱退

2 五・一五事件と二・二六事件

◎ **五・一五事件**…犬養毅首相を殺害→政党政治が終わる

◎ **二・二六事件**…東京の中心部を占拠→軍部が発言力を強める

1 満州事変

　中国で，日本がもつ利権を回復する動きがさらに強まると，日本では軍部を中心に「**満州は日本の生命線**」として，不景気を打開するためにも大陸進出の動きをいっそう強めた。

(1) 満州事変

> ❶開戦…1931年，**関東軍**は奉天（今の瀋陽）郊外の柳条湖で南満州鉄道の線路を爆破した（**柳条湖事件**）。
>
> ❷**満州事変**…関東軍は爆破を中国軍のしわざだと主張して軍事行動を始め，政府の戦争不拡大の方針を無視して，満州の大部分を占領した。 →p.219

❸政党内閣は軍部を抑えられず，世論も不景気から抜け出すために軍の行動を支持するようになってきた。

(2) 満州国の建国…1932年，日本（関東軍）は清朝最後の皇帝**溥儀**を元首とする**満州国**の建国を宣言し，政治・軍事・経済などの実権を握った。その後，軍事的な目的もあり，不景気が続く日本から満州国への移民が進められた。

(3) 国際連盟からの脱退

❶中国は，満州事変は日本の侵略だとして国際連盟に訴え，国際連盟はリットンを代表とする調査団を派遣した。

1 満州事変の広がりと満州国

暗記術 **軍の独裁進む満州事変** 1931

1931年　満州事変が起こる

くわしく 満洲は日本の生命線

　軍部を中心に「満州は日本の生命線」と宣伝したのには，次のような理由があった。まず，満州をソ連に対する戦略の拠点にしようとした。次に，満州にある豊富な資源を手に入れ，市場を広げようとした。さらに，広大な満州に日本人を送り込み，**人口問題や不景気などの経済問題を一気に解決**しようとした。

❷**国際連盟**は，調査団の報告に基づき満州国を認めず，日本に占領地からの引き揚げを求める勧告を可決した。日本はこれを不服として，1933年，**国際連盟を脱退**した。

❸1936年にはワシントン海軍軍縮条約，ロンドン海軍軍縮条約が失効し，国際的孤立を深めた日本はドイツに接近し，1936年に共産主義に対抗するため**日独防共協定**を結んだ。
　　　　　　　　　　└─ 翌1937年にはイタリアが加わった ─┘

（1932年5月16日付　朝日新聞）

2 五・一五事件を伝える新聞

2 五・一五事件と二・二六事件

政党政治に不満をもつ軍人や国家主義者は，政党政治を廃止して軍事政権による国家の改造を計画するようになった。

(1) **五・一五事件2**

❶1932年**5月15日**，海軍の青年将校らが首相官邸を襲い，満州国承認に消極的な**犬養毅首相を暗殺**した。

❷結果…1924年から8年間続いた**政党政治が終わり**，これ以後，軍人出身者主導の内閣が多くなった。

(2) **二・二六事件3**

❶1936年**2月26日**，陸軍の青年将校らが軍事政権の樹立を目指して大臣などを殺傷し，東京中心部を占拠した。**3**

（朝日新聞社）

3 二・二六事件で警備する反乱軍

❷結果…反乱軍は数日で鎮圧されたが，軍部は政治的な発言力をますます強め，軍備の増強を進めた。

❸こののち，思想の取り締まりが強化され，自由主義者も弾圧された。

(3) 経済の回復…1930年代になり，不景気から立ち直ってきた日本は，満州事変後の軍需産業の生産増などで重化学工業が発展し，軽工業の生産額を上回るようになった。**4**。重化学工業では新しい財閥が成長し，朝鮮・満州などに進出した。

暗記術 ひどく寒いぞ二・二六
　　　　　　 1　 9 36

1936年　二・二六事件が起こる

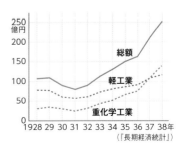

4 日本の工業生産の推移

日中戦争と戦時体制

教科書の要点

1 日中の全面戦争

◎ **日中戦争**…1937年，北京郊外の盧溝橋で始まる

◎ 経緯…日本軍は首都南京を占領→戦場が中国全土に広がる

◎ **国民政府**と**中国共産党**が**抗日民族統一戦線**→徹底抗戦の態勢

2 戦時体制の強化

◎ **国家総動員法**…国民や物資を議会の許可なく戦争に動員

◎ 戦時体制の強化…**大政翼賛会**，隣組

---

1 日中の全面戦争

満州から中国北部に侵入した日本に対して，中国国民の抵抗はいっそう強まり，内戦を続けていた中国共産党と中国国民党も手を結んで抗日の姿勢を示した。

(1) 中国の情勢

❶ 中国では，**蔣介石**が率いる中国国民党（国民政府）と**毛沢東**が率いる中国共産党との内戦が続いていた。

❷ 抗日運動が高まると，共産党は国民党とともに協力することを呼びかけ，両党は1936年に内戦を停止した。

(2) 日中全面戦争

重要

❶ 1937年7月，北京郊外の盧溝橋で日中両軍が衝突し（**盧溝橋事件**），これをきっかけに**日中戦争**が始まり，まもなく全面戦争に発展した■。

❷ 戦火が上海に拡大すると，共産党と国民党は協力して日本と戦うことを決め，**抗日民族統一戦線**を結成した。

❸ 日本軍は，1937年末に首都の**南京**を占領し，その過程で，日本軍によって兵士だけではなく，多くの民間人が殺害される事件が起こった（**南京事件**）。

■ 日中戦争の広がり

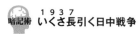

暗記術 **１９３７ いくさ長引く日中戦争**

1937年　日中戦争が始まる

参考 国民党と共産党の協力

　1936年，日本による侵略に抵抗しない蔣介石に不満を持つ軍人らは，西安で蔣介石を捕らえ，内戦停止・武装抗日を要求した。蔣介石は共産党の調停で釈放され，同時に内戦は停止された。翌年，抗日民族統一戦線が結成された。

❹拠点を漢口，次いで重慶に移した国民政府は，アメリカ・イギリスなどの支援を受けながら，日本への抗戦を続けた。

（朝日新聞社）

2 配給制となった日用品の連絡を見る人々

2 戦時体制の強化

戦争が長期化してくると，政府は戦時体制を強め，国民を戦争に動員することができる体制をつくっていった。

（1）戦時体制の強化

❶日中戦争が始まると，近衛文麿内閣は「挙国一致」を目標に，国民の思想統一のため国民精神総動員運動を進めた。

❷1938年には**国家総動員法**が制定され，議会の承認なしに，労働力や物資を戦争に動員できるようになった。
　└→国民は強制的に軍需工場などに動員された

❸政党は解散して**大政翼賛会**に合流し，労働組合も解散させられ，すべてが戦時体制に組み込まれていった。

（2）国民生活

❶物資…軍需品以外の物資は制限され，米・砂糖・衣料品などの生活必需品は，切符制や配給制となった**2 3**。また，住民同士を監視させるため，町内会には**隣組**がつくられた。
　　　　　　　　　　　　　　　　　　　└→約10戸を単位とした

❷思想…学問や思想は統制され，新聞・ラジオも，政府に都合のよいことだけが報道を許された。小学校は国民学校となり，軍国主義的な教育が進められた。

❸朝鮮…日本式の名前に改める「創氏改名」などの**皇民化政策**が進められ，戦争へも動員された。こうした政策は台湾でも行われた。
　　　　　└→志願兵制度という形を取った

◆くわしく **大政翼賛会**

1940年，第二次近衛文麿内閣のときに結成された組織。ほとんどの政党や団体は，解散して大政翼賛会に合流した。近衛首相が総裁となり，町内会・隣組を通じて全国民を統制し，政府の方針を国民に徹底させた。

（横浜市中央図書館）

3 節約を訴える標語

■参考 **朝鮮の抵抗**

日中戦争が始まると，朝鮮でも対日抵抗組織がつくられ，活発な活動が展開された。金日成を中心とする人々は，満州で日本軍と戦ったり，朝鮮内の抵抗組織と手を組んだりして，朝鮮独立を進めた。

Column **南京事件とは？**

日中戦争中の1937年12月，日本軍が南京を占領したときに起こした事件。中国軍は撤退したが，中国人の捕虜や女性・子どもなどを虐殺したといわれる。当時，この事件は日本国民には何も知らされず，敗戦後，極東国際軍事裁判で明らかにされた。

人々はなぜ満州に渡ったのだろう？

日本が満州の自治を名目に満州国を建国すると，日本政府の呼びかけに応じて多くの日本人が満州に渡った。その中には，義勇軍として組織された青少年も大勢いた。

押さえる 理想の新天地・満州

1932年に満州国を建国した日本は，国の政策として満蒙開拓団を組織し，日本人の満州移民を進めた。満州には未開墾の広大な土地があり，満州に行けば20町歩（約20ヘクタール）の地主になれると宣伝されたことに加え，当時は，家は長男が継ぐものとされていたため，農家の次男・三男や貧しい農家の多くが満州に渡った。さらに，1938年からは，16歳から19歳の青少年が義勇軍を組織して満州に渡った。

（友常健一氏蔵・水戸市立博物館寄託　1945年）

⬆満蒙開拓青少年義勇軍募集のポスター

（毎日新聞社）

⬆未開の原野を開墾する開拓団員と義勇軍隊員

考えよう どうして満州に渡ったの？

昭和時代の初め，日本の農村では，世界恐慌の影響による農産物の価格の暴落や，冷害による大凶作で貧困にあえいでいた。そのため，農家の次男・三男たちは，家計の負担を減らしたい，自分の土地を手に入れて豊かになりたい，などの理由から満州に渡った。移民たちの多くは，ソ連との国境に移住させられ，1945年8月8日にソ連軍が満州に侵攻すると戦いの犠牲になり，中国残留日本人孤児（→p.240）がうまれることになった。

➡満蒙開拓団員・義勇軍隊員の出身県別割合

満州に渡った12％が長野県出身だった。長野県は養蚕が盛んだったが，恐慌の影響で生糸の価格の暴落し，農家の収入が激減したためだといわれている。

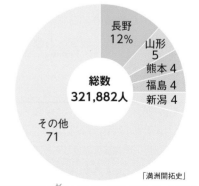

長野 12%
山形 5
熊本 4
福島 4
新潟 4
総数 321,882人
その他 71

「満州開拓史」

※総数は計画数も含まれている。実際に満州に渡ったのは約27万人といわれている。

1 世界恐慌とブロック経済 ～ 2 昭和恐慌と政党内閣の危機

☐(1) 1929 年，〔　イギリス　アメリカ　〕の株式市場での株価大暴
落に始まる恐慌は資本主義諸国に広がり，世界恐慌となった。

(1)アメリカ

☐(2) 世界恐慌に対してアメリカは，〔　リンカン　ローズベルト　〕
（ルーズベルト）
大統領が〔　　　〕（新規巻き直し）政策を行った。

(2)ローズベルト，
（ルーズベルト）
ニューディール

☐(3) イギリスやフランスは，本国との結びつきを強める〔　　　〕
経済を行った。

(3)ブロック

☐(4) イタリアやドイツでは，〔　　　〕と呼ばれる全体主義が現れ，
ドイツでは〔　　　〕が，独裁政治を始めた。

(4)ファシズム，
ヒトラー

☐(5) 日本では，1924 年から 1932 年にかけて，二大政党が交互に政
権を担当していたが，こうした慣例は「〔　　　〕」と呼ばれた。

(5)憲政の常道

☐(6) 1930 年には，日本へも世界恐慌の影響がおよび，多くの会社
が倒産するなど，〔　　　〕と呼ばれる不景気が続いた。

(6)昭和恐慌

3 満州事変と軍部の台頭 ～ 4 日中戦争と戦時体制

☐(7) 1931 年，関東軍が〔　　　〕の線路爆破をきっかけに軍事行
動を始め，満州の大部分を占領したことを〔　　　〕という。

(7)南満州鉄道，
満州事変

☐(8) 日本は，満州からの引き揚げ勧告を不満として，1933 年に
〔　国際連合　国際連盟　〕を脱退した。

(8)国際連盟

☐(9) 1932 年，〔　二・二六　五・一五　〕事件が起こり，〔　　　〕
首相が暗殺され，これによって戦前の政党政治が終わった。

(9)五・一五，
犬養毅

☐(10) 1937 年，〔　柳条湖　盧溝橋　〕事件をきっかけに日中戦争が
リウティアオフー　ルーコウチアオ
始まり，まもなく日本は首都の〔　　　〕を占領した。

(10)盧溝橋，
南京

☐(11) 日中戦争が続く中，1938 年には〔　　　〕が制定され，議会
の承認なしに労働力・物資を動員できるようになった。

(11)国家総動員法

☐(12) 中国では，〔　　　〕の率いる共産党と，蒋介石が率いる国民
チャンチェシー
党が〔　　　〕を結成し，協力して日本と戦うことを決めた。

(12)毛沢東，
マオツォトン
抗日民族統一戦線

1 第二次世界大戦の始まり

教科書の要点

1 第二次世界大戦

◎大戦への動き…ドイツが領土拡大を目指す→**独ソ不可侵条約**

◎1939年，**ドイツ**が**ポーランド**侵攻→**第二次世界大戦開戦**

◎拡大…**日独伊三国同盟**が結ばれ，**枢軸国**を結成→**連合国**が**大西洋憲章**で対抗

2 ドイツの占領政策

◎各地で過酷な占領政策→武力などで抵抗運動（**レジスタンス**）

◎**ユダヤ人**への差別…強制収容所に送り，殺害

1 第二次世界大戦

ヒトラーが率いるナチス・ドイツは，ベルサイユ条約を無視して再軍備を宣言し，領土拡大を進めた。1939年，ドイツによるポーランド侵攻で第二次世界大戦が始まった。

（1）ドイツの動き

❶1937年，ドイツはイタリア・日本と三国防共協定を結び，のちにこれらの国は枢軸国と呼ばれる。

❷1938年，ドイツは軍事力を背景にオーストリアを併合し，ついでチェコスロバキアの西部を併合した。

❸1939年には，これまで対立していたソ連と**独ソ不可侵条約**を結んだ。

（2）第二次世界大戦の開始

❶ドイツ…ベルサイユ条約によって失った国土を取り戻すとして，1939年9月，**ポーランド**へ侵攻を始めた。

❷イギリス・フランス…ポーランドとの条約に基づ
→これまではドイツの侵略に対して妥協的だった
きドイツに宣戦し，**第二次世界大戦**が始まった。

思考 独ソ不可侵条約を結んだ理由

・ドイツ…イギリス・フランスと対立していたので，ソ連と接している東部の国境の安全をはかろうとした。

・ソ連…満州国西部の国境で日本軍との紛争が続いていたので，ドイツとの戦いを避けようとした。

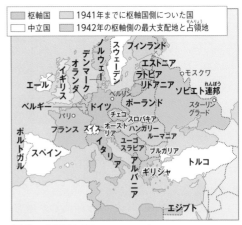

| 枢軸国 | 1941年までに枢軸国側についた国 |
| 中立国 | 1942年の枢軸側の最大支配地と占領地 |

❶ 第二次世界大戦中のヨーロッパ

(3) ヨーロッパでの戦い **1**

❶ ドイツは，1940年にはパリを占領してフランスを降伏させ，日本・イタリアと**日独伊三国同盟**を結び，結束を強めた。

❷ この間，ソ連はドイツとの秘密の取り決めに基づき，ポーランド東部に侵攻して併合し，ついでバルト3国を併合した。
→独ソ不可侵条約の秘密協定に基づいて←
→エストニア・ラトビア・リトアニア

❸ 1941年6月，ドイツは，**独ソ不可侵条約**を破ってソ連に侵攻した。

(4) 反ファシズムの動き

❶ 1941年には，**アメリカのローズベルト**（ルーズベルト）大統領とイギリスの**チャーチル**首相が会談し，ファシズム打倒と戦後の平和構想を明らかにした**大西洋憲章**を発表した。
→イギリスやソ連に武器援助を行っていた

❷ これによって，第二次世界大戦では，ファシズムの**枢軸国**と反ファシズムの**連合国**との戦いとなった。

2 ドイツの占領政策

ヨーロッパの大部分を占領したドイツは，厳しい占領政策を進め，反抗する者を弾圧し，強制労働などに従事させた。

(1) ユダヤ人への差別…とくに**ユダヤ人**を敵視し，アウシュビッツなどの収容所 **2** に送り，労働させて殺害した。

(2) 抵抗運動…ドイツの占領政策に，ヨーロッパの人々は，これに従うことを拒否したり，武力などによる抵抗運動（**レジスタンス**）を行ったりした。

Column 書き続けた「命のビザ（査証）」

1940年，迫害から逃れようと多くのポーランドのユダヤ人が，ソ連・日本経由でアメリカなどに渡ろうとビザを求めてリトアニアの日本領事館に押し寄せた。領事代理の杉原千畝は，ドイツと同盟を結んでいた日本政府の意向に反してビザを書き，約6000人のユダヤ人がアメリカなどに渡り，命が救われた。

↑杉原千畝
（毎日新聞社）

暗記術 **1939** **いくさ苦しい第二次世界大戦**

1939年 第二次世界大戦が始まる

くわしく 日独伊三国同盟

1940年，日本がフランス領インドシナ北部に軍を進めた数日後に，ベルリンで調印された。この同盟は，三国のうちの一国が，現在戦っていない新たな国（具体的にはアメリカを想定していた）からの攻撃を受けたら，お互いに援助しようというものだった。これによって，日本とアメリカの対立を深めた。

参考 枢軸国と連合国

枢軸国は，第二次世界大戦で連合国と戦ったドイツ・イタリア・日本を中心とした国家のこと。ムッソリーニが「ドイツ・イタリアはヨーロッパの枢軸（中心の意味）となる」と唱えたのが始まりとされる。連合国はイギリス・フランス，アメリカ・ソ連などの国々。

思考 ナチスがユダヤ人を虐殺した理由

ナチスは，ドイツ国民に民族的な優越意識をもたせるために，ユダヤ人を迫害し，大量虐殺を行ったともいわれる。

2 ポーランドのアウシュビッツ強制収容所
（Getty Images）

太平洋戦争

1 日本の南進

◎ イギリスやフランスの植民地がある東南アジアに進出

◎ **日ソ中立条約**で北方の安全を確保

◎ アメリカの動き…日本を経済的に圧迫，**ABCD包囲陣**

2 太平洋戦争

◎ **太平洋戦争**…1941年12月，日本の**真珠湾攻撃**などで開戦

◎ 日本は東南アジア一帯を勢力範囲→アメリカの反撃で長期戦

---

1 日本の南進

　日中戦争の長期化に苦しむ日本は，東南アジアに進出し，アメリカとの関係をさらに悪化させることになった。

(1) 日本の南進策

❶ 南進の開始…ヨーロッパでイギリスやフランスが劣勢になると，日本は1940年9月，これらの国の植民地があるフランス領インドシナの北部へ，武力による進出（南進）を始めた。ほぼ同時に**日独伊三国同盟**を結んだ。
→現在のベトナムなど
→p.227

❷ 南進の目的…日中戦争の長期化で不足した石油・ゴムなどの資源を求めるほか，アメリカやイギリスが中国を助けている援助物資ルート（援蔣ルート）を断ち切ろうとする狙いがあった。

❸ 1941年4月，日本は北方の安全を確保するためソ連と**日ソ中立条約**を結び，同年7月にフランス領インドシナ南部にも侵攻した。

❹ 日本は南進とあわせて，欧米諸国の植民地支配を打破して，日本のもとでアジアの民族だけで繁栄しようという「**大東亜共栄圏**」の建設を主張した。

日本では，石油などの資源がほとんどとれなかったんだ。

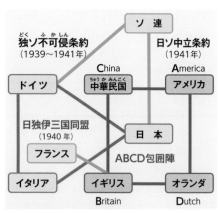

独ソ不可侵条約
(1939〜1941年)

日ソ中立条約
(1941年)

日独伊三国同盟
(1940年)

ABCD包囲陣

ソ 連
China 中華民国
America アメリカ
ドイツ
日 本
フランス
イタリア
イギリス　Britain
オランダ　Dutch

1 太平洋戦争当時の国際関係

(2) 日本への経済封鎖

❶ フランス領インドシナ南部に軍を進めた日本に対し，アメリカは日本への石油の輸出を禁止し，ついでイギリス・オランダも協力した。
　　└→ 当時は，約8割をアメリカから輸入していた

❷ アメリカ（A）・イギリス（B）・中国（C）・オランダ（D）による日本への経済封鎖体制を「ABCD包囲陣」という ■。

❷ 真珠湾攻撃 　　　　(AP/Aflo)

2 太平洋戦争

近衛文麿内閣は，1941年からアメリカとの戦争を避けるため交渉を行ったが，失敗し太平洋戦争へ突入した。

(1) 日米交渉

❶ 経済封鎖を行ったアメリカに対し，軍部では「ABCD包囲陣」を破るには開戦しかないという主張が高まった。

❷ アメリカが，中国とフランス領インドシナからの日本の撤兵を求めると，近衛内閣に代わった**東条英機**内閣と軍部は，アメリカとの開戦を決意した。

(2) 太平洋戦争の開始

❶ 1941年12月8日，日本軍はイギリス領マレー半島に上陸するとともに，アメリカ海軍基地のある**ハワイの真珠湾**を奇襲攻撃し，アメリカ・イギリスに宣戦して，**太平洋戦争**が始まった ■■。

❷ 対立の構図…日本と同盟関係を結んでいたドイツとイタリアもアメリカに宣戦布告し，第二次世界大戦は日独伊の**枢軸国**と，米英ソ中などの**連合国**との世界規模の戦争となった。

❸ 経過…日本は南太平洋のほぼ全域を勢力下に置いたが，1942年6月の**ミッドウェー海戦**で敗れると守勢に立たされ，戦争は長期化していった。

参考	第二次世界大戦から 太平洋戦争へ
1939年8月	独ソ不可侵条約
9月	ドイツがポーランドに侵攻し，第二次世界大戦が始まる
1940年9月	日本がフランス領インドシナ北部に侵攻する 日独伊三国同盟が結ばれる
1941年4月	日ソ中立条約が結ばれる
6月	ドイツがソ連に侵攻（独ソ戦）
7月	日本がフランス領インドシナ南部へ侵攻
8月	アメリカが日本への石油禁輸
11月	アメリカが日本にフランス領インドシナからの撤兵を要求
12月	太平洋戦争が始まる

❸ 太平洋戦争 　当時の日本政府は「大東亜戦争」と呼んだ。

229

戦時下の人々

1 戦時下の国民生活
◎ 戦争の長期化→国民の動員の強化
◎ 徴兵の強化…**学徒出陣**，中学生・女学生などの**勤労動員**
◎ 都市の小学生…空襲を避けるため，農村に**学童（集団）疎開**

2 植民地と占領地
◎ 朝鮮・中国…多くの人々を日本へ強制連行し，労働させた
◎ 東南アジア…占領地で労働や日本語教育の強制→各地で抵抗運動

1 戦時下の国民生活

　日本は，太平洋戦争を国力のすべてを投入する総力戦として戦い，戦争が長期化すると兵士として戦場に送られない人も，さまざまな形で戦争に協力させられた。

(1) 徴兵の強化

　❶多くの成人男性が，徴兵によって兵士として戦場に送り出されると，国内では労働力不足が深刻化した。

　❷**学徒出陣**❶…それまで徴兵を免除されていた文科系の大学生などが，1943年から兵力を補うために兵士として召集され，戦場に送られるようになった。

(2) 戦時下の暮らし

　❶**勤労動員**…国内の労働力不足を補うため，中学生，女学生，未婚の女性らが軍需工場や農村などで働かされた。

　❷空襲…1944年になると，アメリカ空軍が連日のように大都市や工業地帯の**空襲**を繰り返し，やがて，軍事施設ばかりでなく住宅地まで攻撃するようになった。

　❸**学童（集団）疎開**❷…空襲が始まると，都市の小学生は空襲から逃れるために，親元を離れて農村の寺や旅館などに集団で疎開した。

1 学徒出陣 　　　　（毎日新聞社）

参考 女子の勤労動員

　勤労動員された14〜25歳の未婚女性の組織を女子挺身隊という。1943年には，販売店員・出改札係・車掌・理髪師など17の職種については男子の就労を禁じ，女子挺身隊が動員されることになった。

2 学童疎開する小学生 　　（共同通信社）

❹日常生活…軍需品の生産が優先され，なべ・かまをはじめ，寺の鐘までが兵器にするための金属として供出させられた❸。また，農家では若い労働力が軍隊や軍需工場にとられて生産が減ったため，食料などの配給が十分に行われず，国民生活はしだいに苦しくなっていった。

❺知らされない情報…情報は政府の統制下に置かれ，国民には正確な情報は伝えられなかった。国民の戦意を高めるために，映画などのマスメディアや歌謡曲などもすべて戦争と結びつけられた。何も知らされない国民の多くは戦争に協力した。少しでも戦争を批判したり，戦争への協力に消極的な態度をとると非難された。
└→「非国民」などといわれた

❸ 金属不足のため供出された寺の鐘 〈毎日新聞社〉

2 植民地と占領地

　日本は，戦況が悪化してくると，東南アジアなどの植民地や占領地でも，資源や労働力を動員した。

(1) 占領下のアジア
❶朝鮮・中国…労働力が不足してくると，朝鮮や中国の人々を強制的に日本に連行し，工場や鉱山などで過酷な重労働
└→朝鮮人約70万人，中国人約4万人といわれる
を行わせた。また，朝鮮や占領地からは女性も動員し，戦地で働かせることもあった。戦争末期には，台湾・朝鮮でも徴兵制が導入された。

❷東南アジアの占領地…物資や食料を取り上げたり労働を強制❹し，また日本語教育を強制したりした。そのため，各地で日本に対する抵抗運動が起こった。

(2) おびただしい犠牲者
❶第二次世界大戦は，第一次世界大戦を上回る総力戦となり，戦場とそれ以外の地域との区別があいまいになった。

❷第二次世界大戦の死者は全世界で5000万人以上といわれ，軍人よりも民間人のほうが多かったといわれている。

❹ 強制的に働かされる現地の人々 〈毎日新聞社〉
日本軍が，物資輸送のためタイとビルマ（現・ミャンマー）を結ぶために建設した鉄道（泰緬鉄道）工事には，イギリス人などの捕虜のほか，現地の人々が多数動員され，数万人の死者を出した。

> **参考** 占領下の抗日運動

　朝鮮では，民族主義者や共産主義者たちが抗日闘争を続け，ベトナムでは，ホー＝チ＝ミンのもとでベトナム独立同盟が結成された。フィリピンでは，1942年に抗日人民軍が組織され，ビルマ（現在のミャンマー）でも抵抗運動が広がった。

231

戦争の終結

教科書の要点

1 イタリア・ドイツの降伏（こうふく）
◎ イタリア…アメリカ中心の連合国軍が反撃→1943年9月降伏
◎ ドイツ…西から連合国軍，東からソ連→1945年5月降伏

2 空襲（くうしゅう）の激化（げきか）と沖縄戦
◎ 1944年から本土空襲激化，1945年3月から**沖縄戦**

3 日本の降伏
◎ 1945年8月，**広島・長崎**に原子爆弾投下，**ソ連**の参戦
◎ 降伏…8月14日，**ポツダム宣言**の受諾（じゅだく）を決定

---

1 イタリア・ドイツの降伏（こうふく）

開戦後，各地で勝利を続けていた枢軸国（すうじくこく）は，1942年後半になると連合国軍の反撃（はんげき）を受け，しだいに勢力を失っていった。

(1) **イタリアの降伏**…連合国に反撃されたイタリアは，1943年にムッソリーニが失脚（しっきゃく）し，同年9月に連合国に降伏した。

(2) **ドイツの降伏**…1943年2月，<u>ソ連</u>との戦いに敗れたド
　　　　　　　　　　　　　　　└→スターリングラードの戦い
イツは東西から攻め（せ）られて劣勢（れっせい）になり，1944年8月にはパリが解放された。1945年4月にヒトラーが自殺すると，5月に降伏し，<u>ヨーロッパでの戦争</u>は終わった。
　　　　　　　　└→6年あまり続いた

1 ベルリンの陥落（かんらく）　ソ連の国旗をかかげる兵士がいる建物は，ドイツの国会議事堂。

(akg-images／アフロ)

2 空襲（くうしゅう）の激化（げきか）と沖縄戦

日本は1943年ごろから後退を重ね，本土空襲も行われるようになり，1945年3月には沖縄にアメリカ軍が上陸してきた。

(1) **政治の動き**…1944年7月，サイパン島が陥落（かんらく）してアメリカに占領されると，東条英機（とうじょうひでき）内閣は退陣した。

(2) **激化する空襲**…サイパン島を基地として，日本本土への<u>空襲が激しくなり，1945年3月には東京が空襲を受けた</u>（**東京大空襲**）。
　　　　　　　　　└→以後，都市への無差別空襲が本格化した

2 東京大空襲（1945年3月10日）　一夜にして約10万人が亡（な）くなり，100万人以上が住居を失った。

(毎日新聞社)

(3) 沖縄戦

❶ 上陸…1945年3月には，アメリカ軍が沖縄に上陸し，県民も巻き込んだ激しい戦闘が繰り広げられた。

❷ 経過…日本軍は，特別攻撃隊を用いたり，県民をはじめ中学生・女学生まで動員して戦争に協力させた。
└→特攻隊といった

❸ 犠牲者数…組織的な戦闘は6月には終わったが，9月まで散発的に続き，県民の犠牲者は約12万人にもおよんだ。そ
└→当時の県民人口の約4分の1
の中には日本軍に集団自決を迫られた住民もいた。

③ 日本の降伏

1945年8月，日本はポツダム宣言を受諾し，降伏した。

(1) 連合国の動き

❶ **ヤルタ会談**…1945年2月，連合国はアメリカのローズベルト，イギリスのチャーチル，ソ連のスターリンの3首脳が
　　　　　　　　　　　　　　　　　　（ルーズベルト）
ヤルタで会談し，ソ連の対日参戦の秘密協定を結んだ。
└→クリミア半島にある都市

❷ 降伏勧告…7月，アメリカ・イギリス・中国の名で日本の無条件降伏や民主主義の復活などを求める**ポツダム宣言**を発表したが，日本はこれを無視した。

(2) 原爆投下

❶ 1945年8月6日に**広島**，9日に**長崎**と，アメリカは2度にわたって**原子爆弾（原爆）**を投下した。

❷ この間の8日には，ソ連が日ソ中立条約を破って宣戦布告し，満州・朝鮮・千島列島などに侵攻してきた。
　　まんしゅう　ちょうせん　ちしま　　しんこう

(3) 日本の降伏

> ❶ **1945年8月14日**，日本は**ポツダム宣言**を受け入れて**降伏**することを決め，15日に昭和天皇がラジオ放送で国
> └→玉音放送と呼んだ
> 民に知らせた。

❷ これによって太平洋戦争を含む第二次世界大戦は終結した。

重要

❸ **原子爆弾投下後の広島**　投下から5年以内に，広島では20万人以上，長崎では14万人以上の人々が亡くなり，多くの人々が原爆による放射能の後遺症に苦しんだ。

（読売新聞社）

考える Column

戦争中の子どもたちの暮らし

戦争が始まると，子どもたちの世界も戦時色を帯びるようになった。また，働き盛りの男性が戦争に召集されていなくなり，中学生や女学生が軍需工場などに動員された。

押さえる 戦時色を帯びたおもちゃと遊び

戦争が始まると，子どもたちの遊びにも戦争の影響が表れた。軍人としての心構えが読み札の文になっているかるたや，軍人などが描かれためんこ，軍人の階級や兵器が書かれた駒で戦う軍人将棋など，戦争を題材としたおもちゃが売られた。折り紙などにも，女性兵士や航空機などが描かれたが，こうしたおもちゃも戦争が長引くと手に入らなくなった。

（奈良県立図書情報館）

➡戦陣訓かるた
軍人としての心構えや行動のしかたを示したかるた。左が取り札で，右が読み札。

（上田市立博物館）

⬆軍人将棋の駒　駒を自陣内の好きな場所に置くことができる。駒は裏返しに並べて，早く相手の司令部を占領すると勝ちだった。

考えよう 学校はどうなった？

学校では国語や数学，理科など今のような教科も勉強したが，剣道や柔道，なぎなた，弓道などの武道や，軍隊式の訓練が多くなり，修学旅行などの大きな行事は中止された。中学生や女学生たちは，年に1,2回兵器をつくる軍需工場や農家などで働いたが，戦争が激しくなって労働力不足が深刻になると，1年を通して軍需工場などに動員されるようになった。また，学校そのものが兵器をつくる「学校工場」になることもあった。

（毎日新聞社）

⬆軍用機の部品をつくる学校工場

1 第二次世界大戦の始まり ～ 2 太平洋戦争

解答

□(1) 1939年，ドイツはソ連と〔　　　〕条約を結んだ。

(1) 独ソ不可侵

□(2) ドイツの〔　ポーランド　エチオピア　〕侵攻で，イギリス・フランスがドイツに宣戦し，第二次世界大戦が始まった。

(2) ポーランド

□(3) 1940年，ドイツはイタリア・日本と〔　　　〕を結んだ。

(3) 日独伊三国同盟

□(4) 1941年，アメリカとイギリスの首脳が会談し，〔　　　〕憲章を発表してファシズム打倒などを明らかにした。

(4) 大西洋

□(5) ドイツは〔　アラブ人　ユダヤ人　〕への差別を強め，アウシュビッツなどの強制収容所に送り込んだ。

(5) ユダヤ人

□(6) 日本は，南進とあわせて，欧米の植民地支配を打破し，アジア民族だけで繁栄しようと「〔　　　〕」の建設を唱えた。

(6) 大東亜共栄圏

□(7) 1941年4月，日本はソ連と〔　　　〕条約を結んだ。

(7) 日ソ中立

□(8) 1941年12月，日本はイギリス領〔　　　〕半島に上陸し，ハワイの〔　　　〕湾を奇襲攻撃し，太平洋戦争が始まった。

(8) マレー，
真珠

3 戦時下の人々 ～ 4 戦争の終結

□(9) 戦争の長期化で，大学生を徴兵して戦場に送る〔　　　〕や，中学生や女学生などを工場で働かせる〔　　　〕が行われた。

(9) 学徒出陣，
勤労動員

□(10) 空襲が激しくなると，都市の小学生は親元を離れて，地方の寺などに集団で移る〔　　　〕が行われた。

(10) 学童（集団）疎開

□(11) 1945年5月，〔　　　〕が降伏して，6年間にわたるヨーロッパでの戦争は終わった。

(11) ドイツ

□(12) 1945年3月，アメリカ軍が〔　　　〕に上陸し，激しい地上戦の結果，当時の県民の約4分の1が犠牲となった。

(12) 沖縄

□(13) 1945年8月6日に〔　　　〕，9日に〔　　　〕に原子爆弾が投下され，この間にソ連の宣戦布告もあり，日本は14日に〔　　　〕宣言を受諾して降伏することを決めた。

(13) 広島，
長崎，
ポツダム

時間 ▶ 40分
解答 ▶ p.278

得点

／100

1節 第一次世界大戦と日本

1 次の文を読んで，あとの各問いに答えなさい。 【5点×5】

20世紀初めのヨーロッパは緊張関係にあり，ⓐバルカン半島でのオーストリアの皇位継承者夫妻暗殺をきっかけに，イギリス中心の連合国とドイツ中心の同盟国に分かれてⓑ第一次世界大戦が始まった。大戦は連合国側が勝利し，1919年にⓒ講和条約が結ばれ，翌年にはⓓ国際連盟が発足した。

(1) 下線部ⓐについて，バルカン半島は，列強の利害と民族対立がからみ合い，「ヨーロッパの
　　　　　　」と呼ばれていました。　　　　に当てはまる語句を漢字3字で書きなさい。〔　　　　　〕

(2) 下線部ⓑについて，①・②に答えなさい。

　① 日本も連合国側に加わって参戦しました。何を理由に参戦しましたか。〔　　　　　〕

　② 右の資料は，大戦中に日本が中国に示した要求の一部
　　　です。この要求を何といいますか。〔　　　　　〕

　　一，中国政府は，山東省におけるドイツの権益を日本に譲る。

　　一，旅順や大連の租借期限，南満州鉄道の利権の期限を，さらに99か年ずつ延長する。

(3) 下線部ⓒについて，このときのドイツとの講和条約を何
　　といいますか。〔　　　　　〕

(4) 下線部ⓓについて，国際連盟について正しいものを，次
　　から1つ選び，記号で答えなさい。〔　　　　　〕

　ア ニューヨークに本部が置かれ，日本の新渡戸稲造が事務次長となった。

　イ アメリカは議会の反対で加盟できなかった。

　ウ イギリス・フランス・中国・イタリア・日本が常任理事国となった。

　エ 紛争解決の手段として，経済制裁のほか武力制裁も可能となった。

1節 第一次世界大戦と日本

2 次の文を読んで，あとの各問いに答えなさい。 【5点×5，(4)は完答】

1918年，ⓐ米価が急に上昇して米騒動が起こり，内閣が退陣すると［　　　　］が本格的な政党内閣を組織した。この時期は政党政治が発展し，ⓑとくに第一次世界大戦後は民主主義や自由主義を求める社会的風潮が広まった。この風潮の中で，労働運動や農民運動などのⓒ社会運動が活発になった。

(1) 文中の［　　　　］に当てはまる人物を，次から1人選び，記号で答えなさい。〔　　　　　〕

　ア 伊藤博文　　イ 大隈重信　　ウ 原敬　　エ 桂太郎

(2) 下線部ⓐについて，この原因となったできごとを次から1つ選び，記号で答えなさい。〔　　　　　〕

ア 韓国併合　**イ** 日露戦争　**ウ** シベリア出兵　**エ** 世界恐慌

(3) 下線部ⓑについて，①・②に答えなさい。

① このような風潮を何といいますか。　〔　　　　　〕

② 民衆の意見を政治に反映させる民本主義を説いた人物は誰ですか。〔　　　　　〕

(4) 下線部ⓒについて，この時期の社会運動について，<u>誤っているもの</u>を，次から2つ選び，記号
で答えなさい。　〔　　〕〔　　〕

ア 全国水平社が結成された。　　　**イ** 日本農民組合が結成された。

ウ 女性参政権が実現した。　　　　**エ** 日本最初のメーデーが行われた。

オ 地租軽減を求める一揆が起こった。

1節　第一次世界大戦と日本〜3節　第二次世界大戦と日本

3 右の年表を見て，次の各問いに答えなさい。　【5点×10】

(1) **A**について，このときの選挙資格を，次のア〜エから
1つ選びなさい。　〔　　　　〕

ア 満20歳以上の男子　　**イ** 満20歳以上の男女

ウ 満25歳以上の男子　　**エ** 満25歳以上の男女

(2) **B**について，①・②はそれぞれある国が行った恐慌対
策の一部です。どこの国の政策かを考え，それぞれの政
策名を書きなさい(国名は不要)。

① 積極的に公共事業をおこして，失業者を救済した。
〔　　　　　〕

② 植民地との経済関係を強め，ほかの国の商品には高い関税をかけた。〔　　　　〕

(3) **C**について，この事件をきっかけに始まった戦争を何と呼びますか。〔　　　　〕

(4) **D**について，□□□に当てはまる語句を書きなさい。〔　　　　〕

思考(5) 次の①〜⑤のできごとは，それぞれ年表中のア〜エのいつのことですか。

① 日本は，国際連盟の勧告に反発して国際連盟を脱退した。〔　　　〕

② 国民生活のすべてを戦争に動員するため，国家総動員法が制定された。〔　　　〕

③ ドイツ・イタリアと日独伊三国同盟を結んだ。〔　　　〕

④ 海軍の青年将校らが，首相を暗殺する五・一五事件が起こった。〔　　　〕

⑤ 沖縄では，民間人も巻き込んだ地上戦が行われた。〔　　　〕

年	できごと
1925	普通選挙法が成立する ……A
1929	世界恐慌が起こる …………B
	↕ ア
1931	満州事変が起こる
	↕ イ
1937	盧溝橋事件が起こる………C
	↕ ウ
1941	太平洋戦争が始まる
	↕ エ
1945	□□□□を受諾する………D

中学生のための
勉強・学校生活アドバイス

入試の方針を決めよう

「ねえ亮介, 志望校は決まった？」

「うん。俺は, もともと行きたい高校があったんだ。歴史同好会がさかんなところだよ。」

「そっか。私はどうしても行きたい高校はないんだよね。今の実力に合わせた高校にするか, もう少し難しい高校にするか悩んでて……。」

「そういう場合は, 少し難しい学校にするほうがいいですね。」

「先生！　なぜですか？」

「受験勉強を進めていけば, **これから学力が伸びるかもしれません。** それに**最初から楽な道を選ぶと, 後悔します**よ。」

「そうですよね……。ちょっと弱気になっていたかもしれません。もう少し頑張ってみます。」

「また, **志望校の学校説明会や, 文化祭などに行ってみて, その高校に自分が合いそうかどうかを確かめる**ことも大切です。」

「俺も, 歴史同好会の発表を見に, 文化祭に行こうと思ってるよ。」

「**通学時間も大事です。**３年間毎日通うので, あんまり遠いと大変ですよ。」

「いくつか見学してみようと思います。」

「先生, 第一志望以外の受験校はどう考えたらいいですか？」

「第一志望が, 残念ながら不合格だったときのことを考えて, **第一志望よりやさしいレベルで, 自分が行きたいと思える高校を１〜２校受ける**のがいいでしょう。」

 第一志望　今の実力より少し高いレベル

 第二志望　今の実力と同じくらいのレベル

 第三志望　絶対に受かる安全校

▲志望校の組み合わせの例

6章

現代の日本と私たち

1 占領下の日本

> ## 教科書の要点
>
> **1 敗戦後の日本**
>
> ◎ 領土の縮小…本州・北海道・九州・四国と周辺の島々に限られる
> ◎ 国民の苦難…生活必需品の不足，深刻な食料難→**闇市**，**買い出し**
>
> **2 連合国軍の占領**
>
> ◎ **マッカーサー**を最高司令官とする**連合国軍最高司令官総司令部（GHQ）**…間接統治で日本の民主化を進める
> ◎ **極東国際軍事裁判**（東京裁判）…戦争犯罪人（戦犯）を処罰
> ◎ 軍国主義者らの公職追放，天皇の人間宣言

1 敗戦後の日本

　日本は領土を縮小され，国民は衣食住の不足や物価の上昇に悩まされながらも，新しい時代へ向かって歩み始めた。

（1）領土の縮小

❶ 日本の領土…**ポツダム宣言**に基づき，本州・北海道・九州・四国と周辺の島々に限られ，朝鮮，台湾などの植民地をすべて失った。

❷ **沖縄・奄美群島・小笠原諸島**…アメリカ軍が直接統治することになり，**北方領土**はソ連によって占拠された。

（2）復員と引き揚げ
　　└→兵士が兵役を解かれて帰郷すること

❶ 敗戦によって，海外にいた軍人や満州・朝鮮などからの民間人約630万人が，日本に戻ってきた **1 2**。

❷ 満州ではソ連の捕虜となりシベリアに送られた兵士（**シベリア抑留**），肉親と別れて現地に残された子どもたち（**中国残留日本人孤児**）などの問題が残った。
　　　　└→約60万人が強制労働をさせられた
　　└→1981年から肉親さがしの訪日調査が始まった

（3）国民生活

❶ 空襲で工場が大きな被害を受けたため生産が進まず，生活必需品の不足で国民の生活は苦しいままだった。街には失

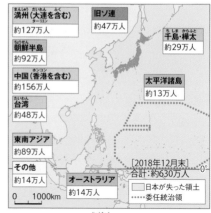

満州（大連を含む）	旧ソ連	千島・樺太
約127万人	約47万人	約29万人

朝鮮半島	
約92万人	

中国（香港を含む）	太平洋諸島
約156万人	約13万人

台湾	
約48万人	

東南アジア	
約89万人	

その他	
約14万人	

オーストラリア	
約14万人	

[2018年12月末]
合計：約630万人
□ 日本が失った領土
‥‥‥ 委任統治領
0　　1000km

1 復員と引き揚げの状況 （厚生労働省資料）

2 引き揚げ船の入港 （朝日新聞社）

業者や戦災で孤児となった子どもたちが大勢いた。

❷復員や引き揚げで人口が増え，食料不足はとくに深刻となった。都市の住民は，食料を求めて農村に買い出し❸に行ったり，非合法の闇市で必要なものを手に入れたりした。

❸空襲で校舎を焼かれた学校では，校庭に机を並べて授業を行った（青空教室）❹。教科書は，GHQの指示で軍国主義的な記述を塗りつぶして使われた。

❸ 買い出し列車　　　　　（毎日新聞社）

❹ 青空教室　　　　　　　（毎日新聞社）

2 連合国軍の占領

連合国に降伏した日本は，アメリカ軍を主力とする連合国軍によって占領され，戦後改革が進められた。

(1) 連合国軍の進駐

> ❶マッカーサー❺を最高司令官とする**連合国軍最高司令官総司令部（GHQ）**が東京に置かれ，日本政府がGHQの指令を受けて政策を実施する間接統治の方法で戦後改革が始められた。

❷占領政策の基本方針…日本から軍国主義を取り除くこと（非軍事化），日本に民主主義を根づかせること（**民主化**）。

❸五大改革…1945年，GHQは，婦人参政権の付与，労働組合の結成奨励，教育制度の自由主義的改革，秘密警察などの廃止，経済の民主化を指令した。

(2) 非軍事化と天皇の人間宣言

❶軍隊を解散させ，戦争中に重要な地位にあった人を公職から追放した。
公務員や議員など←⏋

❷**極東国際軍事裁判（東京裁判）**…1946年からは，戦争犯罪人（戦犯）とみなされた軍や政府の指導者の裁判が行われ，A級戦犯が裁かれた❻。
└「平和に対する罪」を犯したという理由で

❸昭和天皇は「人間宣言」を発表し，天皇が神の子孫であることを否定した。

❺ 昭和天皇（右）ととマッカーサー　（時事通信フォト）

❻ 極東国際軍事裁判　　　（毎日新聞社）
東条英機元首相ら28名が起訴され，25名が有罪判決を受けた。

2 民主化と日本国憲法

教科書の要点

1 日本の民主化 　◎ 政治…選挙法の改正，経済…**財閥解体，農地改革**

2 日本国憲法の制定
◎ 基本原理…**国民主権・基本的人権の尊重・平和主義**
◎ 天皇…国と国民統合の象徴，国会…国権の最高機関
◎ 新しい法律…民法改正，地方自治法，**教育基本法**の制定

3 政党政治と社会運動の復活
◎ 労働者の保護…**労働組合法，労働基準法**の制定
◎ 政党の復活・再建→政党は議会政治の中心

---

1 日本の民主化

　政治の面では，治安維持法が廃止され，選挙法が改正された。経済の面では，財閥解体や農地改革などが行われた。

（1）政治の民主化

❶治安維持法が廃止されて，言論・思想・結社の自由が認められ，政治活動の自由が認められた。

重要
❷選挙法の改正…1945年，**満20歳以上の男女に選挙権**が与えられ，女性の参政権が初めて認められた。翌年には，日本で初めて男女普通選挙が行われた**❶**。

（2）経済の民主化

重要
❶**財閥解体**…1945年，日本経済を支配し，戦前の軍国主義を経済の面で支えてきた財閥を解体した。
└→三井・三菱など15財閥が解体された
❷**農地改革**…地主がもつ小作地を政府が強制的に買い上げて，小作人に安く売り渡した。1946年から本格的に行われ，この結果，多くの小作農が**自作農**となり，農村の民主化が進んだ**❷**。

❶ 戦後初の総選挙で当選した女性国会議員 39名の女性国会議員が誕生した。（毎日新聞社）

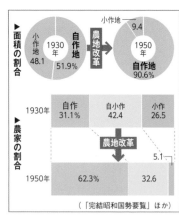

▶面積の割合

| 小作地 48.1 | 1930年 | 自作地 51.9% |

農地改革→

| 小作地 9.4 | 1950年 | 自作地 90.6% |

▶農家の割合

| 1930年 | 自作 31.1% | 自小作 42.4 | 小作 26.5 |

農地改革

| 1950年 | 62.3% | 32.6 | 5.1 |

（「完結昭和国勢要覧」ほか）

❷ 農地改革による農村の変化 自小作は，自己所有の土地が10％以上90％未満の農家。

② 日本国憲法の制定

民主化の中心となるのは，憲法の改正だった。

（1）日本国憲法の制定

❶ 日本政府は，<u>GHQの改正案をもとに憲法草案を作成し</u>，
└→民間の改正案なども参考にした
帝国議会での<u>審議</u>・修正を経て**1946年11月3日**に**日本**
└→しんぎ
国憲法を<u>公布</u>**❸**し，翌**1947年5月3日**から<u>施行</u>した。
└→国民に知らせること └→現在の憲法記念日 └→効力を発生させること

⚠重要 ❷ 日本国憲法は，**国民主権・基本的人権の尊重・平和主**
義を**基本原理原則**とし，**天皇**は国と国民統合の**象徴**となった。
└→しょうちょう

❸ <u>国会が国権の最高機関</u>とされた。
└→議院内閣制が導入された

（2）新しい法律…憲法制定に伴い，**民法**が改正され，個人の尊
└→みんぽう
厳と男女平等に<u>基</u>づく新たな家族制度が定められた。また，
└→もと
地方自治法が新たに制定されて<u>地方自治</u>が確立した。さらに，
└→首長が住民の選挙で選ばれる
に，教育の機会均等・男女共学など民主主義教育の基本を示
す**教育基本法**が制定され，<u>教育勅語</u>は失効した。義務教育
└→ちょくご
は<u>9年に延長された</u>。
└→小学校6年，中学校3年

③ 政党政治と社会運動の復活

労働者を保護する法律が制定され，政党政治が復活し，国民
の間からも民主化に向けた動きが高まっていった。

（1）労働者の保護…労働者の団結権や争議権などを認める**労働**
組合法や，労働条件の最低基準を定める**労働基準法**が制定さ
└→そうぎ
れた。これによって，各地で労働組合がさかんに結成された。

（2）政党政治と社会運動

❶ 政党が活動を再開し，<u>日本社会党</u>や日本自由党が結成さ
└→社会党
れ，日本共産党が再建された。新選挙法による<u>総選挙</u>後に
└→衆議院議員
は，1932年以来の<u>政党内閣</u>が成立した。
└→第1次吉田茂内閣

❷ 社会運動も復活し，1946年には戦後最初の**メーデー**が行われた。
└→p.208
また，部落解放運動が再建，北海道アイヌ協会が再結成された。

大日本帝国憲法		日本国憲法
欽定憲法 （天皇が定める憲法）	性格	民定憲法 （国民が定める憲法）
天皇	主権者	国民
法律の範囲内で自由や 権利を認める	国民の 権利	永久・不可侵の 基本的人権を保障
兵役，納税，（教育）	国民の 義務	教育，勤労，納税
天皇に協賛する機関	議会	国権の最高機関，唯一 の立法機関
天皇を助けて政治を行う （各大臣が天皇に責任を負う）	内閣	国権内閣制 （国会に対して責任を負う）

↑大日本帝国憲法と日本国憲法の比較 日本
国憲法のほうが民主的な憲法であることがわ
かる。

❸ 日本国憲法の公布記念式典 （毎日新聞社）

↑学校給食の始まり （毎日新聞社）
1947年1月に始まった。

参考 教育委員会

地方の実情にあった教育ができるよう
に，都道府県・市（区）町村に教育委員会
が置かれた。委員は，はじめは住民の選
挙で選ばれたが，のちに，地方自治体の
首長の任命制となった。

3 冷戦の開始と植民地の解放

教科書の要点

1 国際連合と
冷戦の始まり

◎ **国際連合**…世界の平和と安全を維持，**総会・安全保障理事会**

◎ **冷たい戦争**…西側陣営と東側陣営の戦火を交えない対立

2 アジア・アフリカの
国々

◎ 朝鮮…北の**朝鮮民主主義人民共和国**と南の**大韓民国**が**朝鮮戦争**

◎ 中国…1949年，**中華人民共和国**が成立

◎ その他の国々…次々に独立，1960年は「**アフリカの年**」

1 国際連合と冷戦の始まり

1945年，**国際連合憲章**に基づいて**国際連合**が**ニューヨーク**を本部❶に発足した。やがて東西両陣営の冷戦が始まった。

(1) 国際連合の設立…二度の世界大戦を反省し，世界の平和と安全を守るために設立。**総会・安全保障理事会**が中心。

(2) 安全保障理事会の特色

❶世界の平和と安全を維持するための中心機関。**アメリカ・イギリス・フランス・ソ連・中国**が**常任理事国**となり，**拒否権**が与えられた❷。
　└→一国でも反対すると決議できない

❷国際紛争を解決するために**武力制裁**を決議・発動する権限が与えられた。

(3) 冷たい戦争（冷戦）

> ❶**アメリカ**…西ヨーロッパ諸国を支援し，西側陣営の**資本主義**諸国の中心となった。
>
> **ソ連**…東ヨーロッパ諸国を勢力下に置いて，東側陣営の**社会主義**諸国の中心となった。
>
> ❷両陣営は，激しく対立し，直接戦火を交えないその対立は**冷たい戦争（冷戦）**と呼ばれた。

重要

❶ 国際連合本部

	国際連合		国際連盟
議決方法	総会→多数決 安全保障理事会→ 五大国に拒否権		総会 →全会一致が 原則
制裁方法	国連軍による武力 制裁ができる		経済制裁のみ
加盟国	大国中心主義 現在193か国 （2020年末現在）		大国が不参加 59か国 （1934年9月）

❷ 国際連合と国際連盟の比較

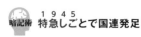

暗記術　**特急しごとで国連発足**
1 9 4 5

1945年　国際連合が発足

❸ドイツ…資本主義の**西ドイツ**と，社会主義の**東ド
イツ**に分かれて独立した。
→ドイツ連邦共和国　　ドイツ民主共和国←

❹軍事同盟…1949年に**アメリカ**を中心に**北大西洋
条約機構（NATO）**が，1955年には**ソ連**を中心
に**ワルシャワ条約機構**がつくられた❸。
ナトー

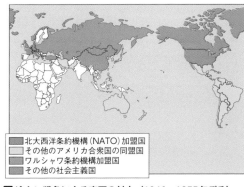

凡例
北大西洋条約機構（NATO）加盟国
その他のアメリカ合衆国の同盟国
ワルシャワ条約機構加盟国
その他の社会主義国

❸ **冷たい戦争による東西の対立（1946〜1955年ごろ）**

❷ アジア・アフリカの国々

冷戦の影響はアジアにもおよび，朝鮮半島は南北に
分かれ，中国では社会主義国家が誕生した。

(1) 朝鮮の動き

❶日本の植民地支配から解放された朝鮮は，北緯38度線を
境に，南をアメリカ，北をソ連に占領され，1948年に，
南に**大韓民国（韓国）**，北に**朝鮮民主主義人民共和国（北
朝鮮）**が成立した。

❷1950年，北朝鮮が韓国に侵攻し，**朝鮮戦争**が始まった。
→南北統一を目指した
アメリカ軍中心の国連軍が韓国を，中国の義勇軍が北朝鮮
をそれぞれ支援した。戦いは長期化し，1953年に**休戦協
定**が結ばれた。
現在もなお終戦していない←

(2) 中国…大戦後，国民党（国民政府）と共産党の間で内戦が
再発し，共産党が勝利して，1949年に**毛沢東**を主
マオ ツォトン
席とする**中華人民共和国（中国）**が成立した。
敗れた**蔣介石の国民党**（国民政府）は，**台湾**に逃れ
チャンチェシー
た。

(3) アジア・アフリカ諸国の独立 ❹

❶アジアではインドネシア，フィリピン，インドな
どが独立を達成し，アフリカでは1960年に17か
国が独立し，**「アフリカの年」**と呼ばれた。

❷独立後も，紛争や飢えなどに苦しむ国も多く，発
展途上国と先進工業国との経済格差の問題**（南北
問題）**が残された。

くわしく
**中華人民共和国
成立の意義**

当時，約8億の人口と広い国土をもつ
中華人民共和国が，1950年，ソ連と中
ソ友好同盟相互援助条約を結び，社会主
義陣営に加わる姿勢を明らかにした。
これにより，東西両陣営の緊張が急激に高
まった。

凡例
アメリカ領
イギリス領
フランス領
オランダ領
日本領
保護領・植民地

国名は第二次世界大戦後の独立または新政権の国家名
数字は独立年（1960年代まで）

❹ **アジア諸国の独立**

4 独立の回復と55年体制

教科書の要点

1 独立の回復
◎占領政策の転換→**サンフランシスコ平和条約**で独立回復
◎**日米安全保障条約**…**アメリカ軍**の日本駐留，軍事基地の使用

2 長期政権の成立
◎**55年体制**…**自由民主党**が社会党と対立しながら長期政権
◎**安保闘争**…新安保条約に対して激しい反対運動

1 独立の回復

冷戦が激しくなると，アメリカは東側陣営に対抗するため，日本を西側陣営の一員にしようと占領政策を転換した。

(1) 占領政策の転換と朝鮮戦争

❶占領政策は，非軍事化・民主化から，日本の経済復興と自立を重視するようになった。

❷**朝鮮戦争**では，日本本土や沖縄のアメリカ軍基地が使用された。日本は，アメリカ軍向けの軍需物資の生産で好景気となり，経済の復興が早まった（**特需景気**）。
└→p.245
→朝鮮特需ともいう

❸アメリカ軍が朝鮮戦争に出兵したあとの日本の治安を守るという理由で，GHQの命令で**警察予備隊**■がつくられ，保安隊を経て1954年に**自衛隊**となった。

(2) 日本の独立…東アジアでの日本の役割を重視したアメリカは，朝鮮戦争をきっかけに日本との講和を急いだ。

❶1951年，**吉田茂**内閣は48か国の代表と**サンフランシスコ平和条約**②を結んだ。条約は翌1952年に発効し，日本は独立を回復した。

❷沖縄や奄美群島，小笠原諸島は，引き続きアメリカの統治下に置かれた。

■ 警察予備隊の発足　（毎日新聞社）

暗記術　**シスコではインク濃い字で平和と書く**
1951
1951年　サンフランシスコ平和条約を結ぶ

（時事通信社）

② **サンフランシスコ平和条約の調印**　中央で署名している吉田茂首相は，西側諸国とだけ講和することを選んだ。

(3) 日米安全保障条約

重要

❶ 1951年，サンフランシスコ平和条約と同時に，日本の安全と東アジアの平和維持のためとして，アメリカとの間で**日米安全保障条約**（日本安保条約）が結ばれた。

❷ この条約によって，占領終了後もアメリカ軍基地が日本国内に残されることになった。

　会議には55か国が招かれたが，インドやビルマ（現ミャンマー）はアメリカ軍が日本駐留をやめることなどが条約にないことから出席を拒否し，ソ連など東側諸国は参加しても，調印しなかった。中国は招かれなかった。

2　長期政権の成立

　独立回復後も，国内では保守勢力と革新勢力が対立を続けた。国民の間からは平和を求める声や運動が高まった。

(1) 原水爆禁止運動

❶ 1954年，日本の漁船第五福竜丸が，アメリカがビキニ環礁で行った水爆実験によって放射線を出す**死の灰**を浴び，乗組員1名が死亡する事件が起こった。

❷ この事件をきっかけに**原水爆禁止運動**が広がった。翌1955年，広島で第1回原水爆禁止世界大会❸が開かれた。

(2) 55年体制

❶ 1955年，分裂していた革新勢力が再統一して日本社会党
（社会党）を結成すると，この動きに危機感をもった保守
勢力は**自由民主党（自民党）**を結成した（保守合同）。
└→左派と右派の社会党

❷ 自民党は，野党第一党の社会党と対立を続けながら38年間にわたり政権を維持した。この政治体制を**55年体制**と呼ぶ。

(3) 安保条約の改定

❶ 自民党と社会党との対立は，1960年の日米安全保障条約の改定をめぐって頂点に達した。

❷ **岸信介**内閣が条約承認を強行採決すると，「アメリカの戦争に日本が巻き込まれる」として全国的に激しい反対運動（**安保闘争**）❹が起こった。

❸ 原水爆禁止世界大会 （共同通信社）
　海外の代表を含む，5000人以上が参加した。運動は現在も続けられ，核兵器廃絶を訴えている。

❹ 安保闘争 （共同通信社）
　国会周辺では，連日多くの人々が集まりデモが行われた。しかし条約は成立し，条約の発効後，岸内閣は総辞職した。

5 緊張緩和と日本の外交

教科書の要点

1 緊張緩和の進展
- ◎1955年，**アジア・アフリカ会議**→**平和共存**
- ◎**ヨーロッパ共同体（EC）**発足，米中接近，**ベトナム戦争**

2 日本の外交関係
- ◎1956年，**日ソ共同宣言**→日本の**国際連合加盟**
- ◎1965年，**日韓基本条約**，1972年，**日中共同声明**→**日中平和友好条約**
- ◎1972年に**沖縄**が日本に復帰，**非核三原則**が国の方針

1 緊張緩和の進展

米ソの対立を軸にした冷戦のもとでの国際的な緊張は，キューバ危機後，しだいに緩和していった。

(1) アジア・アフリカ会議…1955年，アジア・アフリカの29か国は**アジア・アフリカ会議**を開き，平和共存，
└→インドネシアのバンドンで開かれた
植民地主義反対などの**平和十原則**を採択し，第三勢力として発言力をもつようになった。

(2) キューバ危機…1962年，キューバでのソ連によるミサイル基地建設をめぐって，アメリカとソ連との間で核戦争の危機が高まった（**キューバ危機**）。この危機が回避される
└→ソ連がミサイルを撤去（てっきょ）した
と，緊張緩和の動きが本格化した。

(3) 西ヨーロッパ諸国…1967年，西ヨーロッパ6か国は，経
└→フランス・西ドイツ（現ドイツ）・オランダなど
済的統合を目指して**ヨーロッパ共同体（EC）**を発足させ，東ヨーロッパ諸国との関係改善を進めた。

(4) ベトナム戦争…南ベトナム政府と南ベトナム解放民族戦線
　　　　　　　　　　　　　　　　　↑中国とソ連の支援を受けた
の内戦に1965年からアメリカ軍が本格的に介入し，北ベトナムへの爆撃（北爆）を始めた（**ベトナム戦争**）。これに対して世界各地で反戦運動が高まり，1973年にアメリカ軍は撤退し，1976年には南北ベトナムは統一された。
└→ベトナム社会主義共和国に統一

世界の動き		日本の動き	
年	できごと	年	できごと
1950	朝鮮戦争（～53年）	1951	サンフランシスコ平和条約
1955	アジア・アフリカ会議		日米安全保障条約
		1956	日ソ共同宣言
1962	キューバ危機		国際連合に加盟
1963	部分的核実験禁止条約が調印	1960	日米安全保障条約改定
1965	ベトナム戦争が激化（～75年）	1965	日韓基本条約
	世界各地で反戦運動		
1967	ヨーロッパ共同体（EC）発足		
		1972	沖縄の日本復帰
			日中共同声明
		1978	日中平和友好条約

↑1950～70年代の日本と世界の主な動き

1 ベトナム戦争で避難する人々　（アフロ）

248

2 日本の外交関係

　西側陣営の一員として独立を回復した日本は，東側陣営やアジア諸国との外交関係を積極的に進め，1950年代末までには，東南アジア諸国との賠償問題もほぼ解決した。

（1）ソ連との国交回復

> **重要**
> ❶1956年，**鳩山一郎**内閣が**日ソ共同宣言**に調印し，**ソ連との国交を回復**して戦争状態を終わらせた。
> ❷これによって同年，ソ連の支持も得て日本は**国際連合**に加盟し，国際社会に復帰した。

（2）朝鮮との国交

❶1965年，大韓民国（韓国）と**日韓基本条約**を結んで国交を正常化し，韓国を朝鮮半島における唯一の政府として認めた。

❷朝鮮民主主義人民共和国（北朝鮮）との国交は，現在も正常化されていない。

（3）中国との国交

❶1972年，**田中角栄**内閣が**日中共同声明**に調印❷し，中国を唯一の合法政府として国交を正常化した。
→台湾の中華民国とは断交した

❷1978年には，**日中平和友好条約**を結び，両国の関係はいっそう深まった。

（4）沖縄の日本復帰

❶アメリカの統治下に置かれ，基地のために土地を取り上げられるなど，権利が制限されていた沖縄の人々は，日本への復帰を求める運動をねばり強く行っていた。

❷**佐藤栄作**内閣は，沖縄返還を求めてアメリカと交渉を進め，1972年に**沖縄の日本復帰**が実現した❸。

❸復帰交渉のなかで，核兵器を「**持たず，つくらず，持ちこませず**」とする**非核三原則**が，国の方針となった。

❹復帰後も，広大なアメリカ軍基地は残され，現在に至るまでさまざまな問題が生じている❸。

> **くわしく 返還されなかった北方領土**
>
> 日ソの国交は回復したが，国後島・択捉島をめぐって両国の主張が対立したため，平和条約は結ばれなかった。日本は，この両島は日本の固有の領土であると主張し，ソ連は，ヤルタ協定に基づいてその領有権を主張した。
>
> このとき，歯舞群島・色丹島は日ソ平和条約が結ばれたあとに返還するとされたが，現在も実現していない。

周恩来首相（チュウエンライ）　毛沢東主席（マオツォトン）

（読売新聞社）

❷ 中国を訪問した田中角栄首相（右）

暗記術　沖縄へ行く夏は日中に　1972

1972年　沖縄の日本復帰
日中国交正常化

参考　奄美と小笠原

奄美群島は1953年に，小笠原諸島は1968年に返還されていた。

0　20km

沖縄島

北部訓練場

キャンプ・ハンセン　名護

辺野古弾薬庫

嘉手納飛行場　キャンプ・シュワブ

普天間飛行場　うるま

那覇　沖縄の　宜野湾
浦添　わん

主なアメリカ軍基地
（2020年3月）

❸ 沖縄島のアメリカ軍基地　日本のアメリカ軍基地の約70％が沖縄に集中している。

日本の高度経済成長

1 高度経済成長
◎ **高度経済成長**…1955年から1973年までの急速な経済成長
◎ **国民総生産**がアメリカに次いで資本主義国で第2位

2 国民生活の変化と公害
◎ 家庭電化製品・自動車の普及で生活が便利になる
◎ 公害問題の発生…**四大公害病，公害対策基本法，環境庁**

3 石油危機と日本
◎ 1973年の**石油危機**で**高度経済成長**が終わる

1 高度経済成長

日本経済は，1950年代半ばまでに戦前の水準に戻り，その後急速に発展した。

(1) 高度経済成長

❶ 日本経済は1950年代半ばまでに戦前の水準をほぼ回復し，1956年には「もはや戦後ではない」とも表現された。
→「経済白書」でうたわれた

❷ 1960年に，池田勇人内閣が，「所得倍増」をかかげて経済成長政策を積極的に進めた。

❸ 日本経済は1955年から1973年まで，年平均10％程度の急速な経済成長が続いた（**高度経済成長**）**①**。

(2) 産業と貿易

❶ 技術革新が進み，鉄鋼・機械・化学などの重化学工業が発展した。また，エネルギー源が石炭から石油に転換したこと（エネルギー革命）で，太平洋や瀬戸内海の沿岸に製鉄所や石油化学コンビナートが建設された。

❷ 輸出が増え，1968年には**国民総生産（GNP）**が，資本主
国の経済水準を測る指標。国民が1年間に生産したものやサービスの合計←
義国ではアメリカに次いで第2位となった。

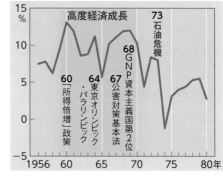

① 日本の実質経済成長率　　　　(内閣府)

グラフ内：
15%
高度経済成長
73 石油危機
10
60 「所得倍増」政策
64 東京オリンピック・パラリンピック
67 公害対策基本法
68 GNP資本主義国第2位
5
0
-5
1956　60　65　70　75　80年

史料　もはや戦後ではない

…もはや「戦後」ではない。われわれは今や異った事態に当面しようとしている。回復を通じての成長は終った。今後の成長は近代化によって支えられる。そして近代化の進歩も速やかにしてかつ安定的な経済の成長によって初めて可能になるのである。

解説 政府が出した1956年の「経済白書」の一節。戦後復興が終わったことを宣言した。

2 国民生活の変化と公害

　高度経済成長は，国民の生活を豊かで便利にしたが，公害などの社会問題を引き起こした。

(1) 国民生活の変化

❶暮らし…国民の所得は増え，テレビ・電気洗濯機・電気冷
　　　　　　　　　　　　　└→「三種の神器」と呼ばれた
蔵庫や自動車の普及で，生活は豊かで便利になった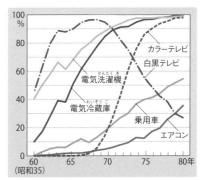。

❷社会…1964年に東海道新幹線が開通し，同年の東京オリ
　　　　　　　　　　　　　└→高速道路も開通
ンピック・パラリンピックでは，復興を世界に示した❸。

(2) 公害問題の発生

❶高度経済成長期には，農村の過疎化が進み，都市での人口
集中，交通渋滞，住宅不足などの社会問題を起こった。

❷急速な工業化により，公害問題が深刻化し，新潟水俣病・
四日市ぜんそく・イタイイタイ病・水俣病の四大公害病は
　　　　　　　　　　　　　　　　　　　　　└→裁判の結果すべて住民側が勝訴した
深刻な被害をもたらした❹。

❸政府は，1967年に公害対策基本法を制定し，1971年には環
　　　　　　　　　　　└→現在の環境基本法に発展
境庁を設置し，公害問題への取り組みを進めた。
　└→現在の環境省

2 乗用車と家庭電化製品の普及 （内閣府）

（朝日新聞社）

3 東京オリンピックの開会式

3 石油危機と日本

　石油危機（オイル・ショック）が起こり，日本の高度経済成長は終わった。

(1) 石油危機…1973年，第四次中東戦争の影響で石油価格が上
昇すると，石油を主なエネルギー源にしていた先進工業国は大
きな打撃を受け（石油危機），経済は世界的な不況となった。

(2) 高度経済成長の終わり

❶石油危機によって，日本の高度経済成長が終わったが，日本
は，経営の合理化や省エネルギー化などで不況を乗り切った。

❷これまでの鉄鋼・造船に代わり，自動車・電気機械などの
輸出が伸びて，日本は経済大国と呼ばれるようになった。
その結果アメリカなどとの貿易摩擦が深刻化した。
　　　　　　　　　　　　　└→日本の貿易黒字が拡大

4 四大公害病の発生地

　新潟水俣病　阿賀野川下流域
　イタイイタイ病　神通川下流域
　水俣病　水俣湾（八代海）沿岸
　四日市ぜんそく　三重県四日市市

■ 参考　石油危機と国民

　石油危機で，石油を使用した製品が値
上がりしたが，トイレットペーパーなど
の関係のない商品までが根拠のないうわ
さによって買い占められた（→p.254）。

マスメディアと現代の文化

1 戦後復興期の文化
◎ 言論の自由の回復で，新聞や雑誌の復刊・創刊
◎ **黒澤明**（くろさわあきら）は映画で世界的評価，**湯川秀樹**（ゆかわひでき）は日本人初の**ノーベル賞**

2 高度経済成長と文化
◎ **テレビの普及**（ふきゅう）で「**大量生産・大量消費**」の時代へ，中流意識
◎ 漫画（まんが）・アニメ…**手塚治虫**（てづかおさむ）はテレビアニメの「**鉄腕アトム**」（てつわん）を制作
◎ 文学…**川端康成**（かわばたやすなり）・**大江健三郎**（おおえけんざぶろう）がノーベル文学賞受賞

---

1 戦後復興期の文化

　戦後の日本は，軍国主義から解放されて，新しい文化がつくられるようになった。

(1) 言論の自由の回復

❶ これまで治安維持法（ちあんいじほう）などによって抑（おさ）えられていた言論の自由が，GHQの占領（せんりょう）政策に反しない限り認められ，多くの新聞・雑誌が復刊・創刊された。

❷ 人々は，新聞・雑誌などを通してこれまで伝えられてこなかった戦争中の真相を知り，民主化に向けての歩みを強め，平和の大切さを考えるようになった。

(2) マスメディアと文化

❶ 映画は大衆の娯楽（ごらく）として戦後も人気を集め，**黒澤明監督**（くろさわあきらかんとく）の「羅生門」（らしょうもん）や「七人の侍」（さむらい）などは，世界的な評価を得た。
　→1951年にベネチア国際映画祭で金獅子賞を得た

❷ ラジオは日本放送協会（NHK）に続き1951年に民間のラジオ放送が始まり，映画と並ぶ**マスメディア**の中心となった。

(3) 世界で活躍（かつやく）する日本人…学問では，1949年に**湯川秀樹**（ゆかわひでき）が日本人で初めて**ノーベル賞**を受賞した。また，水泳の古橋廣之進（ふるはしひろのしん）やボクシングの白井義男（しらいよしお）なども活躍し，人々に勇気を与（あた）えた。
　→物理学賞

> 占領（えいきょう）の影響で，ジャズやハリウッド映画などのアメリカ文化も広まったんだ。

（時事通信社）

湯川秀樹

(1907〜1981年)

　京都大学で理論物理学を勉強し，中間子理論という考えを発表して，1949年に日本人初のノーベル賞受賞者となった。のちに，核兵器廃絶（かくへいきはいぜつ）運動や平和運動にも参加した。

② 高度経済成長と文化

高度経済成長期には人々の生活は豊かになり，テレビの普及(ふきゅう)によって人々の生活も大きく変わっていった。

(1) テレビと生活

❶ 1953年に**テレビ放送**■ が始まり，しだいに家庭に普及していった。テレビからは，商品のコマーシャルがくり返し映し出されて人々の購買(こうばい)意欲を高め，高度経済成長期は「**大量生産・大量消費**」の時代となった。

❷ 人々は，テレビを通じて同じ内容の情報を手に入れるようになって，文化が**大衆化**(たいしゅうか)した。また，高度経済成長で生活が向上してきたことで，多くの人々が「中流意識」をもつようになった。
_{生活程度が「人並みだ」と思うこと}

❸ 芸能やスポーツを楽しむ機会も増え，歌手の美空(みそら)ひばり，プロレスの力道山(りきどうざん)，プロ野球の長嶋茂雄(ながしましげお)・王貞治(おうさだはる)，大相撲の大鵬(おおずもう)(たいほう)などが，多くの人々の人気を集めた。

(2) 漫画(まんが)・アニメの流行

❶ 1950年代末には週刊誌ブームが起こり，連載(れんさい)される漫画が多くの読者に楽しまれた。

❷ **手塚治虫**(てづかおさむ)は，物語性の強い漫画を発表し，子どもから大人まで多くの人々に受け入れられ，1960年代にはアニメーションの制作にも尽力(じんりょく)し，本格的なテレビアニメシリーズの『鉄腕アトム』(てつわん)■ を制作した。

(3) 文学・芸術

❶ 文学…サラリーマンを中心に，松本清張(まつもとせいちょう)の推理(すいり)小説や司馬(しば)遼太郎(りょうたろう)の歴史小説などが人気を集めた。純文学では，**川端(かわばた)康成**(やすなり)や**大江健三郎**(おおえけんざぶろう)のように，世界的な評価を得て**ノーベル文学賞**を受賞する作家も現れた。
_{→1968年受賞} _{→1994年受賞}

❷ 芸術…岡本太郎(おかもとたろう)は，日本万国博覧会(ばんこくはくらんかい)■ で「太陽の塔(とう)」を制作して世界の人々を驚(おど)かせた。指揮者(しきしゃ)の小澤征爾(おざわせいじ)は世界のオーケストラを指揮している。

■ 街頭の白黒テレビを見る人々
テレビ放送が始まったころ，テレビは高価だったため，人々は街頭に設置されたテレビでプロレスなどを楽しんだ。
_{（読売新聞社）}

② テレビアニメの「鉄腕アトム」
21世紀を舞台(ぶたい)に，人間と同じような感情をもったロボットが活躍(かつやく)する物語で，1952年から雑誌に連載され，のちに国産初の連続テレビアニメシリーズとして放送された。
_{©手塚プロダクション}

■ 日本万国博覧会と太陽の塔
「人類の進歩と調和」をテーマに，1970年に大阪で開かれ，約6400万人が入場した。「太陽の塔」は，「生命の進化の過程と神秘」を表した展示館の一つで，現在は国の登録有形文化財になっている。
_{（朝日新聞社）}

考える Column

なぜトイレットペーパーを 買い占めしたのだろう？

日本の高度経済成長を終わらせた石油危機（オイル・ショック）は，トイレットペーパーの買い占め騒動を引き起こした。なぜ買い占め騒動が起きたのか，考えてみよう。

押さえる 高度経済成長とは？

1950年代半ばから1970年代初めにかけての約20年間，日本の経済がめざましく成長した。これを**高度経済成長**という。この間の経済成長率（国民総生産の伸び率）は年平均で10％程度だった。第二次世界大戦後，アメリカや西ドイツなどほかの資本主義国の主要国も経済成長をとげたが，日本の経済成長率は主要国の中で群を抜いていた。しかし，日本の高度経済成長は**石油危機（オイル・ショック）**によって終わった。

（毎日新聞社）

↑工場に囲まれた校庭で遊ぶ子どもたち　工場の煙突から煤煙が排出されている。高度経済成長は日本を豊かにするいっぽうで，深刻な公害問題をもたらした。

考えよう どうしてトイレットペーパーを買い占めしたの？

1973年，第四次中東戦争によって石油危機が起こると，日本でトイレットペーパーの買い占め騒動が起こった。当時，紙をつくるとき，溶かした原料を乾燥させる燃料が重油だった。そのため，石油が値上がりすれば，トイレットペーパーが品不足になるというデマ（根拠のないうわさ）が広まり，不安になった人々が買い占めに走った。同じように，砂糖や洗剤，醤油などでも買い占めが起こり，店頭から姿を消した。

（読売新聞社）

↑トイレットペーパーを求めて売り場に行列をつくる人々

1 占領下の日本 ～ 3 冷戦の開始と植民地の解放

□(1) 第二次世界大戦戦後，日本は〔　　　　〕を最高司令官とする
連合国軍最高司令官総司令部（略称〔　　　〕）に占領された。

□(2) 選挙法が改正され，満〔　20　25　〕歳以上のすべての男女
に選挙権が与えられた。

□(3) 1946 年から〔　　　　〕が行われた結果，地主の土地が買い上
げられて，多くの〔　自作農　小作農　〕が生まれた。

□(4) 日本国憲法は，国民主権・〔　　　　〕の尊重・〔　　　〕主義
を基本原理とし，天皇は国と国民統合の〔　　　　〕となった。

□(5) 1945 年 10 月，〔　ジュネーブ　ニューヨーク　〕を本部に，
世界平和を守るための機関として〔　　　　〕が発足した。

□(6) 資本主義諸国と社会主義諸国の東西両陣営は，直接戦火は交
えない対立を続けたが，この対立を〔　　　　〕と呼んだ。

(1) マッカーサー，
GHQ

(2) 20

(3) 農地改革，
自作農

(4) 基本的人権，
平和，象徴

(5) ニューヨーク，
国際連合（国連）

(6) 冷たい戦争
（冷戦）

4 独立の回復と55年体制 ～ 7 マスメディアと現代の文化

□(7) 〔　ベトナム　朝鮮　〕戦争が始まると，日本は軍需物資の生
産などで〔　　　　〕景気を迎え，経済の復興が早まった。

□(8) 1951 年，日本は〔　　　　〕平和条約を結び，同時にアメリカ
との間で〔　　　　〕条約を結んだ。

□(9) 1956 年，日本はソ連と〔　　　〕宣言を発表して国交を回復し，
これによって日本の〔　　　　〕加盟が実現した。

□(10) 1972 年には，アメリカの施政下にあった〔　　　　〕が日本に
返還され，中国とは〔　　　　〕声明で国交が正常化した。

□(11) 1950 年代半ばから続いた高度経済成長は，1973 年の〔　　　　〕
によって終わりを告げた。

□(12) 1949 年，〔　　　　〕が日本人初のノーベル物理学賞を受賞した。

(7) 朝鮮，
特需

(8) サンフランシス
コ，日米安全保障

(9) 日ソ共同，
国際連合（国連）

(10) 沖縄，
日中共同

(11) 石油危機
（オイル・ショック）

(12) 湯川秀樹

1 冷戦終結後の国際社会

教科書の要点

1 冷戦の終結から国際協調へ

◎東ヨーロッパの民主化→**ベルリンの壁**崩壊→**東西ドイツ統一**

◎1989年，**冷戦の終結**宣言→1991年，**ソ連の解体**

◎国際協調の動き…**主要国首脳会議**，**ヨーロッパ連合(EU)**成立

2 世界の地域紛争

◎**地域紛争**…湾岸戦争(1991年)，アメリカで**同時多発テロ**(2001年)，イラク戦争(2003年)

◎国連の**平和維持活動(PKO)**，**非政府組織(NGO)**などの活動

1 冷戦の終結から国際協調へ

東ヨーロッパでは民主化の動きが高まり，ベルリンの壁が取り壊されて，米ソ首脳会談で冷戦の終結が宣言されると，世界は国際協調へと向かっていった。

(1) ソ連と東ヨーロッパの動き

❶ソ連…経済が停滞していたソ連は，1985年に成立した**ゴルバチョフ**政権が，情報公開や市場経済を導入して体制の立て直しを進めたが，成功しなかった。

❷東ヨーロッパ諸国…民主化運動の動きが高まって，(→ソ連の干渉（かんしょう）がうすれていた)1989年には共産党政権が次々とたおされた。

(2) 冷戦の終結 1

重要

❶**1989年**11月，東西冷戦の象徴であった**ベルリンの壁**が市民によって取り壊された 2。

❷同年12月，アメリカとソ連の首脳(ブッシュ大統領とゴルバチョフ共産党書記長)がマルタ島(地中海)で会談し**(マルタ会談)**，**冷戦の終結**を宣言した。

(3) ドイツ…1990年，**東西ドイツが統一**した。

(4) **ソ連**…ロシア連邦など各共和国が独立し，1991年に**解体**⇨アメリカが，唯一の超大国になった。

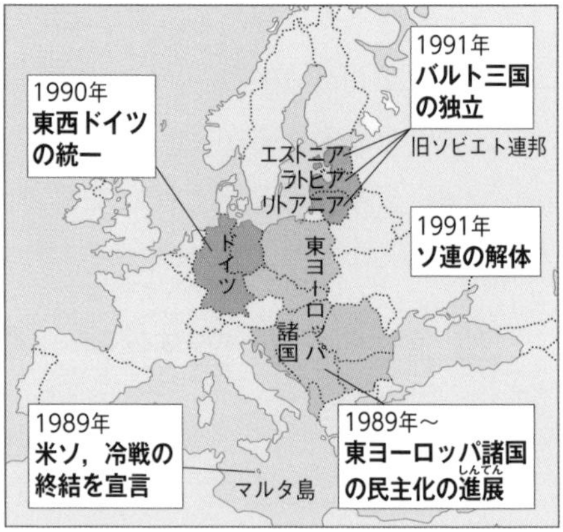
1990年
東西ドイツの統一
1991年
バルト三国の独立
旧ソビエト連邦
エストニア
ラトビア
リトアニア
ドイツ
東ヨーロッパ諸国
1991年
ソ連の解体
1989年
米ソ，冷戦の終結を宣言
マルタ島
1989年～
東ヨーロッパ諸国の民主化の進展

1 1989年から1991年にかけて激変するヨーロッパ

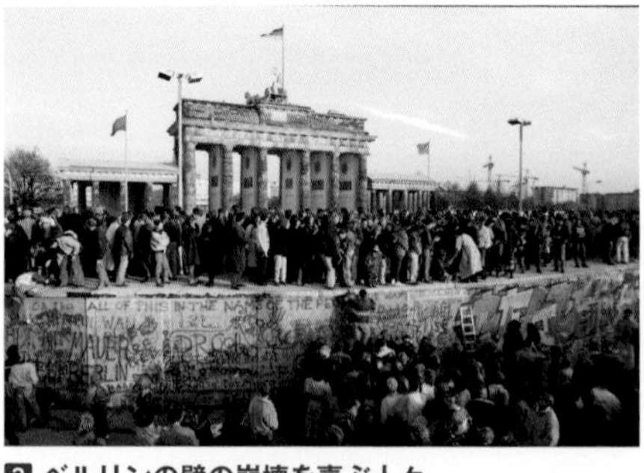

(Ullstein bild／アフロ)

2 ベルリンの壁の崩壊を喜ぶ人々

（5）国際協調の動き

❶**主要国首脳会議（サミット）**…石油危機後の1975年から毎年開催_{かいさい}されている国際会議。2008年からは中国やインドなどを加えたＧ20サミットも開かれている。

❷**地域統合**…ヨーロッパ共同体（EC）は1993年に**ヨーロッパ連合（EU）**に発展した。アジア・太平洋_{たいへいよう}諸国は，1989年に**アジア太平洋経済協力会議（APEC）**を発足_{ほっそく}させた。

→p.248

→p.248

2 世界の地域紛争

冷戦後，民族・宗教・文化などの違いなどから地域紛争_{ふんそう}が各地で起こり，一般_{いっぱん}市民も巻き込_まむ**テロリズム（テロ）**も発生し，その解決に国際連合などが取り組んでいる。

（1）**地域紛争❸**…1991年に，イラクのクウェート侵攻をきっかけに**湾岸_{わんがん}戦争**が，2001年にはアメリカで**同時多発テロ❹**が起こり，2003年には**イラク戦争**が起こった。2011年からのシリア内戦では多くの**難民**が発生している。

→アメリカ中心の多国籍軍が派遣された
→大量破壊兵器保有を理由にした

（2）**解決のための活動**…地域紛争の解決のため，国連による**平和維持_{いじ}活動（PKO）**のほか，民間では**非政府組織（NGO）**が活動している。

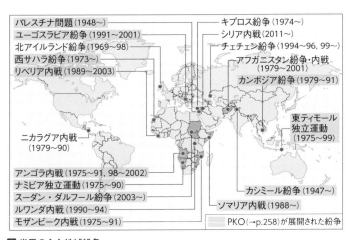

❸ 世界の主な地域紛争

パレスチナ問題（1948〜）
ユーゴスラビア紛争（1991〜2001）
北アイルランド紛争（1969〜98）
西サハラ紛争（1973〜）
リベリア内戦（1989〜2003）
キプロス紛争（1974〜）
シリア内戦（2011〜）
チェチェン紛争（1994〜96, 99〜）
アフガニスタン紛争・内戦（1979〜2001）
カンボジア紛争（1979〜91）
ニカラグア内戦（1979〜90）
東ティモール独立運動（1975〜99）
アンゴラ内戦（1975〜91, 98〜2002）
ナミビア独立運動（1975〜90）
スーダン・ダルフール紛争（2003〜）
ルワンダ内戦（1990〜94）
モザンビーク内戦（1975〜91）
カシミール紛争（1947〜）
ソマリア内戦（1988〜）
PKO（→p.258）が展開された紛争

PKO（→p.258）

参考 EUとユーロ

EUは，ヨーロッパを政治的・経済的に一つの国のように統合することを目指して結成された。加盟国間では人・商品・お金の移動は自由で，多くの国で共通通貨の**ユーロ**を導入している。

⬆共通通貨のユーロ （アフロ）

❹ **アメリカ同時多発テロ** （ロイター／アフロ）

2001年9月11日，イスラム教過激派にハイジャックされた民間航空機が，ニューヨークの高層ビルや，ワシントンの国防総省に突入し，約3000人が亡くなった。同年，アメリカは，犯行組織をかくまったとしてアフガニスタンを攻撃_{こうげき}した。

用語解説 難民

宗教・人種・政治などの違い，または戦争や内戦などにより**迫害_{はくがい}を受け，他国へ逃_{のが}れた人々**。2019年末現在，世界では約8000万人の難民がいて，シリアでは約600万人以上が難民となっている。

2 冷戦後の日本

教科書の要点

1 冷戦後の日本
◎ 1992年から国連の**平和維持活動（PKO）**に**自衛隊**を派遣
◎ **北朝鮮**…日本人の拉致問題，**中国・韓国**…領土をめぐる問題
◎ 55年体制の終わり…1993年に**非自民連立政権**→数回の政権交代

2 バブル崩壊と日本経済
◎ 1991年に**バブル経済**が崩壊→長期にわたる**平成不況**
◎ **世界金融危機**（2008年）による深刻な不況

1 冷戦後の日本

世界では各地で続く地域紛争を解決するための動きが強まった。

(1) 日本の国際貢献

❶ 日本は発展途上国への多くの経済援助を行ってきたが，世界平和の面でも国際貢献を求められるようになった。

❷ 1992年，自衛隊の**平和維持活動（PKO）**への派遣を認める**国際平和協力法**が成立。これにより日本は，カンボジア
└→PKO協力法
に**自衛隊**を派遣❶し，国際連合のPKOに初めて参加した。

(2) 東アジアの動きと諸外国との関係

❶ 東アジアには，韓国と北朝鮮，中国と台湾のように，冷戦を背景に分断された地域が残されている。

❷ 北朝鮮…北朝鮮による核開発の問題が未解決。さらに多くの日本人を連れ去った**日本人拉致問題**は2002年に5人の
2004年にその家族8人が帰国した←┘
被害者が帰国した❷が，いまだ解決しておらず，国交正常化の動きも進んでいない。

❸ 領土をめぐる問題…韓国による**竹島**の不法占拠，ロシアと
└→p.262
の**北方領土**問題。日本の**尖閣諸島**に対し，中国が領有権を主張。

❹ アメリカ…日本はアメリカとの関係を強化してきたが，沖

１ 地雷撤去作業を行う自衛隊員（カンボジア）
（朝日新聞社）

２ 拉致被害者の帰国 （共同通信社）

縄の基地などをめぐる問題がある。

(3) 55年体制の終わり

❶自民党の長期政権は，政治家と官僚・企業が結びついてたびたび汚職事件などを起こし，国民の批判が高まった。

❷冷戦の終結を受けて，日本では保守と革新の対立が弱まった。1993年には細川護熙を首相とする**非自民の連立内閣**が成立し❸，これによって，自民党を与党，社会党を野党第一党とする**「55年体制」**が終わった。

自民党と共産党を除く8党派で構成←

(4) 政権交代へ

❶1994年，対立していた自民党と社会党などが連立して村山富市内閣が成立。その後は自民党中心の連立内閣が続いた。

❷2009年の総選挙では**民主党**が第一党となり，鳩山由紀夫内閣が成立して，本格的な**政権交代**が起こった。しかし，民主党政権は沖縄の基地問題などで国民の不信を招き，2012年には再び自民党中心の連立政権に戻った。

❸ 細川護熙連立内閣 （朝日新聞社）

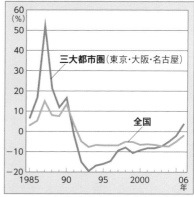

❹ 商業地の地価の変動率 （「日本の100年」）
　企業ばかりでなく個人までもが，値上がりによる利益を求めて株式や土地を買うようになった。

2 **バブル崩壊と日本経済**

1980年代に始まった好景気は1991年に崩壊し，2010年代まで「失われた20年」と呼ばれる経済の停滞が続いた。

(1) バブル経済の崩壊

❶1980年代後半から，銀行の資金援助を受けた企業が土地や株式に投資したため，株式と土地の価格が実態を超えて異常に高くなる好景気（**バブル経済**）が続いた❹。

→ものをつくる実態を伴わずに泡（バブル）のようにふくらんだ

❷バブル経済は**1991年に崩壊**し，多くの企業が倒産して，平成不況と呼ばれる長い不景気が続いた。

(2) 世界金融危機…2008年には**世界金融危機**が起こり❺，深刻な不景気となった。この間，政府が経済の規制緩和，国営事業の民営化などを進めた。この結果，景気は緩やかに回復していったが，増え続ける財政赤字や格差の拡大などが課題として残されている。

→アメリカの投資銀行の倒産がきっかけ

日経平均

現在値

11609.72

前日比

-605.0

（AP／アフロ）

❺ 世界金融危機で大幅に下落する株価

持続可能な社会に向けて

> **教科書の要点**
>
> **1** **日本の課題**
> ◎**少子高齢化**が急速に進む，部落差別などの差別問題の解決
> ◎あいつぐ自然災害…**阪神・淡路大震災**（1995年），**東日本大震災**（2011年）
>
> **2** **進むグローバル化と日本**
> ◎インターネットの普及→**グローバル化**（世界の一体化）が進展
> ◎**持続可能な社会**へ向けての取り組み，核兵器廃絶へ向けた活動

1 日本の課題

　21世紀を迎えた現在，日本では，都市と地方の格差，少子高齢化問題，差別問題などさまざまな課題をかかえている。

(1) 直面する問題

　❶**少子高齢化🔢**…子どもの数が減って高齢者の割合が高まり，社会保障費用の財源不足などの問題が生じている。

　❷差別や偏見…部落差別，<u>アイヌの人々</u>や在日韓国・朝鮮人
　　　　　　　　　　　　└→アイヌ民族
　に対する差別，さらに障害をもつ人々や高齢者への差別，女性への差別など，さまざまな差別や偏見が残っている。

　❸政府は，少子化対策基本法や部落差別解消推進法，<u>アイヌ施策推進法</u>などを制定し，対策を進めている**2**。
　　└→アイヌ民族支援法

(2) 災害に備えて

　❶1995年には**阪神・淡路大震災**，2011年には**東日本大震災3**が起こるなど，日本は自然災害が多い国である。

　❷阪神・淡路大震災ではボランティア活動の重要性が明らかになり，政府は，<u>特定非営利活動促進法（NPO法）</u>を制定した。地震と津波により戦後最大の<u>被害</u>となった東日本
　　　　　　　　　　　　　└→1998年
　　　　　　　　死者・行方不明者約2万人
　大震災で，**福島第一原子力発電所**の事故を受けて，<u>再生可能エネルギー</u>の導入と普及が進められている。
　　　　　太陽光・風力・地熱など

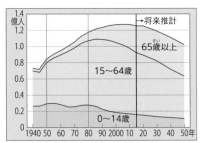

1 日本の人口の移り変わり（「国勢調査報告」ほか）
2000年代後半から人口が減少している。

（朝日新聞社）

2 民族共生象徴空間・ウポポイ
　アイヌ文化を復興・発展させる拠点として，2020年に開業した施設。国立アイヌ民族博物館，国立民族共生公園などからなる。

② 進むグローバル化と日本

　グローバル化（世界の一体化）が急速に進む現在，日本は国際社会でどのように行動するのかが注目されている。

(1) グローバル化（世界の一体化）

❶インターネットなどの**情報通信技術（ICT）**や高速交通網の発達で**グローバル化（世界の一体化）**か進んだ。情報は瞬時にして世界中を駆けめぐり，平和・環境・資源などの問題は一国では解決できなくなっている。

❷環境問題…**地球温暖化の原因**となる二酸化炭素の排出削減のため，1997年には**京都議定書**が採択され，2020年には**パリ協定**が本格的に始動した。

(2) 日本の役割…**持続可能な社会**へ向けて，**持続可能な開発目標（SDGs）**に積極的に取り組むとともに，進んだ技術をいかして地球温暖化防止に主導的役割を果たすことが期待されている。それとともに，戦争による唯一の被爆国として**核兵器の廃絶**への積極的な取り組みも強く望まれている。

（共同通信社）

❸ 東日本大震災（2011年3月）
　マグニチュード9.0の大地震で，最大震度7の強い揺れと津波を伴い，東北・関東地方を中心に大きな被害をもたらした。このとき，福島第一原子力発電所から放射性物質が漏れ出す深刻な事態を引き起こした。

くわしく　パリ協定

　2015年に採択された，京都議定書に代わる2020年以降の温暖化防止への国際的な取り決め。21世紀後半までに，温室効果ガスの排出量を実質ゼロにし，世界の平均気温の上昇を産業革命前に比べて2℃未満，できれば1.5℃未満に抑えることを目標としている。

Column　世界の目標　SDGsを知ろう！

　2015年の国連サミットで，「人々の暮らしを保障しながら，平和と地球の環境を守る」ために，**持続可能な開発目標（SDGs）**が採択された。「誰一人取り残さない」というスローガンのもと，「貧困の撲滅・男女平等，温暖化対策，平和と公正」など，**17の目標**と169のターゲット（達成基準）をかかげ，2030年までの達成を目指す。日本もSDGsへの取り組みを進めているが，男女平等では大きくおくれ，地球温暖化対策では二酸化炭素を多く出す火力発電所を維持するなど，目標達成のためには多く課題をかかえている。

➡**17の目標のロゴマーク**

SUSTAINABLE DEVELOPMENT GOALS

261

領土をめぐる問題とは どんなことだろう？

深掘り Column

現在，日本は北方領土・竹島・尖閣諸島の三つの地域をめぐり，周辺諸国との間に問題をかかえている。これらの地域が日本の領土になった経緯を見ながら，領土をめぐる問題について深くみてみよう。

① 戦後の日本の領土

　現在の日本の領土は，第二次世界大戦後の1951年に結ばれた**サンフランシスコ平和条約**により，本州・北海道・九州・四国とその周辺の島々とすることが確認された。その後，1953年に奄美群島，1968年に小笠原諸島，1972年に沖縄が日本に返還された。しかし現在，北方領土・竹島・尖閣諸島の三つの地域をめぐり，日本と周辺諸国との間で問題が起こっている。

↑戦後の日本の領土の移り変わり

② ロシアと北方領土

　1875年の**樺太・千島交換条約**により，得撫島から北の千島列島の18の島々も日本の領土になった。第二次世界大戦のときは北方領土に多くの日本人が住んでいたが，終戦の1945年の終戦後にソ連（今のロシア）が占領し，日本人は退去させられた。1956年の**日ソ共同宣言**で，ソ連は平和条約締結後，色丹島と歯舞群島を日本に返還することに同意したが，まだ，平和条約は結ばれていない。

（朝日新聞社／ＰＰＳ通信社）

↑北海道上空から望む国後島

←北方領土　択捉島，国後島，色丹島，歯舞群島の島々をまとめて北方領土と呼ぶ。

（アフロ）

↑竹島　手前が東島（女島）で，奥が西島（男島）。韓国は竹島に警備隊員を常駐させ，宿舎や監視所，接岸施設などを構築している。

（朝日新聞社／PPS通信社）

↑尖閣諸島　左から南小島，北小島で，奥が魚釣島。明治30年代には人が住んでかつおぶし製造などを行っていたが，現在は無人島。

年	北方領土	竹　島	尖閣諸島
1644年	江戸幕府の地図に「くなしり・えとほろ」の名前が記載される。		
17世紀		幕府の許可を受けて，日本人が近海で漁業を行う。	
1854年	日露和親条約により，両国の国境が択捉島と得撫島の間に決定。		
1875年	樺太・千島交換条約により，樺太がロシア領，千島列島が日本領になる。		
1895年			日本の領土とし，沖縄県に編入する。
1905年	ポーツマス条約により，樺太の南半分が日本領になる。	政府が竹島と命名して日本領とし，島根県に編入する。	
1951年	サンフランシスコ平和条約により，千島列島と樺太の南半分を放棄する。	サンフランシスコ平和条約では，竹島を放棄せず。	サンフランシスコ平和条約により，アメリカ軍が直接統治する。
1972年			沖縄とともに日本に返還される。
2012年			魚釣島・北小島・南小島を国有化する。

↑北方領土・竹島・尖閣諸島の歴史

③ 竹島と尖閣諸島

●韓国が領有権を主張する竹島

　1905年，日本は竹島を自国の領土とし，島根県に編入した。しかし，1952年，韓国が日本と自国の境界線を一方的に決め，竹島を韓国の領土と主張し，その後，実効支配した。

●中国と台湾が領有権を主張する尖閣諸島

　1895年，日本は，尖閣諸島がどこの国の支配もおよんでいない無人島であることを確認し，自国の領土とした。1951年，サンフランシスコ平和条約によりアメリカ軍が統治することになったが，1972年に日本に返還された。しかしその3年前に，石油や天然ガスの埋蔵の可能性があることがわかると，中国と台湾が領有権を主張し始めた。尖閣諸島は国際的に日本の領土だと認められており，日本政府は尖閣諸島をめぐる領有権の問題は存在していないとしている。

●資源にも影響をおよぼす領土をめぐる問題

　領土の沿岸から200海里（約370km）以内を排他的経済水域といい，沿岸国に天然資源の採掘や漁業を行う権利が認められている。そのため，たとえ小さい無人島であっても，大切に守ることが求められる。

深掘り Column

増え続ける難民・避難民（ひなんみん）

世界には，住み慣れた土地から避難せざるを得ない人々がいる。なぜ避難するのか，そうした人は世界中にどれだけいるのかなど，難民・国内避難民の現状を見てみよう。

1 どうして避難するの？

冷戦終結後も，世界では内戦（国内での争い）や他国との紛争（ふんそう）が絶えない。また，宗教や政治，人権を理由にした差別も生まれている。これらが原因で，多くの人々が住み慣れた土地から避難を強いられている。2019年に新たに避難した人は1100万人増え，全体で約7950万人になった。そのうちの6割が国内で避難している人で，全体の約4割が18歳（さい）未満だった。

（ロイター／アフロ）

↑バングラデシュに逃れたロヒンギャ難民　ロヒンギャはミャンマーのイスラム教徒の少数民族で，ミャンマー政府から不法移民として迫害（はくがい）されている。

2 増え続ける難民・避難民

近年，難民・避難民の数は増え続けている。2019年の難民数が，2010年の約1.8倍に増加した。難民は主に紛争や内戦などが理由で国外に避難しているが，国内で避難している人々の中には，自然災害で避難している人も多い。2018年に新たに国内で避難した2800万人のうち約6割が自然災害が原因で，人口密度の高いアジアに多い。難民の受け入れ数が多い国としては，シリアの隣国のトルコなどがある。

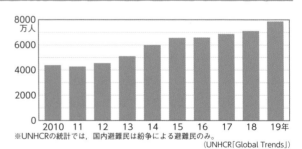

※UNHCRの統計では，国内避難民は紛争による避難民のみ。
(UNHCR「Global Trends」)

➡移動を強いられた人の数の推移　近年は，国境を越えずに国内で避難する人が増えている。

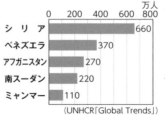

（UNHCR「Global Trends」）

国	万人
シリア	660
ベネズエラ	370
アフガニスタン	270
南スーダン	220
ミャンマー	110

←難民上位5か国（2019年）この上位5か国だけで，難民全体の約3分の2を占める。

1 冷戦終結後の国際社会 〜 2 冷戦後の日本

□(1) ソ連では，1980年代後半に〔 スターリン ゴルバチョフ 〕
政権が経済改革を進めたが，結局失敗した。

(1) ゴルバチョフ

□(2) 1989年，冷戦の象徴であった〔　　　〕の壁が取り壊され，
翌1990年には東西〔　　　〕が統一した。

(2) ベルリン，
ドイツ

□(3) 1989年に，アメリカとソ連の首脳の〔　　　〕会談で，冷戦
の終結が宣言された。

(3) マルタ

□(4) 国際協調の動きもみられ，1975年からはサミットと呼ばれる
〔　　　〕会議が開かれている。

(4) 主要国首脳

□(5) ECは1993年に〔　　　〕（ヨーロッパ連合）に発展し，共通
通貨〔 ポンド ユーロ 〕が導入されている。

(5) EU，
ユーロ

□(6) 各地で地域紛争が起こり，その解決のために国連の平和維持
活動（略称〔　　　〕）の役割は大きい。

(6) PKO

□(7) 国際貢献のために，日本は1992年に国際平和協力法を制定し，
〔　　　〕をカンボジアに派遣した。

(7) 自衛隊

□(8) 1993年に非自民の細川連立内閣が成立し，自民党を与党，社
会党を野党第一党とする，いわゆる〔　　　〕体制が終わった。

(8) 55年

□(9) 株式と土地の価格が実態をこえて高くなる〔　　　〕経済は，
1991年に崩壊し，多くの企業が倒産した。

(9) バブル

3 持続可能な社会に向けて

□(10) 現在の日本は，急速に〔　　　〕高齢化が進んでいる。

(10) 少子

□(11) 1995年の〔　　　〕大震災，2011年の〔　　　〕大震災など
日本は自然災害が多く，国の積極的な対策が求められている。

(11) 阪神・淡路，
東日本

□(12) 現在は国境を越えた経済活動がさかんで，情報も瞬時に行き
交うようになり，〔　　　〕が急速に進んでいる。

(12) グローバル化
（世界の一体化）

□(13) 2015年，国連は「〔　　　〕な開発目標（SDGs）」を採択した。

(13) 持続可能

定期テスト予想問題

時間 ▶ 40分　**解答** ▶ p.279

得点

/100

1 次の文を読んで，あとの各問いに答えなさい。　　　　　　　　　　　　【6点×8】

1945年8月，[　　　]宣言を受け入れて戦争が終わると，日本はアメリカを中心とする連合国軍によって占領された。そして，ⓐ連合国軍最高司令官総司令部（GHQ）は日本政府に指令を出し，戦後改革と呼ばれる，ⓑ民主化のためのさまざまな政策を実行していった。

(1)　文中の[　　　]に当てはまる語句を書きなさい。　　　　　　　　　　〔　　　　　　　〕

(2)　下線部ⓐについて，最高司令官は誰ですか，次から1人選び，記号で答えなさい。　〔　　　〕

　　ア　ローズベルト　　イ　ウィルソン　　ウ　ペリー　　エ　マッカーサー

(3)　下線部ⓑについて，次の①〜③に答えなさい。

　①　右のグラフは，戦前と戦後の自作地と小作地の割合を表したものです。この変化の原因となった，農村の民主化のための政策を何といいますか。　　　　　　　〔　　　　　　　〕

	自作地	小作地
1930年	48.1%	51.9
1950年	90.6%	9.4

　②　1946年11月には日本国憲法が公布されました。その基本原理は，基本的人権の尊重と平和主義と，もう1つは何ですか。　　　　　　　　　　　　　　　〔　　　　　　　〕

　③　戦後の民主化に関連して，次の内容が正しければ○，誤っていれば×を付けなさい。

　　ア　軍隊は解散され，戦争を進めた軍人や政治家が裁判にかけられた。　　　　〔　　　〕

　　イ　民法が改正され，男女平等に基づく新しい家族制度が定められた。　　　　〔　　　〕

　　ウ　治安維持法が制定され，政治活動の自由が認められた。　　　　　　　　　〔　　　〕

　　エ　日本で初めての第1回メーデーが開かれた。　　　　　　　　　　　　　　〔　　　〕

2 次のA〜Dの新聞の見出しを見て，あとの各問いに答えなさい。　【(5)10点，他6点×4】

　　A：沖縄，本土復帰へ　　　　　　　　B：ベルリンの壁崩壊で東西自由に往来

　　C：夢の超特急，東海道新幹線が開通　　D：国連加盟で国際社会に復帰

(1)　Aについて，これと同じ年のできごとを，次から1つ選び，記号で答えなさい。　〔　　　〕

　　ア　大阪で万国博覧会が開かれた。　　イ　湯川秀樹がノーベル物理学賞を受賞した。

　　ウ　日本と中国の国交が正常化した。　エ　公害対策基本法が制定された。

(2)　Bについて，ベルリンの壁は「東西□□の象徴」と呼ばれていました。□□に当てはまる語句を

漢字2字で書きなさい。　　　　　　　　　　　　　　　　　　　〔　　　　　〕

思考(3)　Cについて，このころの日本の経済の様子について述べた文として適切なものを，次から1つ
選び，記号で答えなさい。　　　　　　　　　　　　　　　　　　〔　　　〕

　ア　鉄鋼・造船などの重化学工業が成長し，エネルギー源が石炭に転換した。

　イ　年平均約10％の経済成長が続き，国民生活も豊かになってきた。

　ウ　投機によって，土地や株式の価格が，実体を離れて異常に高くなっていた。

　エ　アメリカ軍の軍需物資の生産で特需景気となっていた。

(4)　Dについて，日本が国際連合に加盟できたのは，ある国との国交が回復したためです。ある国
とはどこですか。次から1つ選び，記号で答えなさい。　　　　　　〔　　　〕

　ア　韓国　　イ　インド　　ウ　ソ連　　エ　オランダ

(5)　A～Dを年代の古い順に並べたとき，最も新しい年代のできごと（4番目になるもの）はどれで
すか。A～Dのアルファベットで答えなさい。　　　　　　　　　　〔　　　〕

2節／新しい時代の日本と世界

3　次のA～Cの写真を見て，あとの各問いに答えなさい。　　　　　【6点×3】

A

(朝日新聞社)

B

(朝日新聞社)

C

(毎日新聞社／アフロ)

(1)　Aは，1995年に起こった阪神・淡路大震災の様子です。この大震災でボランティア活動の重要
性が明らかになり，国は1998年にある法律を制定しました。その法律を，次から1つ選びなさい。

　ア　アイヌ文化振興法　　イ　特定非営利活動促進法（NPO法）　　〔　　　〕

　ウ　環境基本法　　　　　エ　男女雇用機会均等法

(2)　Bは，1992年に自衛隊がカンボジアで国連の平和維持活動に参加している様子です。平和維持
活動を略称で何といいますか。次から1つ選び，記号で答えなさい。　　〔　　　〕

　ア　EC　　イ　WHO　　ウ　PKO　　エ　SDGs

(3)　Cは，1997年の地球温暖化防止京都会議の様子です。この会議では京都議定書が採択されまし
たが，2015年には京都議定書に代わる2020年からの新たな取り決めが採択されました。この取り
決めを何といいますか。次から1つ選び，記号で答えなさい。　　　　〔　　　〕

　ア　アジェンダ21　　イ　パリ協定　　ウ　マーストリヒト条約　　エ　大西洋憲章

中学生のための
勉強・学校生活アドバイス

受験のプレッシャーに負けるな

「あー。最近，入試のことを考えるとゆううつになるなー。」

「私も……。やるべきことはやってると思うんだけど……。」

「そんなときは，**今後，何をすべきか書き出してみるといい**ですよ。不安になるのは何をすべきかがはっきりしていないせいもあるはずです。」

「その時間がもったいない気がしちゃいます。」

「**『急がば回れ』**ということわざがあるでしょう。遠回りに感じるかもしれませんが，書き出して，整理することで今後の勉強のはかどり方がだいぶ違ってくるはずです。」

「私は，１週間単位で，やることを書き出しています。」

「いい方法ですね。受験までの日数が短くなってきたら，試験日までに何ができるか，**優先順位をつけてみましょう。**」

「苦手な項目に重点的に取り組むのと，得意な項目をもっと伸ばそうとするのとでは，どっちがいいですか？」

「社会科の場合，極端に難しい問題は高校入試ではまず出ないので，**入試の直前期には，苦手意識があって，かつ簡単に点に結びつくものに取り組む**のがいいでしょう。」

「私は歴史だと，江戸時代の三大改革とか，元禄文化・化政文化がごっちゃになりやすいかも……。」

「そこは，俺は表に書いて整理してあるよ。雪乃にコピーしてあげるよ。」

「やったー。なんか，こうやって話しているうちに，不安な気持ちが薄れてきたような気がする。」

「一人でかかえ込まずに，**みんなで悩みを共有すること**も大切です。」

入試レベル問題

1 右の表を見て，次の各問いに答えなさい。

(1) 表中の時代区分 **A〜C** に入る語句として正しいものを，1つ選び，記号で答えなさい。〔　　　〕

ア　A—中世　　B—近世　　C—近代

イ　A—近世　　B—中世　　C—近代

ウ　A—中世　　B—近代　　C—近世

エ　A—近代　　B—中世　　C—近世

時代区分	時代	日本の主なできごと	世界の主なできごと
A	鎌倉	・武士の政治	・a ルネサンスの始まり
	室町	・応仁の乱 ・d ザビエル来日	・b 新航路の開拓 ・c 宗教改革
B	安土桃山	・e 豊臣秀吉が全国を統一	・イギリスが東インド会社をつくる
	江戸	・江戸幕府の成立 ・享保の改革 ・h 開国	・市民革命が起こる ・f 産業革命の始まり ・g アヘン戦争
C	明治	・i 明治時代の始まり	・欧米列強による世界の分割

(2) 下線部 **a〜c** のできごとを大きな流れとしてとらえ，関連する説明として<u>誤っているもの</u>を，次から1つ選び，記号で答えなさい。〔　　　〕

ア　ルネサンスは14世紀ごろにイタリアで始まり，古代ペルシャ・ローマの文化を理想とした。

イ　15世紀後半から新航路が開かれると，ポルトガル・スペインはアジア貿易に乗り出した。

ウ　ルネサンスが始まると学問や芸術がさかんになり，天文学や地理学などの科学が発展した。

エ　16世紀初め，免罪符の販売に対して，ドイツのルターは宗教改革の口火を切った。

(3) 下線部 **d〜e** のできごとを大きな流れとしてとらえ，関連する説明として<u>誤っているもの</u>を，次から1つ選び，記号で答えなさい。〔　　　〕

ア　宣教師が日本を訪れるようになり，南蛮貿易がさかんになり，学問や技術も伝えられた。

イ　宗教改革の影響を受け，イエズス会のザビエルが布教を行うため，日本にも訪れた。

ウ　鉄砲隊が活躍するようになり，織田信長のあとを継いだ豊臣秀吉が，全国を統一した。

エ　太閤検地が行われたあと，荘園領主である貴族や寺社の土地の権利は保護された。

(4) 下線部 **f〜g** のできごとを大きな流れとしてとらえ，関連する説明として<u>正しいもの</u>を，次から1つ選び，記号で答えなさい。〔　　　〕

ア　産業革命とは，石油を燃料に，機械で製品を大量生産することになった社会の変化である。

イ　安く大量に生産するには，多くの熟練した職人が必要であった。

ヒント **1** (1) 日本の平安時代は，時代区分では古代にあたる。

(4) ア当時使用されるようになった蒸気機関の燃料は何だったか。

ウ　産業革命が進むと，安い原材料供給地と，大量に製品を販売する市場が必要になった。

エ　アヘン戦争とは，中国がイギリスにアヘンを販売したことがきっかけで起きた戦争である。

(5)　下線部hに関連して，開国は日本にとって不平等な条件で行われた。その1つが「領事裁判権を認めた」ことだが，その意味を，日本側の立場で，「外国人が」のあとに続けて「犯罪」と「裁判権」の2つの語句を使って答えなさい。

外国人が〔　　　　　　　　　　　　　　　　　　　　　　　　　　　　　　　　〕。

(6)　下線部iに関連して，2番目に古いできごとを，次から1つ選び，記号で答えなさい。〔　　　〕

ア　西南戦争　　イ　学制公布　　ウ　徴兵令　　エ　廃藩置県

2　次のA～Dは，「わが国の税に関する歴史」について書かれたものである。これを読んで，下の各問いに答えなさい。

A：「普通選挙法」が成立し，納税額による選挙権の制限が廃止された。

B：納税を国民の義務の1つとする日本国憲法が施行された。

C：日露戦争では，多額の戦費をまかなうため，増税が行われた。

D：地租改正に反対する一揆が各地で起こったため，政府は地租を引き下げた。

(1)　Aについて，納税額による制限が廃止されて，選挙権はどのような人に与えられたか，次から1つ選び，記号で答えなさい。　　　　　　　　　　　　　　　　　　　　　　〔　　　〕

ア　満20歳以上の男子　　イ　満20歳以上の男女

ウ　満25歳以上の男子　　エ　満25歳以上の男女

(2)　Bについて，次の資料は，日本国憲法の条文の一部である。この内容は，日本国憲法の基本原理(三大原理)のうち，どれに当てはまるか，書きなさい。　　　〔　　　　　　　　　　　〕

(資料)　何人も，公共の福祉に反しない限り，居住，移転及び職業選択の自由を有する。

(3)　Cについて，右の地図中のア～エのうち，日露戦争によって，日本がロシアから権益を獲得した鉄道を模式的に示しているものを，1つ選びなさい。　〔　　　〕

(4)　Dについて，地租改正は，富国強兵を進めようとしている政府にとって，どのような利点があったか，答えなさい。

〔　　　　　　　　　　　　　　　　　　　　　　　　　　　　　〕

(5)　A～Dを，時代の古いものから順に並べ，記号で答えなさい。

〔　　　→　　　→　　　→　　　〕

3 　右の表は，古代から近世にかけての日本と外国との関わりに関する主なできごとやキーワードをまとめたものである。これを見て，次の各問いに答えなさい。

(1)　Aのあとの国内状況について説明した次の文のⅠ・Ⅱ・Ⅲに，当てはまる組み合わせとして正しいものを，下から1つ選び，記号で答えなさい。〔　　〕

時代	できごと・キーワード
飛鳥時代	白村江の戦い………A
奈良時代	正倉院…………………B
鎌倉時代	元寇………………C
室町時代	日明貿易…………D
戦国時代	鉄砲伝来………E
江戸時代前期	鎖国政策………F
江戸時代後期	異国船打払令………G

「壬申の乱に勝利して即位した〔Ⅰ〕によって天皇中心の政治が強力におし進められ，新しい都づくりも始まった。701年には〔Ⅱ〕の律令を手本として大宝律令がつくられ，710年には都が〔Ⅲ〕に移されて中央集権国家の整備が進んだ。」

ア　Ⅰ―天智天皇　Ⅱ―漢　Ⅲ―平安京　　イ　Ⅰ―天武天皇　Ⅱ―唐　Ⅲ―平城京
ウ　Ⅰ―天武天皇　Ⅱ―隋　Ⅲ―平城京　　エ　Ⅰ―天智天皇　Ⅱ―魏　Ⅲ―平安京

(2)　Bには，西アジアやインドの影響を受けたものも数多く収められていた。このようなことに象徴される天平文化の特色を，「遣唐使」の語を用いて簡潔に書きなさい。

〔　　〕

(3)　Cのあとの鎌倉幕府の政治について述べているものを，次から1つ選び，記号で答えなさい。

ア　幕府は，御家人救済のため徳政令を出したが，かえって社会を混乱させた。〔　　〕
イ　幕府は，武家社会の慣習をまとめた御成敗式目を定め，支配の安定化を図った。
ウ　幕府では，北条氏が将軍の力を弱めて政治の実権を握り，執権政治を始めた。
エ　幕府は，承久の乱に勝利し，京都に六波羅探題を置いて朝廷を監視した。

(4)　Dでは，正式な貿易船には勘合という証明書が与えられ，大陸沿岸で密貿易や略奪などを行っていた海賊的集団と区別された。この海賊の集団を何というか。〔　　　　　　　　　〕

(5)　Eのあと，日本は南蛮貿易を行ったが，輸出品としては，当時の日本が世界産出量の約3分の1を占めていたものが大量に輸出された。大量に輸出されたものとは何か。〔　　　　　　〕

(6)　Fは，徳川家光のときに徹底された。Fのほかに，家光が行った政策について述べているものを，次から1つ選び，記号で答えなさい。〔　　〕

ア　幕府の学問所では朱子学以外の講義を禁じて，武士の引き締めを図った。
イ　ものさしやますを統一して，全国の田畑の面積や土地のよしあしを調べた。
ウ　参勤交代の制度を定め，大名が領地と江戸に1年ごとに住むことを義務づけた。

ヒント　3 　(1)中国では，618年に隋が滅び，唐が建国されていた。
　　　　(3)元寇は，1274年と1281年の2度，元軍が九州北部に攻めてきたこと。

エ　株仲間をつくることを奨励し，独占的な営業権を認める代わりに税を課した。

(7)　Gを見直し，外国船に燃料のまきや水を与えて退去させる方針に転換するきっかけとなった戦争は何か。〔　　　　　　　　〕

4　次の文を読んで，あとの各問いに答えなさい。

　平安時代になると，貴族の間ではa日本の風土や生活に合わせた文化が生まれた。鎌倉時代には，質素で素朴な武士の気風を反映した文化が栄え，b新しい仏教が広まり，室町時代には，c貴族と武士の文化の一体化が進み，風雅な別荘などが建てられた。安土桃山時代になると，d大名の権力や商人の経済力を背景にして雄大で豪華な文化が生み出された。e江戸時代には，社会が安定していく中で町人が文化の担い手となり，前期のf元禄文化は上方を中心に，後期の化政文化は江戸を中心に栄え，交通の発達によって地方にも広がりをみせた。

(1)　下線部aに関する文を，次から1つ選び，記号で答えなさい。〔　　　　　　〕
　ア　紫式部は，仮名文字を使用して『源氏物語』を著した。
　イ　朝鮮の陶工が陶磁器の技術を伝え，有田焼などがつくられるようになった。
　ウ　床の間などをもつ書院造と呼ばれる建築様式が生まれた。
　エ　天皇や貴族，庶民の和歌を広く集めた『万葉集』がまとめられた。

(2)　下線部bに関して，新しい仏教と開祖として正しいものを，次から1つ選び，記号で答えなさい。
　ア　道元—曹洞宗　　イ　法然—浄土真宗　　ウ　一遍—日蓮宗　　エ　栄西—時宗〔　　〕

(3)　下線部cに関して，次の文中の①には人名を，②には建物の名前を，それぞれ書きなさい。
　　　　　　　　　　　　　　　　　①〔　　　　　　　〕　②〔　　　　　　　〕
「明との貿易を始めた〔　①　〕は，京都の北山に〔　②　〕を建てた。」

(4)　下線部dに関して，大名や商人の間で茶の湯が広まった。この時代に，茶の湯をわび茶と呼ばれる芸能として完成させた人物は誰か。〔　　　　　　　〕

(5)　下線部eに関して，この時代の社会の様子について述べた文として適切なものを，次から1つ選び，記号で答えなさい。〔　　　　　　〕
　ア　商人や手工業者によって同業者ごとに座がつくられるようになった。
　イ　町衆と呼ばれる有力な商工業者によって，自治を行う都市が現れた。
　ウ　寺社の門前や交通の便のよいところに，定期市が開かれるようになった。
　エ　東廻り航路や西廻り航路が整備され，船での輸送がさかんになった。

(6)　下線部fに関して，この文化に関係のない人物を，次から1人選び，記号で答えなさい。
　ア　井原西鶴　　イ　葛飾北斎　　ウ　松尾芭蕉　　エ　尾形光琳〔　　　　〕

解答と解説

1章　古代までの日本

定期テスト予想問題
p.62〜63

1 (1) シルクロード（絹の道）
(2) ①太陽暦
②メソポタミア文明…A　中国文明…C
(3) ア

<u>解説</u>
(1)　この道を通って中国からローマなど西方に絹が運ばれたことから，こう呼ばれた。
(2)　①メソポタミア文明でつくられた，月の満ち欠けをもとにした太陰暦と区別して覚える。②メソポタミア文明で用いられたAはくさび形文字，中国文明で用いられたCは甲骨文字。なお，Bはエジプト文明で用いられた象形文字。
(3)　ローマ帝国は，地中海周辺地域を統一した大帝国。イのヘレニズム文化はアレクサンドロス大王の遠征によって，ギリシャ文化と東方（オリエント）の文化が結びついて生まれた。ウはインダス文明，エはメソポタミア文明について述べている。

2 (1) 縄文土器　(2) 貝塚
(3) 埴輪　(4) エ

<u>解説</u>
(1)　表面に縄目の文様がついたものが多いことから，縄文土器と呼ばれる。黒ずんだ茶色で厚手のものが多い。
(2)　貝塚からは，石器や土器，人骨なども発見されることがあり，当時の人々の生活を知る手がかりとなる。
(3)　埴輪は，古墳の崩れ止めや飾りなどとして使われたと考えられている。Bの写真の武人埴輪のほか，さまざまな形のものがある。
(4)　古墳の石室や棺には，鉄製の武器や馬具，鏡，玉などが納められていた。

3 (1) 卑弥呼　(2) エ　(3) 十七条の憲法
(4) 遣隋使　(5) 防人
(6) （例）収穫量の約3％の稲を納める税。

<u>解説</u>
(1)　Aは中国の歴史書の一部で，3世紀ごろ日本にあった邪馬台国のことが記されている部分（「魏志」倭人伝）。卑弥呼は30ほどの国々を従えていた。
(2)　皇帝から，「親魏倭王」の称号と金印のほか，銅鏡100枚を贈られた。
(3)　聖徳太子は蘇我馬子と協力して，天皇中心の政治のしくみとつくろうとした。十七条の憲法には，仏教や儒教の考え方が取り入れられている。
(4)　607年に，中国の進んだ制度・文化などを取り入れるため，小野妹子らを隋に派遣した。
(5)　防人は，成人男子に課された兵役の一つ。
(6)　租は口分田の面積に応じて負担した。そのほか，調は地方の特産物，庸は労役10日の代わりに布を納めた。なお，調や庸を都まで運ぶのも人々の負担だった。

4 (1) 大宝律令　(2) ウ　(3) 口分田
(4) 国風文化　(5) ウ

<u>解説</u>
(1)　唐の律令にならって作成された。律は刑罰のきまり，令は国の制度や政治のきまり。
(2)　中大兄皇子は，のち即位して天智天皇となった。アの天武天皇は天智天皇の弟で，壬申の乱で勝利して即位した。
(3)　口分田の不足などから，723年には三世一身法が出されていたが，開墾が進まなかったことから，墾田永年私財法が出された。なお，開墾した土地には租がかけられた。
(4)　摂関政治のころ，唐の文化をもとにしながら，日本の風土や生活，日本人の感情に合わせた文化が栄えた。
(5)　空海や最澄が唐に渡り，仏教の新しい教えを日本に伝えたのは，平安時代のことである。

2章　中世の日本

定期テスト予想問題
p.96～97

1 (1) 御家人　(2) 執権　(3)①地頭　②政所
(4)（例）朝廷を監視するため，京都に置かれた。

解説
(1) 鎌倉幕府の将軍と御家人は，御恩と奉公の関係で結ばれていた。御恩とは，将軍が御家人に対して，先祖伝来の領地を保護したり，新しい領地を与えることで，これに対して御家人は将軍に忠誠を誓った。
(2) 源頼朝の死後，妻の北条政子の父北条時政が最初の執権となった。以後，北条氏が代々その地位に就いた。
(3) ①源頼朝は，1185年，弟の義経を捕らえることを口実に，守護・地頭の設置を朝廷に認めさせた。守護は国ごとに置かれ，軍事・警察や御家人の統率を担当した。②侍所は御家人の統率，問注所は裁判にあたった。
(4) 六波羅探題は，1221年の承久の乱後に京都に置かれた。朝廷の監視とともに，西日本の武士の支配にもあたった。

2 (1) A…北条泰時　B…白河
　　　C…北条時宗　D…平清盛
(2)ⓐ御成敗式目（貞永式目）ⓑ院政
　　ⓒフビライ＝ハン（フビライ）ⓓエ
(3) A

解説
(1) A北条泰時は，第3代執権。執権になる前，承久の乱では京都に攻め入った。Bの白河天皇は，藤原氏との関係が薄かった後三条天皇の次の天皇。Cの北条時宗は第8代執権。Dの平清盛は武士で初めて太政大臣になった。
(2) ⓐこのころは，御家人同士や，御家人と荘園領主との紛争が多かったので，紛争を公平に裁くためにも裁判の基準を明らかにした。ⓑ上皇や上皇の住まいを院と呼んだので，上皇が院で行う政治を院政という。ⓒフビライ＝ハンは，モンゴル帝国の第5代皇帝で，中国東部に元を建国した。ⓓアの唐は907年に滅び，以後中国は混乱の時代となったが，979

年にエの宋（北宋）が中国を統一した。平清盛は，貿易の利益に着目して，瀬戸内海の航路や兵庫の港を整備して，宋との貿易を行った。
(3) A～Dを年代の古い順に並べると，B→D→A→Cとなる。

3 (1) イ　(2) 管領
(3)①足利義満　②勘合
(4)①下剋上　②戦国大名

解説
(1) 後醍醐天皇は，鎌倉幕府をたおし建武の新政と呼ばれる天皇中心の政治を始めた。しかし，武家政治を否定し貴族中心の政治を行ったため，足利尊氏ら武士の反発を招いた。足利尊氏らの挙兵で新政は2年ほどで失敗し，後醍醐天皇は吉野（奈良県）に逃れて，南朝を開いた。アは，即位の前は中大兄皇子といい，中臣鎌足らとともに大化の改新を始めた。ウは，天武天皇の皇后で天武天皇のあとを継いだ。エは，仏教の力で国を守ろうと東大寺の大仏をつくった。
(2) 管領は，有力な守護大名の細川氏・斯波氏・畠山氏の3氏が交代で任命された。
(3) ①第3代将軍は金閣をつくった足利義満で，義満のときに南北朝が統一され，室町幕府は全盛期を迎えた。②日本の貿易船は，倭寇と区別するために明から与えられた勘合を持参し，明で照合して正式な貿易船と認められた。
(4) ①下剋上とは，「下が上に剋つ」という意味。②守護大名がそのまま領国を支配して戦国大名になったり，守護大名の家来が実力で大名の地位を奪って戦国大名となった。

4 (1) イ　(2) 世阿弥
(3) 書院造

解説
(1) 金剛力士像は仏師の運慶らによってつくられた。
(2) 世阿弥は父の観阿弥とともに足利義満の保護を受け，猿楽にほかの芸能の要素を取り入れて能を大成した。
(3) Cは，銀閣と同じ敷地内にある，足利義政の書斎の東求堂同仁斎。書院造の特徴は，たたみ，障子，床の間などがあること。

3章　近世の日本

定期テスト予想問題

p.144〜145

1 (1) 鉄砲　(2) エ
(3) 楽市・楽座
(4) (例)一揆を防ぐため。

解説

(1) ポルトガル人を乗せた中国人倭寇の船が，現在の鹿児島県の種子島に漂着し，このポルトガル人によって，日本に鉄砲が伝わった。戦国大名に注目された鉄砲は各地でつくられるようになり，戦い方や城のつくり方に影響を与え，全国統一の動きが活発になった。

(2) 16世紀，ローマ教皇が大聖堂の建築費用を集めるために免罪符を販売すると，ルターがこれを批判して宗教改革を始めた。これに対して，カトリック教会も改革を進め，ザビエルら宣教師がアジアなどで布教活動を行った。

(3) 経済的な発展を図るため，安土城下では市場の税を免除し，これまでの座の特権を廃止した。同時に，往来の妨げとなっていた関所も廃止した。

(4) 刀狩で刀などの武器を取り上げることで，一揆を防ぎ，百姓を田畑の耕作に専念させようとした。豊臣秀吉の太閤検地と刀狩によって，武士と百姓（主に農民）の区別が明確になった。これを兵農分離といい，近世社会の身分制度の基礎が固まった。

2 (1) 武家諸法度
(2) 参勤交代
(3) イ　(4) 五人組

解説

(1) 武家諸法度は，徳川家康が第2代将軍秀忠の名前で出したのが最初で，以後将軍が代わるごとに出され，少しずつ修正された。なお，朝廷には禁中並公家諸法度を出して，天皇や公家の行動を統制した。

(2) 参勤交代は第3代将軍徳川家光が定めた。大名は，江戸と領地の二重生活で多額の費用がかかり，幕府に反抗する力を奪われた。反面，参勤交代は江戸と地方の文化交流や交通の発達を促した。

(3) 武士の生活は，主に米で納められた年貢に支えられていたので，幕府や藩は年貢を安定して確実にとるために，衣食住にわたって百姓の生活をさまざまに規制した。

(4) 年貢納入や犯罪防止のほか，キリスト教の信者取り締まりなどにも連帯責任を負わせた。

3 (1) A…ア　B…イ　C…エ
(2) ①C　②B　③A
(3) B→C→A

解説

(1) Aは，天保の改革を行った老中の水野忠邦。Bは，紀伊藩主から第8代将軍になり，享保の改革を行った徳川吉宗。Cは，白河藩主から老中になり，寛政の改革を行った松平定信。

(2) ②これを上げ米の制という。③寛政の改革の前に行われた田沼意次の政治では，株仲間の結成を奨励して特権を与え営業税を納めさせたが，水野忠邦は株仲間の解散を命じた。

(3) Bの享保の改革は1716年から，Cの寛政の改革は1787年から，Aの天保の改革は1841年から。Bの享保の改革とCの寛政の改革の間に，田沼意次の政治があったことも覚えておくこと。

4 (1) 都市名…大阪，位置…イ
(2) 西廻り航路
(3) 東海道
(4) ①化政文化　②イ

解説

(1) 大阪には諸藩の蔵屋敷が置かれて，年貢米などが売りさばかれた。ウは古くからの文化の中心の京都，エは「将軍のおひざもと」と呼ばれた江戸。江戸・大阪・京都は三都と呼ばれた。

(2) 西廻り航路は，東北地方や北陸地方から日本海沿岸・瀬戸内海を回って大阪までの航路。太平洋沿岸を回って江戸までの航路は東廻り航路という。

(3) 幕府は江戸の日本橋を起点に江戸と京都を結ぶBの東海道のほか，中山道・甲州道中・奥州道中・日光道中などの街道を整備した。

(4) ①エは江戸で，江戸を中心に栄えたのは化政文化。②イの松尾芭蕉は，京都・大阪の上方で栄えた元禄文化で活躍した俳人。

4章　開国と近代日本の歩み

定期テスト予想問題

p.194〜195

1 (1) 権利(の)章典　(2) ワシントン
(3) ①人権宣言　②エ
(4) 南京条約

解説 …………
(1) 権利(の)章典によって，イギリスの立憲君主制と議会政治が始まった。
(2) イギリスが植民地に課税したことから，「代表なくして課税なし」と反対運動が始まり，独立戦争が起こった。独立後，独立戦争の最高司令官だったワシントンが，アメリカの初代大統領となった。
(3) ①人権宣言は，自由・平等，国民主権，私有財産の不可侵などを唱えた。②エの寛政の改革は，フランス革命の2年前の1787年から始まった。アの参勤交代は1635年に制度化された。イは17世紀末ごろからの元禄文化の時代，ウは1639年のこと。
(4) 清によるアヘンの取り締まりに対して，イギリスはアヘン戦争を起こした。勝利したイギリスは，南京条約を結び，5港を開かせ，香港を譲り受け，多額の賠償金を獲得した。

2 (1) エ
(2) (例)(日本に)関税自主権がないこと。
(3) エ　(4) 薩長同盟
(5) 大政奉還

解説 …………
(1) 日米和親条約によって，Cの下田とDの函館の2港が開かれた。同時に，アメリカ領事を下田に置くこと，アメリカ船に食料・燃料などを供給することを認めた。日米和親条約によって，200年以上続いた鎖国体制が終わった。Aは長崎，Bは新潟。
(2) 大老の井伊直弼は，朝廷の許可を得ないままに日米修好通商条約を結んだ。これによって神奈川(横浜)・兵庫(神戸)など5港が開かれ，外国人居留地での自由貿易が始まった。しかし，この条約は，日本には輸出入品の関税を決める権利(関税自主権)がなく，アメリカの領事裁判権を認めるなど，日本にとって不平等な内容だった。

(3) 日本を開国させたのはアメリカだが，貿易が始まると，貿易額ではイギリスが最も多かった。それは，アメリカでは1861年に南北戦争が始まり，アジアへの進出が遅れたからである。
(4) 薩摩藩は，イギリス人を殺傷した生麦事件の報復として，イギリス海軍に鹿児島を砲撃され(薩英戦争)，長州藩は，下関海峡で外国船を砲撃したことがきっかけで，イギリス・フランス・アメリカ・オランダの四国艦隊から下関砲台を攻撃された(下関戦争)。攘夷が困難であることをさとった両藩は，倒幕のために手を結んだ。
(5) 大政奉還に対して，朝廷では岩倉具視らが中心になって王政復古の大号令を出して，天皇を中心とする政府の樹立を宣言した。

3 (1) 版籍奉還　(2) ①3　②現金
(3) 西郷隆盛　(4) ①ウ　②三国干渉
(5) ①イギリス　②イ　(6) イ

解説 …………
(1) 版籍奉還で土地(版)と人民(籍)を政府に返させたが，藩の政治は元の藩主が行ったので，改革の効果はほとんどなかった。廃藩置県で中央から府知事・県令が派遣されて，ようやく中央集権の基礎ができた。
(2) 江戸時代の年貢収入より減らないように，3%と定められたので，人々の税負担は変わらず重かった。
(3) 明治維新の改革によって特権を奪われた士族たちの不満は大きく，各地で士族の反乱が起こった。1877年に西郷隆盛を中心に鹿児島で起こった西南戦争は，最も大規模なものだった。
(4) ①民間信仰をもとにした東学を信仰する団体が，政治改革や外国勢力の排除を求めて蜂起した。アはアヘン戦争後，イは中華民国の成立まで，エは日露戦争前に起こった。②日本はこれを受け入れた。その後ロシアは日本が返還した地を租借地とした。
(5) ①日本は韓国を勢力範囲にしたいと考え，イギリスは清での利権を確保しようとし，それぞれロシアに対抗していた。②八幡製鉄所は日清戦争の賠償金の一部をもとにつくられ，1901年に操業を開始した。アは1910年，ウは1911年，エは1906年。
(6) 板垣退助らが民撰議院設立の建白書を提出したのは1874年で，自由民権運動の出発点となった。

5章　二度の世界大戦と日本

定期テスト予想問題
p.236〜237

1 (1) 火薬庫
(2) ①日英同盟　②二十一か条の要求
(3) ベルサイユ条約　(4) イ

解説

(1) ヨーロッパは，イギリス・フランス・ロシアの三国協商と，ドイツ・オーストリア・イタリアの三国同盟が対立していた。この対立は，スラブ民族の独立運動がさかんだったバルカン半島にもおよんでいた。

(2) ①日英同盟を結んでいた日本は，イギリスがドイツに宣戦すると，同盟を理由にドイツに宣戦した。②日本は，大戦で欧米列強のアジアへ影響力が弱まっているのをみて，中国への利権を広げようと二十一か条の要求を示して大部分を認めさせた。

(3) 講和会議はフランスのベルサイユ宮殿で開かれ，敗戦国ドイツは領土を縮小され，すべての植民地を失い，巨額の賠償金を課せられるなど，ドイツにとって厳しく報復的なものとなった。

(4) アメリカのウィルソン大統領の提案をもとに，1920年に国際連盟が設立された。しかし，提案国のアメリカは，議会の反対で加盟できなかった。ア本部はスイスのジュネーブに置かれた。ウ中国は初めから加盟しているが，常任理事国にはなっていない。エ紛争解決の手段として武力制裁ができなかったことが，国際連盟の影響力を弱いものにしていた。

2 (1) ウ　(2) ウ　(3) ①大正デモクラシー
②吉野作造　(4) ウ・オ(順不同)

解説

(1) 米騒動で藩閥の寺内正毅内閣が退陣すると，立憲政友会総裁の原敬が組閣した。原内閣は，陸軍・海軍・外務の3大臣以外は立憲政友会の党員で組織した，本格的な政党内閣だった。アの伊藤博文は初代内閣総理大臣，エの桂太郎は1912年に内閣総理大臣となるが，第一次護憲運動で退陣した。

(2) この当時，物価上昇などで人々の生活は苦しかった。そこに，ロシア革命に干渉するシベリア出兵をみこした米の買い占めから米価が上昇しため，富山県から米の安売りを求める騒動が起こった。アは

1910年，イは1904〜05年，エは1929年。

(3) ①とくに第一次世界大戦前後から，政治の民主化さらに政党政治を望む声が高まっていった。②吉野作造の民本主義と，憲法学者の美濃部達吉が唱えた天皇は憲法に従って国を統治する最高機関であるという学説(天皇機関説)は，大正デモクラシーを支える理論として大きな役割を果たした。

(4) 女性の参政権が実現したのは，第二次世界大戦後の1945年のこと。アの全国水平社は，差別からの解放を目指す人々によって1922年に結成された。イの日本農民組合は，1922年に結成された小作人を中心とする最初の全国的農民組合。エの最初のメーデーは1920年5月に行われた。オは明治時代初めのできごと。

3 (1) ウ　(2) ①ニューディール(新規巻き直し)政策
②ブロック経済(政策)　(3) 日中戦争
(4) ポツダム宣言
(5) ①イ　②ウ　③ウ　④イ　⑤エ

解説

(1) 第一次世界大戦後には男子普通選挙の実現を求める動きが高まり，1925年，憲政会の加藤高明を首相とする内閣が普通選挙法を成立させた。これによって有権者数は約4倍になった。なお，同時に共産主義などを取り締まる治安維持法が制定された。

(2) 世界恐慌は，アメリカのニューヨークの株式市場での株価大暴落から始まった。①はアメリカの政策で，政府が積極的に経済に干渉しようとするもの。②は植民地を多くもつイギリスやフランスがとった政策。

(3) 北京郊外の盧溝橋の鉄道爆破事件をきっかけに，日中両軍が衝突した。国民党と共産党は，抗日民族統一戦線を結成し日本と戦うことにした。

(4) アメリカ・イギリス・中国の名で出され，日本に無条件降伏と民主主義の復活などを求めた。

(5) ①1933年で，この後，日本は国際的に孤立することになった。②1938年で，政府は議会の承認なしで国民を動員できるようになった。③1940年のこと。④1932年5月15日で，この事件によって戦前の政党政治の時代が終わった。⑤1945年3月からで，中学生や女学生までもが動員され，当時の沖縄の人口の約4分の1にあたる12万人が犠牲になった。

6章　現代の日本と私たち

定期テスト予想問題
p.266〜267

1 (1) ポツダム　(2) エ
　　(3) ①農地改革　②国民主権
　　　　③ア○　イ○　ウ×　エ×

解説 ・・・・・・・・・・・・・・・・・・・・・・・・・・・・
(1) 広島・長崎に原子爆弾が投下され，また中立条約を結んでいたソ連が，ヤルタ会談での秘密協定に基づいて日本に宣戦布告してきたこともあり，日本はようやくポツダム宣言を受け入れた。
(2) 連合国軍最高司令官総司令部（GHQ）の指令に従って，日本政府が戦後の改革を実施した（間接統治）。アは世界恐慌でニューディール政策を行ったアメリカ大統領。イは国際連盟設立を提唱したアメリカ大統領。ウは，1854年に日本を開国させたアメリカの軍人で東インド艦隊司令長官。
(3) ①1950年のグラフで自作地が大幅に増えていることがわかる。農地改革では，地主がもつ小作地を政府が強制的に買い上げ，安く小作人に売り渡した。②それまでの天皇主権から国民主権へと大きく変わった。③ア占領政策の基本方針の一つは，日本を徹底的に非軍事化することだった。戦犯と見なした軍人や政府の指導者を極東国際軍事裁判（東京裁判）にかけ，25人が有罪判決を受けた。イ1947年には民法が改正され，男女平等に基づき，家族全員の人格を尊重した新しい家族制度が定められた。ウ治安維持法は廃止された。エ社会運動もさかんになったが，第1回のメーデーは，大正時代の1920年のこと。

2 (1) ウ　(2) 冷戦　(3) イ　(4) ウ　(5) B

解説 ・・・・・・・・・・・・・・・・・・・・・・・・・・・・
(1) アメリカの施政下に置かれていた沖縄は，県民のねばり強い復帰運動もあり，1972年に日本に復帰した。同じ年，田中角栄首相が中国を訪れ，日中共同声明に調印して国交が正常化した。ア大阪で万国博覧会が開かれたのは1970年。イ1949年で，湯川秀樹は日本人初のノーベル賞を受賞した。エ1967年で，現在は環境基本法となっている。
(2) 1980年代後半には東ヨーロッパ諸国で民主化運動が高まり，1989年にはドイツでベルリンの壁が取り

壊され，アメリカとソ連の首脳が会談して冷戦の終結を宣言した。
(3) 東海道新幹線の開通は，東京オリンピック開会式直前の1964年10月1日。日本は高度経済成長期にあった。アエネルギー源は石炭から石油に転換した。ウ1980年代後半のバブル経済のこと。エ1950年に始まった朝鮮戦争による特需景気のこと。
(4) 1956年，鳩山一郎首相がソ連で日ソ共同宣言に調印して国交が回復した。それまではソ連の反対で国際連合に加盟できなかったが，ソ連の反対もなくなって国際連合への加盟が実現した。
(5) Aは1972年，Bは1989年，Cは1964年，Dは1956年。

3 (1) イ　(2) ウ　(3) イ

解説 ・・・・・・・・・・・・・・・・・・・・・・・・・・・・
(1) 1995年1月17日，マグニチュード7.3の直下型の大地震が兵庫県南部で発生し，6400人以上の人々が亡くなる大災害となった。発生と同時に，多くのボランティアが救済・復興のため被災地に向かい，この年は「ボランティア元年」といわれた。国は，ボランティア活動など市民が行う自由な社会貢献活動の発展を促進するために，1998年に特定非営利活動促進法（NPO法）を制定した。NPOとは，公共の利益のために活動を行う非営利の民間組織の略称。
(2) PKOは国連の平和維持活動の略称で，国連の安全保障理事会の決議に基づいて紛争の拡大防止や復興支援などを目的に行われる活動。日本は1992年に国際平和協力法（PKO協力法）を制定した。アEC（ヨーロッパ共同体）はEU（ヨーロッパ連合）の前身となる組織，イは国連の専門機関の世界保健機関，エは2015年に国連で採択された持続可能な開発目標。
(3) パリ協定では，21世紀後半には温室効果ガスの排出量を実質ゼロにし，世界の平均気温上昇を産業革命前に比べて2℃未満，できれば1.5℃未満に抑えることを目標にしている。アは1992年の国連環境開発会議（地球サミット）で採択された，21世紀に向けた環境保全行動計画，ウは1993年に発効したEUの設立条約，エは第二次世界大戦中の1941年に，アメリカとイギリスの首脳が発表した大戦後の平和構想に関する宣言。

入試レベル問題

p.270〜273

1 (1) ア　(2) ア
(3) エ　(4) ウ
(5) (例) 日本で犯罪を起こしても日本側に<u>裁判権</u>はない
(6) イ

解説

(1) 歴史の区分のしかたには，次のようなものがある。社会のしくみの特徴によって時代を大きくとらえて，古代・中世・近世などと区切る方法や，縄文時代・鎌倉時代などのように生活の特徴や政治の中心地から名づける方法などである。明治時代以降は元号で区分している。時代の区切りについてはさまざまな意見があり，境目は明確ではない。問題の表にある「鎌倉」の前は「平安時代」で古代にあたる。

(2) aのルネサンスは，14世紀にイタリアから始まった。bの新航路の開拓は15世紀から，cの宗教改革は16世紀。アが誤りで，ルネサンスで理想とされたのは，古代ペルシャではなく古代ギリシャ・ローマの文化。アジアとの貿易で栄えたイタリアの諸都市には，イスラム世界に伝えられていたギリシャ・ローマ文化が流れ込んでいた。また，自治都市が発達していたイタリアには，自由に生活し，自由に考えようとする空気が強かった。14世紀にイタリアからルネサンスが始まったのは，このような理由によるところが大きい。イポルトガル・スペインは，キリスト教の布教のほか，アジアの香辛料などを手に入れることが目的で，アジアへ進出した。エスイスでは，カルバンが宗教改革を始めた。

(3) dのザビエルの来日は1549年，eの豊臣秀吉の全国統一は1590年のできごと。エが誤りで，太閤検地によって荘園制はなくなり，貴族や寺社などの荘園領主は，これまでもっていた土地の権利を失った。イ宗教改革に対して，カトリック教会は勢力回復のためにアジアなどへの布教に力を入れた。ウ鉄砲の伝来は戦い方や築城法を変え，全国統一を早めた。

(4) fの産業革命は18世紀後半にイギリスから始まった。gのアヘン戦争は1840〜42年のこと。ウが

正しく，機械でつくった大量の製品を販売するため，欧米諸国はアジアへ進出してきた。ア石油ではなく石炭を燃料とする蒸気機関が利用された。イ機械により，大量生産が行われた。エアヘン戦争は，イギリスが清（中国）にアヘンを密輸出したことがきっかけ。清が敗れた。

(5) もう1つの不平等な内容は，日本に関税自主権がなかったことである。

(6) エの廃藩置県は1871年，イの学制公布は1872年，ウの徴兵令は1873年，アの西南戦争は1877年。

---

2 (1) ウ　(2) <u>基本的人権の尊重</u>
(3) イ
(4) (例) 安定した収入（歳入）が得られること。
(5) D→C→A→B

解説

(1) 1925年の普通選挙法の成立で，満25歳以上の男子が選挙権をもつようになり，有権者は約4倍に増えた。イ日本で選挙権が満20歳以上の男女に与えられるようになったのは，第二次世界大戦後。

(2) 日本国憲法の3つの基本原理は，国民主権・基本的人権の尊重・平和主義。資料は日本国憲法第22条の「居住・移転及び職業選択の自由，外国移住及び国籍離脱の自由」を示した条文の一部で，基本的人権の内容を示している。

(3) 日露戦争後のポーツマス条約で，日本は韓国における優越権を認められたほか，旅順・大連の租借権や，問題の地図中イの長春以南の鉄道の権益を得た。韓国を勢力下に置いた日本は，さらに満州進出をねらい，1906年には南満州鉄道株式会社（満鉄）を設立して，満州進出の拠点とした。

(4) 地租改正は，土地の価格（地価）の3％を土地の所有者が現金で納める，という税制改革だった。これまでは，江戸時代の年貢を引き継いで，収穫高に応じて徴収し，政府は安定した税収が得られなかった。そのため，政府は地租改正によって，安定した税収を得ようとした。

(5) Dの地租の引き下げは1877年で，3％から2.5％に引き下げられた。Cの日露戦争は1904〜05年。Aの普通選挙法の成立は1925年。Bの日本国憲法の施行は1947年5月3日で，5月3日は現在，憲法記念日となっている。

治。

(7) 異国船打払令は，日本に近づく外国船の撃退を命じたもので，外国船の日本近海への出現に対して，1825年に出された。しかし，天保の改革を行った水野忠邦のとき，アヘン戦争で清がイギリスに敗れたのを知ると，異国船打払令をやめ，寄港した外国船に燃料や水を与えることにした。

---

3 (1) イ
(2) （例）遣唐使によってもたらされた文化の影響を受けた，国際色豊かな文化。
(3) ア　(4) 倭寇　(5) 銀
(6) ウ　(7) アヘン戦争

解説

(1) Ⅰ壬申の乱は672年で，天智天皇のあと継ぎをめぐって，天智天皇の子と，天皇の弟の大海人皇子が戦った。大海人皇子が勝利して天武天皇となった。Ⅱ隋も律令に基づいて政治を行っていたが，日本が参考にしたのは唐の律令。Ⅲ平城京は，唐の都の長安にならってつくられた。
(2) 東大寺の正倉院には，シルクロード（絹の道）を通って西アジアやインドから唐へもたらされたものなどが収められていた。
(3) Cの元寇は，1274年の文永の役と1281年の弘安の役の2度の元軍の襲来。元寇で恩賞としての領地を得られず生活が苦しくなった御家人を救うため，幕府は1297年に借金取り消しの徳政令を出した。しかし，効果は一時的で，かえって経済が混乱した。イ御成敗式目を制定したのは第3代執権北条泰時。1232年で，元寇より前のこと。ウ鎌倉幕府の初代将軍である源頼朝の死後，頼朝の妻北条政子の父北条時政が，執権という地位に就き，実権を握った。執権の地位は，代々北条氏が独占した。エ承久の乱は，第3代将軍源実朝が暗殺されて幕府の混乱をみた後鳥羽上皇が，1221年に幕府をたおそうと挙兵した事件。敗れた後鳥羽上皇は隠岐に流され，幕府は京都に六波羅探題を設置して朝廷を監視した。
(4) 西日本の武士や商人の中から，集団で中国・朝鮮の沿岸で海賊行為を行う者が現れ，倭寇と呼ばれて恐れられた。中国（明）は，倭寇と正式な貿易船とを区別できるよう，日本の貿易船に勘合という証明書を持たせた。
(5) 日本での最大の銀の産地は石見銀山（島根県）で，新しい技術によって産出量が大幅に増加し，世界の銀の産出量の約3分の1を占めたといわれる。なお，石見銀山は世界文化遺産に登録されている。
(6) ウ第3代将軍徳川家光は，1635年に武家諸法度で参勤交代を制度化した。アは松平定信の寛政の改革，イは豊臣秀吉の太閤検地，エは田沼意次の政

(7) 異国船打払令は，日本に近づく外国船の撃退を命じたもので，外国船の日本近海への出現に対して，1825年に出された。しかし，天保の改革を行った水野忠邦のとき，アヘン戦争で清がイギリスに敗れたのを知ると，異国船打払令をやめ，寄港した外国船に燃料や水を与えることにした。

---

4 (1) ア　(2) ア
(3) ①足利義満　②金閣
(4) 千利休　(5) エ　(6) イ

解説

(1) aの文化は国風文化で，藤原氏による摂関政治のころ最も栄えた。仮名文字による文学作品がさかんにつくられ，紫式部の『源氏物語』など，女性による文学作品も書かれた。イは桃山文化で，豊臣秀吉の朝鮮侵略の際に多くの朝鮮人の陶工が日本に連れてこられた。ウの書院造は室町時代の文化で，銀閣の敷地内にある東求堂同仁斎が代表である。エは聖武天皇の時代を中心とした天平文化。
(2) 道元は，自分の力で悟りを開こうとする禅宗を宋から伝え，曹洞宗を開いた。イ法然は，南無阿弥陀仏と唱えれば極楽浄土に生まれ変われると浄土宗を開き，その弟子の親鸞が浄土真宗（一向宗）を開いた。ウ一遍は，時宗を開いて踊念仏などで教えを広めた。日蓮宗を開いたのは日蓮。エ栄西は宋から禅宗を伝え，臨済宗を開いた。
(3) 第3代将軍足利義満の時代は，南北朝の統一が実現し，室町時代の全盛期だった。金閣は，貴族の文化と，禅宗の影響を受けた武士の文化が融合した，室町時代の文化の特色をよく表している。
(4) dの文化は桃山文化である。
(5) エ江戸時代，東北・北陸地方から年貢米などを江戸や大阪に運ぶために，東廻り航路や西廻り航路が開かれた。ウの定期市は鎌倉時代から始まった。アの座，イの町衆は室町時代。
(6) イの葛飾北斎は「富嶽三十六景」で知られる浮世絵師で，19世紀前半に江戸を中心に栄えた化政文化で活躍した。元禄文化は，17世紀末から18世紀にかけて大阪・京都の上方で栄えた文化。アの井原西鶴の浮世草子，ウの松尾芭蕉の俳諧，エの尾形光琳の装飾画などが知られる。

さくいん

※太数字のページの語句には，くわしい解説があります。

用語さくいん

た

さくいん

さくいん

カバーイラスト・マンガ	へちま
ブックデザイン	next door design（相京厚史，大岡喜直）
	株式会社エデュデザイン
本文イラスト	加納徳博，マカベアキオ，森永みぐ，株式会社サイドランチ
図版	木村図芸社，ゼム・スタジオ
写真	出典は写真そばに記載。
編集協力	有限会社青山社，オフィス・イディオム，八木佳子
マンガシナリオ協力	株式会社シナリオテクノロジー ミカガミ
データ作成	株式会社明昌堂
	データ管理コード：24-2031-0974（CC2020）
製作	ニューコース製作委員会

（伊藤なつみ，宮崎純，阿部武志，石河真由子，小出貴也，野中綾乃，大野康平，澤田未来，中村円佳，
渡辺純秀，相原沙弥，佐藤史弥，田中丸由季，中西亮太，髙橋桃子，松田こずえ，山下順子，山本希海，
遠藤愛，松田勝利，小野優美，近藤想，辻田紗央子，中山敏治）

＼ あなたの学びをサポート！／

家で勉強しよう。
学研のドリル・参考書

URL	https://ieben.gakken.jp/
X（旧 Twitter）	@gakken_ieben

読者アンケートのお願い

本書に関するアンケートにご協力ください。右のコードか URL からアクセスし，アンケート番号を入力してご回答ください。ご協力いただいた方の中から抽選で「図書カードネットギフト」を贈呈いたします。

アンケート番号：305212

https://ieben.gakken.jp/qr/nc_sankou/

学研ニューコース　中学歴史

この本は下記のように環境に配慮して製作しました。
●製版フィルムを使用しない CTP 方式で印刷しました。
●環境に配慮して作られた紙を使っています。